한 국
차문화의
역 사

한국 차문화의 역사

초판1쇄 발행 2015년 1월 3일

지은이 박정희 **펴낸이** 홍기원
편집주간 박호원 **총괄** 홍종화
편집 · 디자인 오경희 · 조정화 · 오성현 · 신나래
　　　　　 정고은 · 김선아 · 이효진 · 박민정
관리 박정대 · 최기엽
펴낸곳 민속원 **출판등록** 제18-1호
주소 서울 마포구 대흥동 337-25 **전화** 02) 804-3320, 805-3320, 806-3320(代) **팩스** 02) 802-3346
이메일 minsok1@chollian.net, minsokwon@naver.com
홈페이지 www.minsokwon.com

ISBN 978-89-285-0675-0 93910

책 값은 뒤표지에 있습니다.
잘못된 책은 바꾸어 드립니다.
도판 자료 게재를 허락해주신 분들께 감사드립니다. 이 책에 실린 도판 중 저작권 협의를 거치지 못한 것이 있습니다.
연락이 닿는 대로 게재 허락 절차를 밟고 저작료를 지불하겠습니다.

한 국
차문화의
역 사

박정희

민 속 원

머리말

　1970,80년대 대학을 다녔던 사람이라면 컴컴한 다방에서 커피 한잔 시켜 놓고 몇 시간을 이야기하며 보냈던 기억이 날 것이다. 강의가 빈 시간을 보낼 만한 적당한 휴게실도 북카페도 없었던 그 시절, 다방은 하나의 문화공간이었다. 다방도 여러 종류가 있었다. 음악다방이 있는가 하면, 노년층만 드나드는 곳도 있었다. 또한 시내의 모모 다방에 가면 유명한 시인이나 화가 등도 만날 수가 있어서 주말에는 일부러 특정 다방을 찾아가기도 했다.

　'마카 커피'라는 말이 유행했다. 거의 모든 손님이 커피를 주문하기 때문에 경상도 방언으로 '모두 커피'가 '마카 커피'가 된 것이다. 이처럼 차문화는 커피홀릭으로 치달았다. 그럴 때 필자는 드물게도 전통차에 눈길을 모은 사람이다. 더구나 대학에서 역사를 전공하면서 민족문제에 관심을 두던 필자에게 전통차는 스스로를 나타내는 상징물 같은 존재였다.

　필자와 차의 인연은 이렇게 시작되었다. 이제는 역사적 호기심이 발동하여 눈이 아른거리는 한자투성이 『조선왕조실록』에서 '茶'자를 찾아보았다. 4학년 때 졸업논문을 준비하던 책 유희춘의 『미암일기』에서도 검색하려던 '留鄕所' 대신 '茶'자를 찾아보았다. 어쩌다 보이는 그 글자가 마치 보물을 찾은 듯 기쁨을 주었다. 혼자서 고민하고 지내던 어느 날, 『독서신문』에서 다산과 초의, 추사가 차를 통해 우정을 쌓았다는 기사를 보았다. 훌륭한 그 세 분과 필자도 차를 통해 교감하고 있는 것 같아 몇 번이고 기사를 다시 읽었다. 이를 계기로 앞서 연구한 분들의 글을 읽게 되었고, 우리나라 차문화의 높은 격조를 알게 되었다.

　사실 우리 선조들은 어느 나라보다 못지않은 우수한 차문화를 창조하였다. 특히 화랑들이 사용했다고 전해지는 돌못부뚜막石池竈과 찻그릇용으로 만들어진 청자 다기, 분청사기 다기 등은 독특한 민족문화의 자랑거리이다. 차문화를 즐기는 계층이나 방식도 다양하여 궁중다례, 사원다례, 사대부들의 풍류다례, 조상에게 제사지내는 사당차례 등등 헤아릴 수 없이 많은 다의례를 만들어냈다. 궁중에서 여러 가지 의례에 사용되었던 차문화는 아래 계층으로 또 아래 계층으로 전달되어 가기도 했다.

선조들의 삶이 녹아 있는 기록에서 '茶'라는 보석들이 찾으면 찾을수록 자꾸 나오는 것이 신기했다. 차를 마시며 벗들과 사귀는 장면은 물론 차와 함께 책을 읽으며 진리를 깨닫는 장면도 있다. 자연에서 차를 마시며 삼매의 경지에 든 경우도 발견된다. 부처님께 차를 공양하며 불법을 깨닫고, 자신의 수양에 차를 이용하는 승려도 있다. 승려들에게 차는 수행과 같은 것이어서 차를 직접 기르고, 찻잎을 따서 차를 만드는 과정을 수행의 하나로 보았다. 서민들의 삶에서도 차는 신과 귀인에게 드리는 공양물로 사용되었다. 서민들의 생활을 읊은 차 민요를 보면, 차가 의례에서 의미를 전달하는 징표로서 사용되기도 했다는 것도 알게 되었다.

한국 차문화의 역사를 연구하려니 남아 있는 자료가 많지 않아 유감스럽다. 그나마 『다부』와 『동다송』은 차를 주제로 다룬 보기 드문 전문적인 기록이라 할 만하다. 한편 『삼국사기』와 『삼국유사』, 『고려사』, 『조선왕조실록』 등 역사서에는 차에 대한 기록이 아주 드물다. 반면에 조선후기 실학자들이 펴낸 백과사전류에는 차에 관한 기록이 종종 등장한다. 그리고 개인 문집인 『계원필경』, 『대각국사문집』, 『동국이상국집』, 『목은집』 등에서도 한시 형태로 차를 노래한 자료가 더러 발견되기도 한다.

글로 남겨진 자료 이외의 금석문, 차와 관련된 도자기와 차도구 등의 유물과 차와 관련된 유적들도 중요한 자료이다. 벽화를 비롯한 여러 그림들도 역시 빼놓을 수 없는 중요 자료이다. 사진이 없던 그 시절에는 그림이 기록화 구실을 하는 경우가 많았기 때문에, 기록화는 당시 생활 모습을 고찰하는 데 중요한 자료로 활용되고 있다. 또한 정부에서 편찬한 의궤나 행렬도 등은 발행기관이 믿을 만하여 더욱 자료로서의 가치가 높다. 따라서 다소 부족한 기록 자료는 유물, 그림 등 다른 자료와 연결시켜 연구할 수밖에 없다.

선인들의 지혜가 녹아있는 차문화는 현대 우리가 맞고 있는 사회적 위기를 극복하는 방안으로 제시되어도 좋을 것이다. 무한 경쟁사회의 대두와 함께 주부들이 직장에 나가게 되면서 가정교육이 송두리째 무너지고 오늘날, 학교에도 집단 갈등이 생기면서 차세대 주자로서 주목을 받아야 할 청소년들이 방향을 잃고 방황하고 있다. 현재 청소년문제는 단순한 청소년 비행, 집단 따돌림을 넘어 자살로까지 치닫고 있는 실정이다. 이러한 철학 부재와 가정교육의 몰락 같은 사회문제를 해결하는데 다도교육이 중요한 구실을 해낼 수 있을 것이다. 이 책이 다도교육의 한 부분으로 쓰여 이러한 문제를 해결하는데 작은 도움나마 되었으면 하는 바람이 있다. 선조들의 차에 대한 상념이나 차 마시며 지은 시 한 편이 누군가의 마음을 사로잡게 되는 역사가 일어날 수도 있으니까 말이다.

이 책은 대학에서 한국차문화사를 강의하면서 교재로 개발된 것이다. 한국 차문화의 역사 가운데 중요하다고 여겨지는 것을 나름대로 골라 시대별로 정리하였다. 기존에 나와 있는 내용을 참고하기도 했지만, 비교적 새로운 연구를 담으려고 노력했다. 몇 년 동안 강의를 들은 학생들의 질문과 바람, 그리고 격려도 이 책의 편성에 도움을 주었다. 내용을 정해진 강의 시간에 맞추다 보니 어떤 것은 비교적 간략하게, 어떤 것은 다소 자세히 서술한 것 같다는 인상이 들기도 한다. 부족한 부분 또는 빠진 부분은 다음에 출판하게 될 주제별 역사를 담는 책에서 다룰 예정이다.

대학 교재로만 남았을지도 모르는 이 책을 세상에 펴내게 된 데는 남편 김희곤 선배의 제안과 채근이 큰 역할을 했다. 식탁에서 늘 토론하면서 일반인의 시각으로 차문화를 봐야한다고 일깨워 준 두 아들과 며느리의 역할 또한 중요했다. 먼발치에서 지켜봐 주시고 후원을 아끼지 않으시는 어머님과 형제자매에게도 늘 감사한 마음을 가지고 있다.

아울러 부족한 책의 출판을 기꺼이 맡아 주신 민속원 홍종화 사장님과 편집부 여러 분께도 깊이 감사드린다.

2015년 새봄을 맞으며
예다연 연구실에서

차례

제1장

차의 기원과 전래

1. 역사란 무엇인가?

1) 역사의 의미

사실로서의 역사　과거에서 현재에 이르기까지 일어난 객관적 사실들의 집합이 역사이다. 독일어 'geschichte'(일어난 일), 한자어 '역歷'에서 유래했다.

기록으로서의 역사　과거의 사실을 바탕으로 조사하여 주관적으로 재구성한 것이 역사이다. 그리스어 'historia'(찾아서 기록하다), 한자어 '사史'에서 유래했다.

2) 역사가와 역사인식

실증주의 역사인식　랑케Leopold von Ranke(1795~1886)는 "역사에서 원래 그것이 어떠하였는가가 중요하다. 있었던 그대로의 과거를 복원하는 것이 역사가의 역할일 뿐이다."라고 주장하였다. 그는 있는 그대로의 사실만을 역사로 보아야 하며, 역사가의 주관이나 관점을 배제해야 한다는 실중주의적 사관을 가졌다. 랑케는 '근대 역사학의 아버지'라 불렸으며, 19세기 독일의 역사주의를 주도하였다.

상대주의 역사인식　카아Edward Hallett Carr(1892~1982)는 *What is History?*라는 책에서 "역사란 역사가와 사실 사이의 부단한 상호작용의 과정이며, 현재와 과거 사이의 끊임없는 대화이다."라고 주장하였다. 역사가는 현재의 일부이고 사실은 과거에 속하므로, 이 상호작용은 현재와 과거의 상호작용을 포함한다. 모든 정치사상은 이상과 현실에 동시에 기반해야 한다. 역사가의 생각, 즉 사관史觀은 역사가마다 달라서, 각 사관에 의해 역사는 각기 다르게 재구성될 수 있다.[1]

3) 역사학습의 목적

'온고지신溫故知新'이라 하여 과거를 통해서 현재를 가늠해 본다는 사자성어가 있다. 과거의 사실에 대한 올바른 이해는 현재를 사는 인간적 성숙을 돕고, 역사적 문제를 인식하고 사고하며 해결하는 능력을 함양시킨다. 역사에 대한 바른 이해가 선행되어야 진취적 자세로 새로운 역사 창조에 임할 수 있게 된다.

그러면 역사학습에서 배워야 할 내용은 무엇인가? 먼저 역사의 내용 그 자체를 배우고 이해하여 지식으로 삼아야 한다. 또한 과거의 교훈을 통해서 현재를 바로 이해하고, 미래에 대한 전망을 해 볼 수 있어야 한다. 여기에다가 역사를 통해 철학적 사고력과 비판력을 배울 수도 있다.

1　이기백, 『한국사신론』, 일조각, 1999 참조.

4) 한국사와 세계사

세계사적 보편성 속에서 한국사의 특수성 이해해야 한다. 민족적 자존심을 유지하면서 세계문화 발전에도 공헌해야 한다. 또한 전통문화의 기반 위에 선진적 외래문화를 주체적으로, 선택적으로 수용할 수 있어야 한다. 조선시대 말기 서세동점西勢東漸의 어려운 상황에서 우리의 정신을 지키면서 서양의 물질문명을 받아들이자는 동도서기東道西器의 정신도 이러한 관점이라 볼 수 있다. 비슷한 상황을 당한 중국도 중체서용中體西用의 정신을 강조하였고, 일본도 같은 상황에서 화혼양재和魂洋才를 주장하며 서양문물을 받아들이되 그들의 정신을 지키려 애썼다.

2. 한국차문화사 연구의 문제점

1) 절대적인 자료부족

현재 한국에 남아 있는 차에 관한 자료는 극소한 형편이다. 그 중 대표적인 것은 이목의 『다부茶賦』와 초의의 『동다송東茶頌』이라 하겠다. 이것은 비교적 차를 주제로 다룬 전문적인 기록이라 할 만하다. 그러나 육우의 『다경茶經』에 비하면 그 분량이나 상세함, 전문성이 현격히 떨어진다. 또한 『다경』은 서술체 문장이라서 이해하기 쉬운 반면에, 『다부』와 『동다송』은 '부賦'나 '송頌'이라는 운문적이며 상징적 표현을 주로 사용하였으므로 차에 대한 상세한 내용을 알기 어렵다.

다음은 『삼국사기三國史記』와 『삼국유사三國遺事』, 『고려사高麗史』, 『조선왕조실록朝鮮王朝實錄』 등 역사서에 차에 관한 기록이 아주 드물게 들어있다. 이것은 차를 전문적으로 다룰 의도로 쓴 것은 아니지만, 당시에 책임

있는 사람들의 기록이라는 점과 서술형으로 사실을 설명하고 있다는 점에서 대단히 중요한 기록이라 할 수 있다. 이것은 전체 역사에서 차가 차지하는 비중이나 중요성을 알게 해 주는 바로미터가 된다는 점에서도 중요하다.

또한 조선후기에 주로 등장하는 백과사전류의 책에 차에 관한 기록이 종종 등장한다. 이수광의 『지봉유설』, 김육의 『유원총보』, 이익의 『성호사설』, 서유구의 『임원십육지』, 최한기의 『농정회요』, 이규경의 『오주연문장전산고』, 이유원의 『임하필기』 등이 대표적이다. 이 중 『유원총보』·『임원십육지』·『오주연문장전산고』은 차에 관한 내용이 상당히 방대하다.

차에 관한 내용을 알 수 있는 다음 자료로는 개인이 남긴 문집이 있다. 신라 때 최치원의 『계원필경』으로부터 고려 때 의천의 『대각국사문집』, 이규보의 『동국이상국집』, 이색의 『목은집』 등 수많은 개인 문집에 차에 관한 기록이 드문드문 보인다. 조선시대에 오면 선비로서 필수덕목이 개인 문집을 남기는 것으로 인식되면서 대부분의 학자들이 개인문집을 남겼다. 이들 개인 문집에는 한시형태로 차에 관한 언급이 종종 발견된다.

다음은 글로 남겨진 자료 이외의 다양한 자료들이다. 차에 관한 기록이 남아있는 금석문, 차와 관련된 도자기와 차도구 등의 유물과 차와 관련된 유적들도 중요한 자료이다. 벽화를 비롯한 여러 그림들도 빼놓을 수 없는 중요 자료이다. 사진이 없던 그 시절에는 그림이 기록화 구실을 하는 경우가 많았기 때문에, 기록화는 당시 생활 모습을 고찰하는 데 중요한 자료로 활용되고 있다. 또한 정부에서 편찬한 의궤나 행렬도 등은 발행기관이 신뢰할 만하여 더욱 자료로서의 가치가 높다 하겠다.

이상에서 다양한 자료를 거론해 보았지만, 어느 것 하나도 당시의 차문화를 완벽하게 설명해 줄 자료는 없다. 즉 어느 한 자료의 절대량이 부족하기 때문에 다른 여러 가지 자료들을 통합해서 설명하지 않으면 안 된다. 여기에서 역사가로서의 다인茶人의 소양이 요구되는 것이다.

2) 한시漢詩 해석의 문제점

우리 선조들은 워낙 유능하여 외국어인 한문을 거의 모국어처럼 사용할 수가 있었다. 어릴 때부터 한자를 배우기 시작하여, 동몽선습, 소학, 사서오경을 익히고 한시를 자유자재로 지을 수 있어야 진정한 문인으로 인정받았다. 우리 글자가 나오기 전인 고려까지는 물론이요, 한글이 발명된 이후인 조선조에서도 문인들은 한시로 자신의 사상을 표현하였다. 개인문집에 보이는 차와 관계되는 내용도 대부분이 한시로 표현되어 있다. 외국어로 표현된 경우 서술형 문장도 해석이 어려운데, 함축적인 언어를 사용한 한시는 현대 사람들에게는 난해한 사료인 것이다.

그러므로 한시에 들어있는 차와 관련된 내용을 해석하면서 수많은 오류를 범할 수 있다고 생각된다. 한시는 아니지만 해석상 설왕설래하는 경우로 경덕왕과 충담사의 대면 장면이 있다. 미륵세존께는 팽다烹茶하였고 왕에게는 전다煎茶하였다고 나오는데, 과연 같은 날 다른 두 가지 차를 바쳤을까? 아니면 같은 차를 사용했는데 차 끓이는 용어를 다르게 표현한 것인가의 해석이 대립되고 있다.

또한 최치원의 「진감선사대공탑비」에서 '한명漢茗을 자다煮茶한다'고 한 내용은 『다경』의 '오지자五之煮'의 개념과 일치한다. 따라서 신라말에는 육우식의 자다가 일반화되었다고 규정하기 쉽다. 그러나 같은 시대인데도 차를 끓이는 용어는 자다煮茶, 점다點茶와 팽다烹茶가 다양하게 나타난다. 이렇게 다양한 용어는 통일신라 중기 또는 말기에 차를 어떤 방식으로 마셨을까 연구하는데 있어서 역사가의 판단을 어렵게 하는 요소이다. 고려와 조선 때의 수많은 한시에서 이 용어들이 혼용되고 있는 것을 볼 수 있다. 한편 차를 마신다는 것도 많은 한시에서 음다飲茶 외에 철다啜茶

라고도 표현하고 있어 다른 차를 마시는 방법이 따로 있는건지, 같은 차 마신 것을 다르게 표현한 것인지 문제가 된다.

이와 같은 예는 다른 부분에서도 쉽게 찾을 수 있는 현상이다. 이는 당시 한시를 짓던 사람이 개념을 구별하지 못하고 특정 글자를 썼는지, 혹은 당시에 같이 통용되던 글자였는데 현대에 와서 다른 것으로 억지로 과잉해석을 하고 있는지 규명하기가 어렵다. 한시를 지을 때는 각운脚韻도 고려해야 하고, 평성과 측성도 구분해야 하니 그 위치에 따라 다른 글자를 쓸 수밖에 없던 것이 아닐까 생각되기도 한다. 따라서 한시를 전공한 학자와 차문화 이론을 전공한 학자가 공동 연구를 시도해야 차문화에 대한 올바른 해석을 할 수 있다고 생각된다.

3) 번역서의 문제점

다른 문화와 마찬가지로 차문화도 중국에서 한국으로 유입되었고, 그 영향 하에 발전한 것이 사실이다. 따라서 양다법養茶法, 채다법採茶法, 제다법製茶法, 음다법飮茶法에서 중국의 영향을 고스란히 받고 있다. 그런데 중국과 한국은 기후와 토양, 풍토 등이 달라서 중국의 것을 그대로 번역해 기록한다면, 한국의 실정에 맞지 않는 경우가 생기게 마련이다.

'강남의 귤을 회수 건너서 심으면 탱자가 된다橘化爲枳'라는 이치와 같이 중국의 농서나 다서를 그대로 번역해서 펴냄으로써 그 당시에 시행착오를 많이 하게 되었을 것이다. 중국의 차씨를 한국에 옮겨 심어서 전혀 다른 품종으로 변이가 일어났는데, 채다와 제다는 중국식으로 한다면 좋은 품질의 차를 생산할 수 없게 된다. 『지봉유설』에서 우전차를 우수雨水(2월 19일 경)이전에 딴 차를 이르기도 한다고 했는데, 한국의 실정으로는 도저히 2월에 차를 만날 수가 없는 상황이다.

백과사전류의 책도 중국의 책을 그대로 인용하거나 참고하여 서술하였다. 후기에 나온 백과사전류에는 인용한 책이름까지 적고 있는데, 『임원 십육지』는 중국의 『사시유요』, 『대관다론』, 『다해』, 『다소』의 내용을 인 용하였고, 『송남잡지』에도 중국의 『다경』 一之源, 『국사보』, 『박물지』 등을 인용하였다고 적고 있다.

1881년 안종수가 쓴 『농정신편』에는 일본과 중국의 농업 기술 뿐 아니 라 태서(서양)농법도 도입하려고 시도하였다. 최한기의 『농정회요』에서 서양의 수리기술을 도입하고자 했던 시도와 마찬가지로 한국의 토양과 전통농법은 고려치 않고 전혀 검증되지 않은 농법을 제시하기도 하였다.

이와 같은 번역서 또는 외국서적을 많이 인용한 서적의 경우에 철저한 자료 비판을 하지 않으면, 한국의 당시 실정을 제대로 파악할 수 없다. 한국에서 생산되지도 않는 차를 한국차라고 잘못 인정하여 그 산지와 제 다법을 비정하는 어처구니없는 경우도 얼마든지 생길 수가 있다.

4) 편저와 저술의 혼동

서양의 경우 근대사회가 태동하는 시점에 광범위한 지식이 요구되었고, 새로운 지식이 봇물처럼 밀려오게 되자 소위 '백과전서파'라고 하는 신지 식인들이 백과사전류를 편찬하는 것이 유행하였다. 중국에 이어 한국에 도 18~19세기에 백과사전류의 편찬이 일대 유행하였다. 초기의 백과사전 류에는 『지봉유설』처럼 천문, 지리, 경서, 군도, 관직, 문장, 자연 등 당대 지식을 총망라한 내용이 들어 있었다. 19세기에 들면서 중농학과 실학의 영향을 받은 새로운 농서가 백과사전류의 형태로 나오게 되는데 여기에 차에 대한 내용이 비교적 자세히 실려 있다. 『임원십육지』와 『농정회요』, 『송남잡지』는 중국의 서적을 많이 인용하면서도 한국 실정에 맞는 농법 을 많이 소개하였다. 특히 『오주연문장전산고』의 「도다변증설」은 변증법 적 방법으로 차에 대한 여러 가지 내용을 다루고 있다.

이러한 백과사전류는 외국의 서적을 인용하기도 하고, 이전에 나온 책의 내용을 인용하기도 했다. 당시는 지적재산권의 개념이 없던 시대이니만큼 어디까지가 인용이고, 어디까지가 본인의 저술인지 구분하기가 대단히 어렵다. 이런 경우 편저일 뿐인 백과사전류의 서적을 그 저자의 저술로 인식해서는 안 될 것이다. 그런 것을 구별하지 않으면 그가 인용한 외국의 지식도 한국의 것으로 잘못 인식될 수 있다.

　정약용의 경우도 마찬가지이다. 그는 500여 권의 저술을 하였다고 알려져 있다. 사실은 그가 펴낸 여유당전서의 대부분의 내용은 편저일 뿐이다. 그는 지식경영의 명수였다고 한다. 많은 제자들에게 과제를 주고 그 과제를 모아 집대성하는 방식으로 방대한 량의 저술을 할 수 있었다. 그런데도 그 모든 서적을 그의 저서라고 생각하고, 그 속에 그의 사상이 들어있다고 여기고 있다. 『경세유표』에 나오는 「각다고榷茶考」도 사실은 중국의 차 전매제도에 대한 전반적인 내용이 들어 있다. 그가 그것을 자신의 책에 넣었다는 것은 물론 그가 그 방면에 관심을 가졌다는 증거이다. 하지만 그것이 정약용의 고유한 생각인 것처럼 인식하는 것은 명백히 잘못된 것이다. 『목민심서』도 마찬가지이다. 이 책은 정약용이 자신의 경험을 토대로, 중국의 25사와 역대 문집 등에서 백성을 다스리는 목민관의 일과 관련된 사례를 가려 뽑고 해설을 덧붙인 것이다.

　이런 식의 편집과 저술을 혼동하다가 보면 지식의 출처를 잘못 인식하는 수가 생긴다. 최근 발견된 『동다기東茶記(記茶)』는 무관이었던 이덕리李德履가 진도 유배시절에 지은 것을 정약용의 막내 제자인 이시헌이 필사한 것이다. 정약용의 제자가 필사한 사연이 정약용이 저술한 것으로 잘못 알려진 것이다. 문일평의 『다고사茶故事』도 그의 독창적인 생각이 아니라 일본인 아유카이의 『차이야기茶の話』를 비롯한 여러 자료를 적절히 인용하여 조선일보에 연재한 내용인 것이다.

　현대에 역사를 연구하는 지식인들은 저술과 편저를 구별함은 물론이요,

인용의 출처와 인용한 정도도 잘 규명하여 철저한 사료 비판을 하여야 할 것이다.

5) 통합연구의 필요성

이상에서 한국차문화사를 연구하는데 있어서 생길 수 있는 문제점을 지적해 보았다. 자료가 절대적으로 부족한데다가 해석이 까다로운 한시 기록이 많다는 것은 큰 문제점으로 지적된다. 또한 중국의 다서를 그대로 인용하거나, 이전에 나온 다른 사람의 저술을 인용하면서 인용한 사실조차 밝히지 않은 것은 후세의 학자들이 혜안을 가지고 헤아려야 할 사항이다. 그리고 편집과 저술을 구별하여 저자의 독창적인 사상과 집대성한 기술 정도를 구별할 줄 알아야 올바른 연구를 할 수 있다고 생각된다.

문자로 기록된 자료가 이렇게 문제점을 많이 가지고 있다면 다른 자료를 이용하여 그 문제점을 보완해야할 필요성이 제기된다. "때로는 기술되지 않은 자료가 더 많은 말을 하기도 한다."는 사실에 유념해야 할 것이다. 역사적 기술을 뒷받침해 주는 금석문을 찾는 것, 역사적 사실을 증명해 줄 유물과 유적을 적절하게 동원하는 것, 기록화나 행렬도, 의궤 등을 통해 당시의 생활상을 밝혀내는 일 등이 시도되어야 한다.

한시연구자와 차문화 이론가가 협업을 하여야 하듯이, 고고학자와 미술사가가 협조하여 차도구의 실체를 확인해야 할 것이다. 또한 의류학자나 음식연구가와의 협조도 뜻밖의 성과를 거둘 수 있을 것이다. 모호한 사료가 많기 때문에 선구적인 한 학자가 가설을 제시하면, 다른 학자가 반박을 하고, 또 다시 종합하는 식의 변증법적인 검증도 한국차문화사를 연구하는데 좋은 방법이 될 수 있을 것이다.

6) 차와 관련된 발음

하문(복건)어 '타Tay'와 광동어 '차Cha'

‣ 차에 관한 발음은 크게 두 가지로 구별된다.

‣ '타Tay'라는 발음은 복건성의 하문에서 바닷길을 따라 서양 대부분의 국가에 전해진다. 말레이시아에서 전해진 덴마크, 노르웨이, 스웨덴은 모두 Te로 발음하고, 네덜란드는 Thee, 그 영향을 받은 영국은 Tea, 프랑스는 The로 발음한다. 한국은 복건성 계통의 영향을 많이 받은 것으로 보이나, Ta와 Cha가 혼용되어 쓰이고 있다.

‣ '차Cha'라는 발음은 광동성에서 육지로 티벳Dza, 베트남Jsa으로 한 갈래 전해지고, 페르시아Cha, 아라비아Chai, 터어키Chay, 러시아Chai 등지로 전파된다. 다른 한 루트는 일본Cha으로 전해진 후 포루투갈Cha과 인도Cha로 전해지기도 했다.[2]

한국의 발음 규칙

‣ 한자끼리의 복합어는 '다'로 발음한다.

－ 다도, 다반사, 다선일미, 다경, 다과, 다식, 점다, 전다, 투다, 다완, 다관, 다로

‣ 토속말끼리의 복합어 또는 토속말과 한자말의 복합어는 '차'로 발음한다.

－ 찻잎, 찻사발, 찻잔, 찻상, 찻솔, 차씨, 차그림

‣ 마시는 차의 종류와 관계되는 말은 '차'로 발음한다.

－ 녹차, 작설차, 죽로차, 말차, 단차, 떡차, 잎차, 전차, 산차

---

2 석용운, 『한국다예』, 도서출판 초의, 2005, 44쪽.

•'다'와 '차'에 따라 뜻이 달라지는 경우와 익은 말은 상례에 따른다. 다례와 차례, 다호와 차호, 차문화茶文化와 다문화多文化, 다도茶道와 차도車道 구별

3. 차의 기원과 전래

1) 차의 기원

인류가 차를 처음 먹게 된 것은 인체에 특별한 효능이 있으므로 약용으로 사용했던 것으로 보인다. 일부지방에서는 다른 채소류와 만찬가지로 차가 죽을 쓰거나 저장용 채소 등 식용으로 사용되기도 했다. 그러다가 인류 문명의 발달과 더불어 차는 기호음료로 발전한 것으로 보인다.

차의 원산지로 꼽히는 곳은 중국과 인도이다. 먼저 차의 원산지가 중국 운남성雲南省과 사천성四川省 근처라는 주장의 근거를 들어보면 다음과 같다. 육우陸羽가 쓴 『다경茶經』에 "신농神農이 지은 『식경食經』에 따르면 차를 오래 마시면 사람으로 하여금 힘이 있게 하고 마음을 즐겁게 한다"고 하였으므로, 신농 황제 때인 BC 2700년경에도 차가 약용으로 사용되었음을 알 수 있다. 『회남자淮南子』에도 "염제신농炎帝神農[3]이 백 가지 풀을 핥고 하루에 일흔 가지 독을 만났으나 어느 날 문득 찻잎을 먹고 난 다음 해독이 되었다"고 한 것으로 보아 신농씨 무렵부터 차가 약용으로 사용된 것이라고 짐작할 수 있다. 실제로 이 근처에는 수천 년 된 고다수古茶樹들

---

3 중국 전설상의 三皇(수인, 복희, 신농) 중 하나인데 불과 농업을 관장하는 신이다. 사람 몸에 소 같은 머리를 한 신농씨는 중국의 농업, 의약, 음악, 경제의 신이자 중국문화의 원천으로 알려져 있다.

이 지금도 발견되고 있다.

한편, 1823년 영국군 장교 브루스R. Bruce 형제가 인도에서 야생 차나무를 발견하고 학계에 보고하면서 인도 아 샘지방이 차의 원산지라고 주장되기도 했다. 실제로 인도의 오래된 종교경전 인 베다Veda에 차에 대한 내용이 있다. 산스크리트어로 된 이 경전은 기원전 1500년 경 이주해온 아리아인이 자연 현상을 찬미한 서정시이다. 또한 인더 스 일대 골짜기에서 마야Maya족이 차 를 마셨다는 기록도 있다. 이곳에서 발 견된 차종은 중국 차종과 다른 대엽종 이었으므로 인도가 차의 다른 원산지

염제 신농 신농은 사람 몸에 소의 머리를 한 농 업의 신으로 호북성 흥산 시 신농단에 모셔져 있다.

라고 여겨졌다. 1900년대 초 네덜란드의 코헨 스튜어트C.P. Cohen Stuart는 중국의 소엽종과 인도의 대엽종은 전혀 다른 차종으로 각기 다른 원산지 를 가진다는 이원설을 주장하여 상당히 설득력을 얻었다.

그러나 1939년 이후 높이가 6~7m에 이르는 대엽종 차나무가 귀주, 운 남 등에서 발견됨으로써 차의 원산지가 중국 서남부 일대라는 설이 대체 로 인정을 받게 되었다. 이곳에는 수령이 1000년이 넘는 대다수大茶樹가 군데군데 발견된다. 일본의 시무라志村喬는 중국의 소엽종이나 인도의 대 엽종이 모두 염색체 수(2n=30)가 같은 한 종자라는 일원설을 주장하였다. 인도의 히말라야 일대와 중국의 운남성 일대는 인접해 있어서 서로 다 른 변이종이 분포되어 있었을 뿐이라고 하였다.[4] 더구나 중국에서는 차가 『화양국지華陽國志』・『안자춘추晏子春秋』・『동군록桐君錄』・『다경茶經』 등 의 문헌에 일찍부터 소개되어 있어 중국 원산지설에 대한 신빙성을 뒷받

침해 준다.

특히, 중국의 전한前漢 선제宣帝시대인 BC 59년 왕포라는 선비가 작성한 노비매매 문서인 『동약僮約』에 "노비는 무양에 가서 차를 구매하며, 차를 끓이고 다구를 깨끗이 씻을 의무가 있다."라는 글에서 이미 전한시대에 차가 일반화되었음을 알 수 있다. 이 기록과 더불어 차의 기원을 뒷받침할 만한 비석이 1988년 발견되었다. 이 송대 비석은 사천성 명산현 몽정산 위의 개천사에 있는 몽산다엽역사박물관에 소장되어 있다. 이 비석에는 "서한(BC 202~208)연간에 엄도(아안)의 읍사람인 오리진吳理眞이 손수 일곱 그루의 영명을 몽정의 다섯 봉우리 사이에 심었다"는 글이 새겨져 있다.[5]

차의 기원에 관한 전설도 있다. 인도 향지국香至國의 왕자 달마達磨는 중국 소림굴小林窟에서 9년 면벽 후 중국 선종의 개조開祖가 되었는데, 달마가 정진하던 중 가장 참기 어려운 것이 수마睡魔(잠)였다고 한다. 이에 잠을 쫓기 위해 눈꺼풀을 떼어 뜰에 던졌고 바로 그 곳에서 자란 나무가 차나무였다는 전설이 전해 온다. 이것의 진위는 알 길 없으나 차는 불교佛敎와 더불어 중국, 한국, 일본 등 동양 일대로 퍼져 나가게 된 것은 사실이다.

유럽에 중국의 차가 알려진 효시는 1559년에 출판된 베네치아의 저술가인 G. 람지오Giovanni Battista Ramusio의 『항해와 여행Delle Navigationi et Viaggi』에 의해서였다. 그는 페르시아 상인으로부터 들었다고 하면서, 중국차를 공복에 한두 잔 마시면 열이 내리고 두통, 위통, 협복통, 관절통, 통풍 등이 낫는다고 적고 있다. 1609년부터 세계의 해상지배권이 에스파

---

4   석용운, 『한국차문화강좌 – 차의 역사 편』, 초의학술재단, 2004, 5쪽.
5   김명배, 『다도학』, 학문사, 1984, 98~99쪽.

니아와 포르투갈로부터 네덜란드와 영국으로 넘어가자 두 나라의 동인도 회사는 동양의 차를 유럽 각국에 운반하는 한편, 동남아시아에서의 차 재배에도 손을 미쳤다. 네덜란드의 동인도회사는 마카오에서 사들인 중국의 녹차를 그들의 동양 거점이던 인도네시아의 자바섬, 밴텀이라는 항구에서 1610년 유럽으로 실어 갔고, 스칸디나비아 제국과 독일, 프랑스, 영국 등지에도 전파시켰다. 그 후 영국은 홍차문화의 발생지가 되었고 으뜸가는 차의 소비국이 되었다.[6]

2) 차의 한반도 자생설

차나무가 오래 전부터 한반도에 자생하고 있었다는 자생설이다. 예로부터 지리산에는 야생 차나무가 두루 분포되어 있고 화엄사와 쌍계사를 중심으로 차와 관련된 많은 전설과 기록이 남아있다.

한반도의 차 자생설을 뒷받침할 수 있는 근거

(1) 한반도는 백두산, 울릉도, 한라산 등을 제외하고는 거의 고생대 토양이 분포되어 있다. 차나무가 생장하는 데 가장 적당한 토양은 난석토欄石土(화강암 마사토)지대이므로 지구상에 가장 오래된 화강암 지대인 우리나라에서 자생할 수 있다. (화개의 하상연河相演 주장)

(2) 한반도 서남 해안지방에는 다양한 형질의 차나무가 자라고 있으며, 중국의 차나무와 극히 다른 형질을 가진 차나무도 있다. 이는 오랜 기간의 변이로 만들어진 형질일 수도 있다.

---

6 배근희 외, 『청소년 예절교육』, 새로운 사람들, 2006, 146~147쪽.

3) 차의 전래

허황옥의 차 전래설

불교학자인 이능화(1869~1943)가 쓴 『조
선불교통사』(1918)에는 "김해 백월산에
죽로차가 있다. 세상에 전하기를 수로왕
비 허씨가 인도에서 가져온 차 씨앗이라
고 한다."[7]고 되어 있다. 이 기록을 토대
로 허황옥이 인도에서 시집오면서 차씨

파사석탑 허황옥이 아
유타국에서 가져왔다고 전
해지는 석탑으로 불교의
남방전래설을 대변해 주
는 유물이다.

를 거져와 퍼뜨리게 되었다는 주장이 제기되었다.

『삼국유사』(1285) 「가락국기」[8]에도 "허황옥이 아유타국에
서 파사탑을 가져왔으며, 수로왕과 혼인하여 나라를 다스렸
다"[9]는 사실이 기록되어 있다. 「가락국기」에는 허황후가 시
집오면서 금은 패물과 파사탑까지 가져왔다고 적었지만, 차
씨를 가져왔다는 내용은 없다. 다만 수로왕이 멀리서 온 허
황후 일행에게 난액蘭液을 마시게 했다는 내용이 있는데, 일

수로왕비 허황옥 : 쌍어문의 비밀
김병모의 저술로 쌍어문을 쫓아 허황옥의 고향을 추적하였다.

---

7 "金海白月山有竹露茶 世傳首露王妃許氏 自印度持來之茶種云", 이능화, 『조선불교통사』 하
   권, 461쪽
8 고려 문종 때 금관주지사金冠州知事(김해의 수령) 김양감이 써 놓았던 기록을 일연一然(1206~
   1289)이 『삼국유사』에 실었다.
9 금관에 있는 호계사의 파사석탑은 옛날 이 고을이 금관국이었을 때 시조 수로왕의 비이며
   이름이 황옥인 허황후가 건무 24년 무신(48)에 서역의 아유타국에서 싣고 온 것이다金官虎溪
   寺婆娑石塔者 昔此邑爲金官國時 世祖首露王之妃 許皇后名黃玉 以東漢建武二十四年甲申 自西域阿踰侘國所載來.
   …(中略)… 수로왕이 그를 아내로 맞아서 함께 150여 년간 나라를 다스렸다首露王聘迎之 同御
   國一百五十餘年.

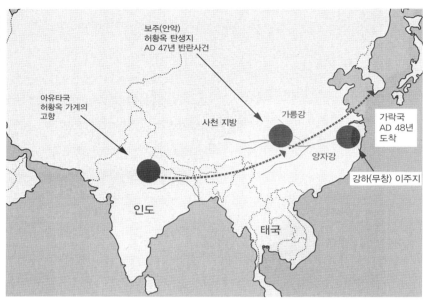

허황후의 추정 이동경로
허황후는 아유타국에서 보주를 거쳐 김해로 들어왔다고 추정된다.

보주(안악)
허황옥 탄생지
AD 47년 반란사건

아유타국
허황옥 가계의
고향

사천 지방

가릉강

양자강

가락국
AD 48년
도착

강하(무창) 이주지

인도

태국

부 학자들은 이 난액이 차일 것으로 추정하고 있다.

　1991년 인류학자 김병모金秉模는 『김수로왕비 허황옥』에서 허황후가 인도 아유타(아요디아)에서 직접 김해로 온 것이 아니라 중국 사천성四川省 안악安岳을 통해 김해로 들어왔다는 학설을 내놓았다.

　그는 수로왕릉에 새겨진 쌍어문의 분포 경로와 허황옥의 능비陵碑에 있는 '보주태후普州太后'라는 실마리를 추적하다가 중요한 사실을 밝혀냈다. '보주普州'라는 지명이 인도에 없다는 사실을 알고, 중국의 고지도를 뒤지다가 사천 안악 지역에 보주라는 지명이 있다는 것을 확인했다. 그 뒤 사천성을 직접 찾아가 허씨 집성촌을 찾아내고 허황후가 인도에서 중국을 거쳐 김해로 들어온 경로를 밝혀내기에 이르렀다.

　그는 더 나아가 허씨족의 원류를 밝혀주는 후한後漢 때의 금석문金石文인 「신정기神井記」에서 허왕옥許王玉을 찾아내게 되었다. 허황옥이 혼인하기

보주태후릉 능비에 '駕
洛國首露王妃 普州太后許
氏陵'이라고 적혀 있다.

1년 전인 서기 47년에 촉 땅에서는 토착민족이 한나라 정부에 대항하여
반란을 일으킨 사건이 있었고, 반란은 한나라군에 의하여 진압되었다. 이
때 7천 명이나 되는 반란의 주동자들이 모두 체포되어 강하江夏(지금의 武
昌)로 강제 이주되었다. 촉의 땅인 보주에 살고 있던 사람들도 이 봉기에
연루되었고, 무창 지방으로 옮겨간 사람들 중에 허씨를 가진 사람들이 있
었다. 허황옥은 반란에 실패했을 때 강제 이주 당한 지도자급 가계의 한
여인이었고 정착했던 무창지방을 거쳐 양자강을 따라 상해 지방인 명주
(지금의 寧波)로 간 다음 바다를 건너 김해의 가락국에 도착했던 것이다. 허
황옥은 촉의 땅, 보주를 떠나 1년만인 48년에 가락국에 도착하였다.[10]
　이에 대한 반론도 많다. 그 당시 인도나 중국의 보주에는 차가 일반화

되어 있지 않았다는 것과 차씨나 차묘목을 가져와서 과연 차나무를 살려낼 수 있었는가의 문제가 있다. 그런데 최근 DNA 검사를 통해 김해 허씨와 인도 아유타 지역의 유전자가 일치한다는 설도 제기되었고, 무역풍에 배를 맡기면 인도에서 한반도까지 도착할 수 있다는 주장도 제기되었다. 한편 허씨들의 고향은 중국 보주가 아니라 인도가 맞다는 주장도 제기되고 있어 이 문제는 논란의 여지가 크다.

대렴의 차 전래설

김부식金富軾의 『삼국사기三國史記』 흥덕왕조에 "신라의 제42대 흥덕왕이 즉위하여 3년(828) 12월에 사신을 당에 보내 조공하고 돌아오는 길에 대렴大廉이 차의 종자를 가져오니 왕이 그것을 지리산地理山(=智異山)에 심게 하였다. 차는 이미 선덕왕善德王(재위 632~646) 때부터 있었으나 이때에 이르러 성행하였다"[11] 라는 기록이 전해지고 있다.

이 기록은 뒷시대에 여러 번 인용되어 기록되었고, 약간의 차이가 나는 기록이 생겨나기도 했다. 『동국통감東國通鑑』에서는 地異山을 智異山으로 고쳐서 기록했다. 『동국여지승람東國輿地勝覽』에는 차가 선덕왕 때부터 있었다는 말 대신에 성덕왕聖德王(재위 702~737)때 성행했다고 하였다. 이 기록은 선덕왕에 대한 오류로 보인다. 『신증동국여지승람新增東國輿地勝覽』과 『지봉유설芝峰類說』에서는 앞선 기록을 답습하거나 생략해서 개략적으로 적고 있다.

---

10 김병모, 『김수로왕비 허황옥』, 조선일보사, 2004, 306쪽.
11 "冬十二月遣使入唐朝貢文宗召對于麟德殿宴賜有差入唐廻使大廉持茶種子來王使植地理山茶自善德王時有之至於此盛焉", 金富軾, 『三國史記』 興德王條.

　『삼국사기』의 기록에서 중요한 점은 신라에 7세기 선덕여왕 때부터 차가 이미 있었다는 사실이다. "대렴이 중국에서 차씨를 가져온 것을 왕명에 의해 지리산에 심었다"는 기록을 근거로 차가 중국으로부터 전래되었다고 하는 것은 지나친 해석이다.

　대렴이 차씨를 가져오기 약 2백 년 전에 이미 신라인들은 차(자생차인지 수입차인지는 모르지만)를 마셔왔는데, 828년에는 왕명으로 차씨를 심게 하여 이후로 차가 융성하게 되었다는 의미인 것이다. 따라서 이 기록은 우리나라에 차가 오래 전부터 있었다는 자생설의 근거가 되기도 한다.

제2장

고대 사국四國의 차문화

1. 고구려 사회와 차문화

1) 고구려의 성장과 문화

고주몽高朱蒙(東明聖王)이 BC 37년 경 졸본에서 건국하였고, 유리왕 때 국내성(현재 通溝)로 옮겨 오면서 강성해졌다. 태조왕 때 옥저를 복속하고, 4세기 미천왕 때 고조선의 옛 땅을 수복하였다. 북방민족의 침입으로 위기를 겪기도 했으나, 5세기 광개토대왕과 장수왕 때 요동지역과 한강지역까지 영토를 확장하면서 전성기를 이루었다.

고구려는 북방 기마민족의 문화를 받아들여 선진문화를 이룩하였고, 한족의 문화를 받아들여 백제, 신라, 일본에 전해주는 역할을 하였다. 또한 고구려는 북방 민족과 중국의 침입을 막아주는 방파제 역할을 하여 민족문화를 수호·보존해 주었다. 소수림왕 때 불교를 수용하고(372년) 중국식 율령제도를 마련하여 문화적 성장을 이룩하였다.

고구려 문화의 특징은 웅건한 기상을 존중하였고, 장군총과 광개토대왕비를 보면 힘과 패기가 넘친다. 쌍영총, 무용총, 각저총 등 굴방식 돌방무덤에 벽화를 많이 남겨 당시 생활상을 잘 알게 해 준다.

2) 고구려의 차문화

고구려의 차문화는 불교와 도교의 보급과 함께 크게 발달하였다고 할 수 있다. 소수림왕 2년(372)에 불교가 공인되면서 왕명으로 성문사省門寺와 이불란사伊弗蘭寺를 지어 전진前秦의 순도順道와 아도阿道 화상을 머물게 하였다. 불교와 함께 차를 비롯한 중국의 선진 문물도 전국적으로 급속히 퍼져 나갔다.

도교가 공식적으로 고구려에 들어온 것은 영류왕 7년(624)으로 당 고조高組의 명을 받은 도사道士가 천존상天尊像과 도덕경道德經을 가지고 오면서부터이다. 연개소문은 구귀족 중심의 불교 세력을 억압하기 위해 도교를 장려하여 더욱 발전시켰다. 하지만 고구려에는 이미 선교仙教가 존재하고 있었기 때문에, 신선사상神仙思想과 맥을 같이 하는 도교를 큰 반발 없이 받아들일 수 있었다. 그 수련과정에서 연단술鍊丹術과 연금술鍊金術에 능통한 고구려인들은 차茶를 사용하여 장생長生하는 비법을 터득했는지도 모른다. 옛 기록에 선인仙人들이 사용했다는 단차丹茶가 전해지는 것을 보면 알 수가 있다.[1]

고구려에 차문화가 존재했음을 보여주는 고분벽화가 있다. 무용총의 「주인접객도」와 안악 3호분 고분벽화에 찻잔을 든 사람의 모습이 그려져 있다. 그리고 차를

무용총 주인접객도
5세기 초 고구려고분에서 출토. 음식이 차려진 탁자를 사이에 두고 시종이 한쪽 무릎을 꿇고 주인에게 찻잔을 드리는 형상이다. 벽화가 심하게 훼손되어 있다.

---

1 석용운,『한국차문화강좌』, 초의문화재단, 2004, 10쪽.

끓이던 것이라고 생각되는 이동식 쇠화덕이 평북 운산군에서 출토되어 현재 국립중앙박물관에 소장되어 있다. 이와 비슷한 모양으로 집안集安에 출토된 굴뚝이 달린 질화덕(길이 67cm)이 현재 일본 교토대학에 보관되어 있다.[2] 이렇게 작은 크기의 부뚜막은 차 끓이는 용도로 쓰였을 것으로 추측되지만 그 용도에 대해서는 좀 더 논의가 있어야할 것이다.

『삼국사기』에 고구려의 지방 이름 구다국句茶國[3] 에 '茶'자가 들어 있는 것으로 보아 차문화가 존재했을 것이라고 추측하기도 한다. 그러나 이 경우는 단순히 지명을 한자음으로 표기한 것일 수도 있다.

고구려에는 차의 전래가 이루어졌다는 가능성을 확실하게 해주는 자료가 있다. 일제강점

이동식 쇠화덕(상) 길이가 67cm밖에 되지 않아 야외에서 차를 끓였을 것으로 추측된다. 운산군 동신면 출토. 국립중앙박물관

아오키 병차와 비슷한 청태전(하) 아오키의 설명으로 볼 때 지금의 청태전과 모양과 크기가 비슷하다.

기에 일본인 아오키青木正兒가 발견했다는 병차餅茶이다. "나는 고구려의 옛 고분古墳에서 출토되었다는 모양이 둥글고 얇은 작은 병차餅茶 한 조각을 표본으로 간직하고 있는데, 지름이 4cm정도의 엽전 모양에 두께는 닷푼(5分) 가량이 된다."[4]라고 하였다. 그는 이 사실을 모문석毛文錫의 『다보茶譜』를 역주譯註하면서 기록하였다. 그러나 이 병차의 발견 경위나 출토된 고분의 이름 등에 대해서는 기록이 남아 있지 않다.

2 정영선, 『한국의 차문화』, 너럭바위, 2003, 30쪽.
3 "句茶國王 聞蓋馬滅 懼害及己 擧國來降 由是 拓地浸廣", 『三國史記』 卷 第十四. 高句麗本紀第二 大武神王 九年 十二月.
4 青木正兒, 『青木正兒全集』 2, 東京: 春秋社, 1970, 262쪽.

그가 말한 크기와 모양으로 보아 이것은 1930년대 전남 해안지방에서 나온 청태전과 비슷하다. 세월이 많이 지나서 풍화되어 두께는 얇아졌겠지만 처음에 만들 때에는 4cm 크기에 1돈중(약 3.75g)의 무게였을 것으로 짐작된다. 고구려에서 이런 차를 만들었는지는 알 수 없지만, 이 병차를 통해 당나라식 병차의 모습도 짐작해 볼 수 있는 귀중한 자료이다.

2. 백제 사회와 차문화

1) 백제의 성장과 문화

고구려 시조 주몽과 졸본왕녀 소서노召西奴의 사이에서 태어난 비류沸流와 온조溫祚가 남하하여 BC 18년 경 백제를 세웠다고 하는데, 비류가 세운 또 다른 백제가 있다는 설이 있다. 3세기 고이왕 때 고대국가의 모습을 갖추고, 4세기 근초고왕 때 전성기를 이루었다.

근초고왕 때 마한을 정복하고 중국의 요서지방과 산동반도, 일본의 규슈九州지방까지 이르는 고대상업세력을 형성하였다. 이를 두고 대륙에 또 다른 백제가 있었다는 설을 주장하기도 한다. 5세기에는 장수왕의 남하정책에 밀려 웅진성(공주)로 천도하였고, 6세기 성왕 때 사비성(부여)로 천도하여 국가를 일신하려 시도하였다.

4세기 근초고왕 때 이미 중국의 남조와 교통하고 문화를 수입하여 삼국 중 가장 세련된 문화를 창조하였다. 오경박

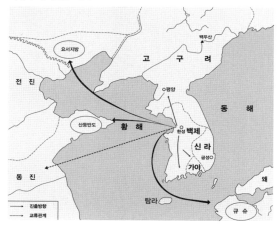

백제의 해외진출 지도

사를 두어 학문이 발달하였고, 일본에 한문과 유학, 불교 등 문물을 전해 주었다.

2) 백제의 차문화

백제에 불교가 전래된 것은 침류왕 원년(384) 동진東晉의 승려 마라난타 摩羅難陀에 의해서이다. 불교는 전래 초기부터 국가적인 차원에서 장려하 여 수많은 호국사찰을 짓게 된다. 무왕 때 완성된 왕흥사王興寺와 미륵사彌 勒寺는 호국사찰로 유명하다.

백제에도 도교가 일찍이 전래되어 있었던 것으로 추정되는데, 산수문전 山水紋塼이나 사택지적비砂宅智積碑에도 도교사상의 영향이 보인다. 무령왕 릉武寧王陵에서 출토된 매지권買地權을 보아도 산의 주인이 신선임을 밝히 고 있는데, 이것도 도교의 영향이라 볼 수 있다.

위도상 차산지가 가장 많이 분포되어 있던 백제도 당연히 차를 마셨으 리라 짐작되지만, 관련 유물은 그다지 남아있지 않다. 최근 여러 유물이 출토되어 당시 모습을 간접적으로 말해주고 있다. 5~6세기 백제 유적에 서 중국 남북조시대 찻물 담는 용기로도 썼던 닭머리 장 식의 계수호鷄首壺라는 주전자가 종종 출토된다. 이 유물 이 처음 시작된 곳이 차로 유명한 절강성 지역이어서 차 를 위한 주전자라는 것이 설득력을 가진다. 무령왕릉에 서 출토된 동제잔銅製盞(높이: 4.7cm, 입지름: 8.3cm)과 청동제 완靑銅製碗(높이: 6cm, 입지름: 12.2cm)도 찻그릇으로 쓰인 것 이라고 추측되고 있다. 무령왕릉에서 출토된 동탁은잔銅 托銀盞은 불교세계를 화려하게 그려놓은 수작이다.

최근 미륵사지 발굴사업에서 백제시대의 것으로 보이 는 도기 파편과 통일신라 말기의 것으로 보이는 당나라

청자 계수호 반구호의 어깨부분에 닭머리 모양 의 주구와 손잡이를 붙인 형태의 주전자. 중국 서진, 동진, 남조에서 주로 많이 썼다. 국립중앙박물관

무령왕릉 동탁은잔 청
동제 받침과 은으로 만든
잔을 합친 것이다. 산과
나무, 날개를 펴고 나는
수금, 세 마리의 용이 조
각되어 있다. 국립공주박
물관

청자완, 잔받침, 백자기, 고려시대 것으로 보이
는 송나라 백자, 청백자, 철제 다연茶碾 등이 출
토되었다. 조선시대의 것으로 분청 잔과 접시,
차를 보관하는 소형 호, 백자 대접과 접시, 납
석제 주전자 등도 발굴되었는데, 이로써 미륵
사 주변에서는 6세기경부터 차를 마시기 시작
하여 고려시대를 거쳐 미륵사가 폐사되는 조선
중기 1600년을 전후한 시기까지 차 마시는 풍
속이 지속되었음을 알 수 있다.[5]

한신대 권오영 교수는 "고구려와 신라 유적지에서 발굴된 다구는 서너
점인데 비해, 백제의 다구는 서른 점이 넘는 것으로 보아 백제에 차문화
가 널리 퍼져 있었음을 알 수 있다."고 하였다.[6]

1993년 능산리 고분에서 백제대향로가 발굴된 것도 차문화와 연결하여
고찰해 볼 수 있다. 고대사회에서 향과 차는 같이 발달하였는데, 왕이 명
승에게 향과 차를 하사한 장면을 여러 곳에서 확인할 수 있기 때문이다.

백제에 차가 있었다는 사실을 뒷받침해 줄만한 자료로 일본의 나라奈良
에 있는 동대사東大寺의 『동대사요록東大寺要錄』이 있다. 여기에 일본에서
활약한 왕인의 후손 교키行基라는 스님이 49개의 절과 46개의 사회사업소
를 만들고, 절 주변에 차나무를 심었다는 기록이 전한다. 이 동대사는 백
제와 신라출신의 도래인渡來人이 세운 대찰로서 동양 최대의 동불銅佛이
모셔져 있으며 백제시대의 건축양식과 가람배치를 한 눈에 볼 수 있는 곳
이다. 이곳에 백제계 교키스님이 차나무를 심었다는 것은 백제 차문화를

---

5 「너희가 천년의 차 맛을 알아? – 미륵사지 다기茶器」, 『소통뉴스』 2012년10월16일자.
6 『차의 세계』, 2007년 7월호.

동대사 751년 완성된 나라시대의 대표적 사찰로 교키 등 도래인이 건립의 주요업무를 맡았다.

짐작할 수 있게 한다.

일본 우에노上野공원의 「박사왕인비博士王仁碑」에 보면, "박사 왕인은 백제인으로서 백제 구수왕仇首王 때 일본국 응신천황鷹神天皇이 박사왕인을 초빙하였다. 왕인은 논어論語와 천자문千字文을 가지고 와서 황태자의 사부가 되었다. 태자는 성인의 학문과 도를 익혀 천하를 양휘함형에게 양위함으로써 후세에 모범이 되었다. 왕인의 가르침은 날로 크게 보급되니 조정으로부터 일반 서민에 이르기까지 인륜도덕을 모르는 자가 없었다. 이때 뜻있는 사람들이 왕인사당王仁祠堂을 세워 제사를 모시고 돌을 세워 위업을 아로 새겼다. 왕인의 자손으로서 유명한 이가 많았지만 특히 대승정大僧正 교키行基는 걸출하다."고 하여 왕인과 그 후예 중 걸출한 인물이 교키임을 밝혔다. 백제의 후예가 일본 땅에 차나무를 심었다는 기록은 백제 유민의 차생활의 일면을 추측해볼 수 있는 좋은 예이다.

행기당 동대사를 짓는 데 결정적인 뒷받침을 한 교키의 사당이 동대사 오른쪽 뒤편에 세워져 있다.

호암湖岩 문일평文一平은 그의 『다고사茶故事』에서, "신라의 차는 당에서 들어왔고 일본의 차는 송에서 들어갔으니 비록 연대의 전후는 있으나 모두 불교를 따라 전래했고, 또 불교를 따라 발달했음은 마찬가지이다. 이로 보면 불교가 성행했던 그 당시 고구려, 백제에도 당으로부터 차종자의 전래가 있었을 것이다. 고구려는 북쪽 추운 지방이므로 차 재배에 부적당하나 백제는 남쪽 따뜻한 지방이니만큼 신라보다 오히려 유리한 조건을 가졌다. 일찍 들어와 재배가 되었더라도 사실이 전하지 않는 이상 무엇이라고 말하지 못할 바다. 그러나 지리산을 중심으로 논할 때 신라의 옛 땅이었던 경상도 방면에 비하여 백제의 옛 땅이던 전라도 방면에 차 산출이 더 많다고 한다. 이는 백여 년 전에 된 「여지승람」에도 적혀 있거니와 금일에 이르도록 의연히 변함이 없다. 전라도는 지리산 외에도 모든 명산에 거의 차가 없는 곳이 없다고 한다."[7]라고 하였는데, 백제가 삼국 중 가장 차를 많이 마셨을 것이라는 것이 너무나 당연하다고 주장하였다. 현재의 차산지도 80% 이상이 옛 백제의 땅에 분포하고 있으니, 문일평의 주장에 동의할 수밖에 없다.

이규보가 지은 『남행월일기』에 부안의 원효방에 관한 내용이 있다. 통일 이전부터 원효는 사포성인과 함께 그곳에 머물고 있었을 것이다. 그들

7　문일평, 『호암전집』, 조광사, 1946, 380쪽.

이 차를 마시는 모습은 이미 백제의 땅에 차를 마시는 풍습이 있었음으로 보여준다.

3. 신라의 사회와 차문화

1) 신라의 성장과 문화

진한의 사로 6촌이 연맹하여 성립한 고대왕국이다. 혁거세와 석탈해, 김 알지를 각각 시조로 하는 박, 석, 김 세 성씨가 교대로 왕이 되었다. 4세기 내물마립간 때 와서야 고대국가 체제가 갖추어질 정도로 발전이 늦었다.

6세기 법흥왕 때 불교를 공인하였고(527년), 율령제도를 갖추었다. 진흥왕 때 화랑도를 공인하고 국력을 강화하고 백제와 연합하여 한강유역을 차지하였다. 그 이후 진평왕·선덕여왕·진덕여왕 때 수·당과 연결하게 되면서 우수한 성당盛唐문화를 수용하였다.

신라의 문화는 고구려와 백제에 비해 씨족시대의 전통을 오래 유지하였다. 화랑도와 화백제도 같은 것이 씨족사회의 사회 운영방식 중 하나였다. 4세기까지는 고구려 문화의 영향을, 5세기 이후에는 백제문화, 7세기 이후에는 당의 영향을 많이 받았다.

2) 신라의 차문화

신라는 5세기 경 고구려의 묵호자가 전해준 불교를 받아들여 한창 성행하였으나, 공인을 받은 것은 법흥왕 때 이차돈의 순교로 말미암아서였다. 호국의 도량道場으로서 황룡사 같은 큰 사찰이 만들어졌고, 이곳에서 백좌강회百座講會나 팔관회 등 호국적인 행사가 베풀어졌다. 당시 유명한 승려

통도사 금강계단 통도
사 대웅전 뒷편에 있는
신라시대 석조계단. 자장
이 가져온 진신사리를 모
신 곳이다. 문화재청

들 중에는 중국 유학에서 돌아온
원광이나 자장 등이 있었다. 이들
이 중국의 차문화를 그대로 옮겨
왔음은 말할 필요가 없다.

한편 민간에서는 도가사상이
장생불사長生不死의 신선사상의 형
태를 띠고서 발달했다. 산악숭배
사상도 이와 밀접한 관계를 맺고
있었는데, 경주 서악西嶽의 선도
산 성모聖母 전설은 그 대표적인
것이라 할 수 있다. 화랑도를 '국선도國仙道'·'풍류도風流道'라고 한 것에서
도교의 유행을 짐작할 수 있다.

신라는 불교 전파가 늦었으나 가야를 병합하고 난 5~6세기경에는 차생
활을 했을 것으로 보이는 흔적이 많다. 신라시대 이미 양산 통도사 근처
에 조일스님이 관장하던 다소촌茶所村이 있었던 것으로 보아 선덕여왕 이
전부터 차를 마셔온 것으로 보인다. 자장율사慈藏律師는 진골眞骨출신으로
선덕여왕 5년(636년)에 제자 숭실崇實 등 십여 명을 데리고 당나라에 들어
가 청량산의 문수보살상 앞에서 기도하여 깨달음을 얻고, 부처님의 가사
와 사리舍利 등을 받아가지고 돌아왔다. 자장은 귀국하여 통도사通度寺를
창건하고 금강계단金剛戒段을 쌓아 사리 등을 모셨다.

일제강점기에 출판된 『조선의 차와 선朝鮮の茶と禪』에 보면 "경남 통도사
는 신라의 명승 자장율사가 창건한 절로 지금도 있다. 경내의 차나무는 율
사가 입당入唐하여 가져온 다종茶種을 재배한 것이라고 한다."는 내용이 있
으니, 통도사에 예부터 차나무가 많은데 이 차나무는 자장율사가 중국에서
가져온 것이라는 주장이다. 일본인이 쓴 글의 내용을 지금으로서는 확인할
길이 없지만, 통도사 주변에 차나무가 많은 것은 『삼국사기』 흥덕왕 조에

"차는 선덕왕 때부터 있었는데…"하는 내용과 부합되는 사실이다.

화랑도는 씨족사회의 청소년 집단에 그 연원을 두고 있다. 진흥왕 때 국가 인재 양성을 위해 공인한 이래 통일신라 후반까지 존속하였다. 원광법사圓光法師가 내려준 세속오계를 바탕으로 전국의 명산대첩을 다니며 학문과 무예를 닦았다. 그들이 집단의식을 강조하기 위해 차를 마셨다는 사실은 여러 문헌을 통해 확인된다. 특히 화랑도 성립 초반 화랑의 지도자였다고 여겨지는 사선四仙의 차유적이 남아 있다.

사선은 영랑永郎, 술랑述郎, 안상安詳, 남랑南郎을 가리킨다. 조여적趙汝籍의 『청학집青鶴集』에 보면, "영랑은 향미산向彌山 사람으로 나이 90이 되어도 안색이 어린아이 같았으며 노우관鷺羽冠을 쓰고 철죽장鐵竹杖을 짚고 산수간에 소요하며 마침내 문박선인文朴仙人의 업을 전하였다"고 하였다. 홍만종洪萬宗(1643~1725)도 『해동이적海東異蹟』

한송정 석조와 석구(상) 1997년 오죽헌시립박물관이 한송정 자리에 돌부뚝막과 돌절구를 복원했다.

김극기 시비(하) 한송정을 복원한 근처에 김극기의 시비를 세웠다.

에서 사선의 차유적을 설명하였다. "사선은 영남사람이라고도 하고 혹은 영동사람이라고도 한다. 고성高城 해변에서 사흘을 같이 놀고도 돌아가지 않으므로 그 지명을 삼일포三日浦라 하였다. 속초 근처에 영랑호永郎湖가 있고, 금강산에 영랑봉이 있고, 또 장연長淵에 아랑포阿郎浦가 있고, 강릉에 한송정寒松亭이 있고 정자 밑에 다천茶泉과 돌솥石釜과 돌절구石臼가 있는데 다 사선이 놀던 곳이다." 또 『삼재도회속집三才圖繪續集』에 "총석정叢石亭은 강원도 통천군에 있는데, 인접한 바닷가에 정자가 있다. 이 정자를 총석정 또는 사선정四仙亭이라고 부르는데, 전하는 말에 신라의 사선이 이곳에서 놀았다고 하여 붙여진 이름이다."고 하였다.[8]

활래정 선교장 들어가는 입구 연못에 있는 건물로 안쪽에 운치있는 다실이 마련되어 있다.

이러한 기록을 토대로 1997년 오죽헌시립박물관이 강원도 강릉 한송정이 있었던 자리에 한송정을 복원하고 김극기金克己(1150~1204)의 시 일부를 새겨놓았다.

여기가 신라화랑이 유람하던 곳,	云是四仙縱賞地
지금도 남은 자취 기이하구나.	至今遺迹眞奇哉
주대酒臺는 꺼꾸러져 풀에 묻혔고,	酒臺欹傾沒碧草
차화덕茶竈 내뒹굴어 이끼만 꼈네.	茶竈今落荒蒼笞

강릉 한송정 유적을 떠나 경포대 쪽으로 가면, 경포대를 바라보는 곳에

8 석용운, 『한국차문화강좌』, 초의학술재단, 2004, 88쪽.

대규모의 한옥 선교장船橋莊이 자리 잡고 있다. 선교장에 들어서면 넓은 연못 가운데 활래정活來亭이라는 멋진 건물이 보이는데, 바로 차를 마시기 위해 만들어진 공간이다. 선교장은 1703년 효령대군의 후손 이내번이 지은 건물이라지만, 다실을 따로 둔 것은 아마도 화랑의 차 생활에 영향을 받은 것이 아닌가 한다.

사선의 활약 시기에 대해 여러 설이 있다. 화랑제도가 막 성립하여 공인을 받은 진흥왕 때라고 주장하기도 하고, 통일 직후 효소왕 때라고 주장하기도 한다.

『삼국사기』에 화랑도와 관련된 난랑비서의 서술은 다음과 같다.

> 우리나라에 현묘한 도가 있으니 이를 '풍류'라 한다. 가르침을 베푸는 근원은 선사에 상세히 기록되어 있거니와, 실로 삼교를 포함하여 접하는 모든 생명을 감화시키는 것이 있다. 예를 들어 보면, 이는 곧 집으로 들어와서는 부모에게 효도하고 밖으로 나가서는 나라에 충성하는 것은 공자가 가르쳤던 뜻이요, 매사에 무위로 대하고 말없는 가르침을 행함은 노자의 가르침이며, 악한 일을 하지 말고 모든 착한 일을 받들어 행하라는 것은 석가모니의 교화니라.[9]

'풍류도'라고도 불리는 화랑도의 사상에는 유·불·선의 가르침이 다 들어있다. 화랑들이 차생활을 통해 심신을 수양하였다는 사실은 술로서는 이를 수 없는 현묘한 도가 차 속에 녹아있음을 보여주는 한 예라 하겠다.

---

9 『三國史記』,「新羅本紀」眞興王條, 鸞郎碑 序文.

4. 가야의 사회와 차문화

1) 가야의 성장과 문화

낙동강 하류 지방에 있던 변한의 부족들이 3세기 경 가야 연맹국가를 형성하였다. 6가야에는 고령의 대가야. 김해의 김관가야, 성주의 성산가야, 함안의 아라가야, 진주의 고령가야, 고성의 소가야가 있다. 가야라는 명칭도 가락駕洛, 가라加羅, 구야狗耶 등으로도 불렸다.

우수한 문화를 소유한 국가였으나, 통일을 이루지 못하고, 금관가야가 법흥왕 때(532년), 대가야가 진흥왕 때(562년) 신라에 병합되었다.

변한시대부터 우수한 철기문화를 가지고 중국·일본과 교역하였다. 고령·창녕 등에서 발굴된 가야식 토기와 금동관, 철제무기와 갑옷·투구는 가야문화의 높은 수준을 말해준다.

2) 가야의 차문화

가야 차문화의 역사는 신라보다 빠르다고 여겨지며 그 지역에서는 옛날부터 차가 생산되어 오고 있다. 시조신의 제사에 차를 썼고, 우수한 토기를 만들었던 가야에는 차문화가 성했던 것으로 보인다.

가락국의 시조 수로왕묘首露王廟에 헌다한 기록은 『삼국유사三國遺事』 권 2 「가락국기駕洛國記」에 나와 있다.

신라 제30대 법민왕法敏王(文武王) 용삭龍朔 원년 신유辛酉(661년) 3월 수로왕의 17대손 갱세급간賡世級干이 조정의 뜻을 받들어 그 밭을 주관하였다. 그리하여 해마다 명절이면 술과 단술을 마련하고 떡과 밥, 차茶와 과실 등 여러 가지를 갖추고 제사를 지내어 해마다 끊이지 않게 하고,

그 제사날은 거등왕居登王이 정한 연중 5일을 변동하지 않으니, 이에 비로소 그 정성어린 제사는 우리 가락국에 맡겨졌다. 거등왕이 즉위한 기묘년己卯年(199년)에 편방便房을 설치한 뒤부터 구형왕 말년에 이르는 330년 동안 묘에 지내는 제사는 길이 변함이 없었으나 구형왕이 왕위를 잃고 나라를 떠난 후부터 용삭 원년 신유에 이르는 60년 사이에는 이 묘에 지내는 제사를 이따금 빠뜨리기도 했다.

문무왕이 즉위하자 조서를 내려 수로왕릉에 끊어졌던 제사를 다시 이어서 지내게 했는데, 조서에 이르기를 "가락국 시조의 9대손 구형왕仇衡王이 이 나라에 항복할 때 데리고 온 아들 세종世宗(奴宗), 그의 아들인 솔우공率友公, 그의 아들인 서운잡간庶云匝干(舒玄)의 딸 문명왕후께서 나를 낳으셨으니, 시조 수로왕은 어린 나에게 있어서 15대조가 된다. 그 나라는 이미 없어졌지만 그를 장사지낸 묘는 지금도 남아 있으니 종묘에 합해서 계속 제사를 지내게 하여라"하니, 수로왕의 17대손 갱세급간이 문무왕의 뜻을 받들어 해마다 명절이면 술과 감주를 마련하고 떡과 밥, 차茶와 과실 등을 갖추어 제사를 지내게 되었다.

가야시대에 조상에 대한 제사에 차를 사용한 사실은 명절에 지내는 차례가 우리나라의 고유 풍속이라는 것을 실증해 주는 증거이다.

3) 가야의 차문화에 대한 여러 가지 설

허왕후의 차씨 전래와 관련하여 한국불교의 남방전래설이 제기되었다. 허왕후의 동생 장유화상이 일곱 태자를 데리고 칠불암으로 들어가 수도했다는 설이다. 그때가 2세기 무렵이므로 불교가 이때 전래된 것이라는 주장이다.

백월산에는 이능화가 기록하였듯이 지금도 길이 15cm가 넘는 대엽종

찻잎이 자라고 있다. 또한 백월산 동남쪽 다호리 고분에서 1988년 유물이 출토되었는데 찻잔으로 추정되는 고배가 들어 있다.

김해의 동쪽에 금강지金崗趾라는 계곡이 있는데 옛 지명은 다전리茶田里이다. 고려 말 충렬왕이 왜구 정벌을 위해 모인 군사들을 격려하기 위해 김해에 들렀다가 이곳의 차나무를 보고 맛과 향이 차 중에서 으뜸이라 하여 '장군'이라고 명명했다. 이 일대에는 지금도 대엽종으로 추정되는 차나무가 많이 야생하고 있다.

김해지방에 전해오는 차민요에도 가야 이래로 전래되어 온 차문화가 녹아 있다.

> 다전리에 봄이오면　삼월이라 삼짇날에
> 다전리에 햇차따서　만장샘에 물을길어

어방산에 솔갈비로   밥물솥에 끓인물에
제사장님 다한정성   김해그릇 큰사발로
천접만접 우려내어   장군차로 올릴까요
죽로차를 올릴까요   바라바리 차립니다
나라세운 수로왕님   십왕자의 허황후님
가락국가 세운은혜   이차한잔 올립니다
합장하고 비옵니다   김해사람 복받으소

이 민요에는 김해 큰사발로 장군차와 죽로차를 우려내어 수로왕과 허황후에게 바치고 싶다는 민중의 염원이 들어있다. 일본의 고대국가인 야마타이邪馬臺의 히미코卑彌呼 여왕이 수로왕의 왕녀(공주)일 가능성이 있다는 주장도 있다. 그리고 이 히미코 여왕 시대부터 차나무가 있었다고 일본의 고고학자는 증언하고 있다. 이에 대해서는 좀 더 연구가 필요한 부분이다.

제3장

남북국시대의 차문화

1. 통일직후의 차문화

7세기 이전에 차를 마셨던 증거로서 자장이 세운 양산 통도사의 『통도 사사적기』에 "절의 북쪽 동을산東乙山의 다소茶所에서 차를 만들어 절에 바쳤다"는 기록이 있다. 다인茶因(차아궁이)과 다천茶泉도 남아있으며, 자장 의 제자 조일朝日이 머물기도 했다고 하였다. 이것으로 보아 7세기 경 이 미 차를 법제해서 절에 납품하는 집단촌인 다소가 큰 절 주변에 존재했음 을 알 수 있다. 또한 1968년 경주 창림사지에서 '다연원茶淵院' 기와조각이 발견된 것은 그곳이 차와 관련된 모임에 쓰이던 건물이었음을 시사해 준 다. 인도승 광유光有가 창림사를 창건한 이후 643년 원효가 중창하였다고 하니 다연원 기와조각은 7세기의 유물일 것으로 추정된다.

1) 부안의 원효방(635)

원효元曉(617~686)는 의상義湘과 함께 통일 신라를 대표하는 승려이다. 그 는 32살에 황룡사에서 승려가 되었다. 661년(45세)에 의상과 유학 차 당나 라에 가는 길에 당항성의 옛 무덤에서 잠을 자다가 목이 말라 달게 마신

물이 해골에 괸 물이었음을 알고, 모든 것은 마음에 달렸음을 크게 깨닫고 도중에 돌아왔다. 원효는 인간은 모두 평등하다는 기본원칙 아래 불교사상의 통합과 실천에 힘써서 삼국통일의 사상적 기반을 조성하였다. 그의 사상은 정토종淨土宗과 법성종法性宗으로 정리된다.

원효의 차에 관한 기록은 고려 때 이규보가 쓴 『남행월일기南行月日記』에 전한다.

> 경신년庚申年(1200년) 8월20일 부령扶寧(지금의 부안) 현령縣令 이군李君 및 다른 손님 6~7인과 더불어 원효방元曉房에 이르렀다. 높이가 수십 층이나 되는 나무 사다리가 있어서 …(중략)… 곁에 한 암자가 있는데, 세속에 전하기로는 이른바 사포성인蛇包聖人이 옛날에 머물던 곳이라 한다. 원효가 와서 살자 사포가 또한 와서 모시고 있었는데, 차를 달여 효공에게 드리려 하였으나 샘물이 없어 딱하던 중, 물이 바위 틈에서 갑자기 솟아났는데 맛이 매우 달아 젖乳과 같으므로 늘 차를 달였다 한다. 원효방은 겨우 8척(2.4m)쯤 되는데, 늙은 중이 거처하고 있었다.

원효방 전라북도 부안군 상서면 감교리 개암사 뒤 능가산 울금바위에 자리하고 있는 바위굴.『차의 세계』

물이 바위틈 젖샘에서 솟아나온 것은 그의 신통력이 작용한 것이 아닐까? 사포가 스승에게 늘 차를 달여 드렸던 사실로 보아 7세기에 이미 한반도에 차가 널리 사용되었으리라 생각된다.

2) 설총의 화왕계

31대 신문왕(재위 681~691)은 문무왕의 장자로서 휘는 정명政明이요, 시호는 신문神文이다. 통일 직후 신라의 정치제도를 일신하고, 지방제도도 9주 5소경으로 확정하여 중앙집권체제를 정비하였다. 특히 국립대학 격인 국학國學을 설치하여 유학을 장려하는 등 유교주의 국가의 초석을 다졌다.

신문왕은 설총薛聰으로부터 「화왕계花王戒」의 다주론茶酒論을 듣고 왕자의 훈계로 삼도록 하였다. 설총이 왕의 명을 받고 들려준 이야기가 바로 화왕계이다. 이 화왕계에서 왕을 모란꽃에, 간신을 장미꽃에, 충신을 할미꽃에 비유하여 "비록 좌우의 공급이 넉넉하여 육식으로 배를 채우지만 차茶와 술酒로써 정신을 맑게 해야만 합니다"라고 하였다. 이렇게 술과 차를 나란히 언급한 다주론茶酒論은 중국과 일본에도 있다. 중국에는 당대의 왕부가 지은 『다주론』, 청대의 등지모가 지은 『다주쟁기』가 있고, 일본에는 무로마치室町시대 란슈쿠蘭叔선사(?~1580)의 주다론이 있다. 이 주다론은 술과 차를 의인화하여 문답을 시키고 마지막에 한인閑人이 나와서 중재를 하는 희화戲話로 되어 있다.

3) 오대산의 보천·효명태자

보천寶川과 효명孝明태자는 신문왕의 두 아들인데, 그들의 행적에 관해 『삼국유사』 제3권의 「대산臺山(=오대산) 오만진신五萬眞身」에는 아래와 같이 적고 있다.

두 형제가 무리 천 명을 각기 거느리고 하서부河西府(溟州, 지금의 강릉) 등지에서 여러 날을 유람하다가 속세를 벗어날 뜻을 비밀리 약속하고 남몰래 도망하여 오대산에 들어갔다. …(중략)… 매일 새벽이면 진여원眞如院(上院寺)에 36종의 형상으로 나타나는 문수대성文殊大聖(文殊菩薩)에게 두 태자는 동중수洞中水를 길어다가 차를 달여 공양하고, 저녁이면 각기 암자에서 도를 닦았다. …(중략)… 보천이 오대산 신성굴神聖窟에서 50년 동안을 수진修眞하였더니 도리천의 신이 삼시三時로 법을 듣고 정거천淨居天의 무리가 차를 달여 바쳤다.

또한 『삼국유사』의 「명주溟州(강릉) 오대산 보질도寶叱徒 태자 전기」에도 이와 비슷한 내용이 있다.

신라의 정신태자淨神太子 보질도寶叱徒는 그 아우 효명태자孝明太子와 함께 하서부河西府의 세헌각간世獻角干의 집에 가서 하룻밤을 자고 이튿날 큰 고개를 넘어 각각 1,000명을 거느리고 성오평省烏坪에 가서 여러 날 놀다가 태화太和 원년 8월 5일에 형제가 함께 오대산五臺山으로 들어가 숨었다. …(중략)… 나라 사람들은 그 빛을 찾아 오대산에 이르러 두 태자를 모시고 본국으로 돌아가려 했다. 그러나 보질도태자寶叱徒太子는 울면서 돌아가지 않으려 하니 효명태자를 모시고 돌아가 왕위王位에 오르게 했다. 그가 왕위에 있은 지 20여 년인 신룡神龍 원년(705) 3월 8일에 진여원을 처음 세웠다 한다.

우통수 상원사에서 왼쪽으로 30여분 떨어진 서대 염불암 근처에 있는 우물이다. 물맛이 좋기로 유명하며 조선시대에는 한강의 발원지로 알려져 있었다.

보천을 보질도태자라고 했고 동중수洞中水를 우통수于洞水라 하였다. 이 오대산 우통수는 한강의 발원지로서 우중수牛重水를 말하는데, 찻물로는 최고의 것으로 알려졌다.

보천과 효명은 왕자로서 화랑의 지도자였기 때문에 여기에 나오는 1천명의 무리는 낭도를 의미한다. 매일 문수보살에게 차를

상원사 문수전 오대산에 위치한 문수신앙의 본산이다.

달여 공양했다는 사실이 주목된다. 문수신앙은 신라 불교의 요체인 화엄종과 연관되어 7세기 이후 크게 발전하였다. 이 전기는 한국 최초로 부처에게 차를 올리는 예를 보여 주는 귀중한 자료이다.

두 태자가 문수보살에게 차를 바쳤다는 진여원眞如院은 지금의 상원사上院寺이며, 그 주변에 우통수 우물이 있다.

오대산의 다른 유명한 사찰 월정사月精寺는 자장법사가 오대산五臺山에 처음 이르러 진신眞身을 보려고 모옥茅屋을 짓고 수도하던 곳이며, 그 다음에는 자신의 허벅지살을 떼서 어머니를 봉양했다는 신효거사信孝居士가 와서 그곳에 살았다. 그 다음에는 범일梵日의 제자인 신의두타信義頭陀가 와서 암자를 세우고 살면서 점점 큰 절을 이루었다. 다만 경내에 있는 8각9층 석탑은 고려시대에 지어진 것이다.

월정사 자장율사가 중국 당나라에서 문수보살의 감응으로 얻은 석존 사리와 대장경 일부를 가지고 돌아와서 이 절을 창건했다고 한다. 팔각구층석탑은 고려시대의 것이다.

2. 국내외에 꽃핀 차문화

1) 월명사의 제망매가

월명사는 경덕왕 때의 화랑 출신 승려로 향가를 잘 짓고, 피리를 잘 불었다고 알려져 있다. 그가 지은 향가 중 지금까지 전하는 것으로 죽은 누이동생에게 제를 지낼 때 지은 「제망매가祭亡妹歌」와 천문의 해괴함을 물리쳤다는 「도솔가兜率歌」가 있다.

경덕왕 19년(760년) 4월 초하루에 해가 둘이 나란히 나타나서 열흘 동안이나 없어지지 않았다. 일관日官이 아뢰기를 "인연이 있는 스님을 청하여 산화공덕散花功德을 지으면 재앙을 물리칠 수 있습니다"하였다. 그리하여 조원전朝元殿에 제단을 모으고 월명사月明師를 청해다가 도솔가를 지어 바쳤다. 그 가사를 읊조리고 재를 모시니, 이내 해의 변괴가 사라졌다. 왕이 이를 가상히 여기고, 차 끓이는 다구 일습品茶一襲과 108 수정염주를 하사하였다. 월명사가 경덕왕으로부터 받은 다구 일습은 어떤 것인지 알 수 없다. 다만 차와 차 끓이는 도구 일습을 예물로 받았다는 사실로 보아 불교 승려들은 늘 차생활을 하고 있었다고 짐작할 수 있다.

2) 경덕왕과 충담사

『삼국유사』「표훈대덕」조에 충담사가 매년 중삼重三(3월 3일) 중구重九(9월 9일)에 남산 삼화령에서 미륵세존께 차 공양을 올렸다고 한 내용이 있다. 경덕왕 24년(765) 삼짓날에는 왕도 삼산三山 오악五岳에 제사를 올리고 귀정문歸正門 누상에서 서성이던 중 지나가던 충담사를 만나 차를 같이 마시자고 했다. 왕은 삼화령三花嶺 미륵세존께 공양을 하고 돌아오는 충담사가 유명한 「찬기파랑가讚耆婆郞歌」를 지은 스님인 줄 알고, 백성을 편안하게 할 노래를 지어달라고 하였다. 이때 지어 바친 노래가 「안민가安民歌」이다. 내용은 왕을 아버지, 신하를 어머니, 백성을 어린아이에 비유하고 각자 본분을 다하면 나라와 백성이 편안하다고 했다. 왕이 이 노래에 감동하여 충담사를 왕사王師로 모시려 했으나 굳이 사양했다고 한다.

여기에서 다례의 두 장면이 보인다. 하나

삼화령의 연화좌대
삼월삼짇날 충담이 미륵보살에게 차를 올렸던 곳이다.

는 충담사가 중삼절과 중구절에 미륵세존에게 공양을 올리는 헌공다례의 모습이다. 두 번째는 충담사가 앵통에 짊어지고 다니던 다구를 꺼내어 왕에게 차를 달여 올리는 장면이다. 신불神佛에게 대한 다례와 공경해야할 인간에 대한 다례로서 뒷시대의 전범이 되는 차 공양이다. 또한 안민가에서 보이는 정명사상正名思想은 공자의 사상에 영향을 받은 것임을 알 수 있다.

이와 비슷한 시기에 일본에서도 공경 다례가 있었다. 9세기 『일본후기日本後記』 홍인 6년(815) 하유월조에 "사가嵯峨천황이 오미近江국 가라사키韓崎에 갈 때 숭복사에 들러 대승 에이추永忠가 손수 달인 전차를 마셨고 기내, 근강, 파력, 단파에 차를 심도록 했다."고 했다. 이는 충담사의 다례와 유사하고, 왕명으로 차를 심게 한 시기도 한국과 비슷하다.

3) 정중무상靜衆無相(684~782)

8세기 성덕왕의 왕자 무상은 불교의 진리를 구하고자 중국으로 건너갔다. 그는 사천성 성도의 대성자사大聖慈寺에서 활약하였고, 토굴에서 황토로 연명하며 정진하고, 맹수猛獸도 그의 법력에 감화되어 해치지 않고 보호했다는 신이神異의 선승禪僧이다. 무상은 외국인으로 혜능도 마조도 오르지 못한 중국 500 나한 중 455번째 조사에 올랐다.

무상선사의 사상은 마조도일에게 영향을 끼쳤고, 티벳의 사절에게 불교를 전하여 티벳의 불교세계를 이루는 데 큰 공을 세웠다.

무상이 국내에 처음 알려진 것은 1979년이었다. 대한민국학술원 주최 '제5회 국제학술강연회'에서 캐나다 맥마스터 대학의 중국인 란윈화 교수가 둔황에서 발견된 '무상오경전'을 소개하면서 '무상의 무념철학mu-sang and his philosophy of no thought'을 발표하였다. '무상오경전'은 영국 대영박물관에 소장된 둔황문서 중 스테인stein 컬렉션에서 발견된 것이었다. 가로, 세로 27cm의 정방향 한지 11행(각 행 15~16)이었다. 무상오경전은 그의 '삼구三句사상'인 무억無憶, 무념無念, 막망莫妄을 오경五更의 시간에 따라 1시간 단위로 풀어낸 게송이었다.

그로부터 10여 년이 지나서 국내에서도 무상선사에 주목하기 시작했다. 1990년 세계일보가 민영규閔泳圭 교수를 중심으로 '무상발굴팀'을 구성하고, 현지답사 결과를 신문에 연재하였다. '촉도장정蜀道長征(세계일보 1990년 11월 28일~1991년 1월 9일)'과 그에 이은 '사천강단四川講壇(세계일보 1991년 1월 16일~2월 27일)'이 그것이다.

2001년 8월 불교와 차문화 연구가 최석환은 중국 전역을 답사하다가 오백나한에 관한 기록인 천녕사天寧寺 석굴본 '오백나한도'를 보다가 우연히 455번째로 무상공존자가 들어 있음을 확인했다. 이어서 사천의 공죽사, 항주의 영은사에서도 무상선사의 존재를 확인했다.

무상선사가 개창한 정중종淨衆宗은 인성염불引聲念佛을 중요시 한다. 인성염불은 내면의 소리內耳聲와 외면의 소리外耳聲를 구분하는 것으로 소리를 내뱉지 않고 관조해 들어가는 정통수행법이다. 무상은 염불선으로 염불에 의한 간화선을 개척하는 한편 선다지법禪茶之法으로 깨달음이라는 것도 실은 평상심에서 이루어짐을 역설하였다. 선다지법은 '차 마시기'와 '도'가 하나라는 것으로 마조의 '평상심시도平常心是道(평상의 마음이 바로 도이다)'의 조주趙州의 '끽다거喫茶去(차나 한 잔 하게)의 선구적 실천이었다.[1]

---

1 「박정진의 차맥 23; 불교의 길, 차의 길 ① 한국 문화영웅 해외수출 1호, 정중무상선사」, 『세계일보』 2011년 10월 25일자.

4) 구화산의 김지장(696~794)

김지장(교각)은 신라 성덕왕 7년(719)에 당으로 구법의 길을 찾아 떠났으니 당시는 현종玄宗 개원開元 7년이었다. 그는 선청이라는 흰개 한마리를 데리고 배를 탄 후 중국 동청양현東靑陽縣의 첨양고을 구화산九華山을 찾아 고행 정진하게 되었다.

지장법사가 입적한 뒤 그의 유언대로 제자들은 유해를 독안에 넣어 모

구화산 노봉암 김지장이 처음 은거하던 곳으로 주변에 차가 자라고 있다. 『차의 세계』

셔두었다. 3년이 지난 후에 항아리를 열었더니 스님은 결가부좌를 한 채 3년 전의 그대로 있었다. 794년 남대에 등신불을 안장하고 그 위에 육신천을 세웠으니 그는 육신보살지장이 되었다. "중생을 제도하고, 보리를 이루려니 지옥이 빌 때까지 성불하지 않으리라." 이것은 지장보살의 위대한 서원이다. 지장보살이란 극락세계의 주인이신 아미타불을 보좌하는 보살이다. 실로 지장보살은 구화산에서 75년간 화성사의 주지로 있으면서 중생 교화에 일생을 바쳤다.

지장이 당나라로 건너 갈 때, 금지차金地茶를 가지고 갔다고 한다. 신라에서 온 김교각은 금사천金沙泉에서 물을 직접 길어와 금사차

를 즐겨 마셨다고 하는데, 금지차와 금사차가 같은 것인지는 알 수가 없다. 김교각은 직접 차밭을 일구고 제자들과 더불어 가꾸었으며 제자들에게 차 재배법 및 차 달이는 법 등을 직접 가르쳤다고 한다.

〈산을 내려가려는 동자를 보내며〉

절이 쓸쓸하니, 너는 집 생각하는구나	空門寂寞汝思家
절을 이별하고 구화산을 내려가려나	禮別雲房下九華
대난간에서 죽마타는 일이 생각나	愛向竹欄騎竹馬
금지에서 금사를 모으기 싫구나	懶於金地聚金沙
샘물길어 달보는 것도 그만두고	漆瓶澗低休招月
차 달이며 하던 장난도 이제 끝이 났다네	烹茗甌中龍弄花
눈물을 거두고 잘 가려므나	好玄不須頻不淚
노승이 벗할 것은 노을과 이내라네	老僧相半有煙霞

김교각은 사미승이 절을 떠나려는 그 심정은 잘 이해하나 막상 사미승이 절을 떠난다고 생각하니, 못내 아쉬워 가슴이 뭉클한 심정을 잘 읊고 있다.

최치원 초상 중국과 한국의 유명 인물을 그린 『역대도상첩』에 있는 그림이다. 경기도박물관, 『차 즐거움을 마시다』

5) 최치원과 진감선사 혜소

최치원은 6두품 출신의 학자로 당에 유학하여 빈공과賓貢科에 급제하였다. 황소의 난이 일어나자 「토황소격문討黃巢檄文」을 지어 문장으로 이름을 날리기도 했다. 귀국하여 진성여왕에게 개혁안 10조를 올렸으나 채택되지 않자 해인사로 은둔하여 저술활동에 몰두하였다.

진감선사대공탑비
쌍계사 입구에 위치한 비석으로 최치원이 비문을 지은 것으로 유명하다.

최치원의 『계원필경桂苑筆耕』에 "본국 사신의 배가 바다를 건너가는데 茶藥(차와 약)을 사고 싶다."는 글이 있는 것으로 보아 그가 당에서 차를 음용하였으며 본국에 차를 사서 보내고 싶어 했음을 알 수 있다.

최치원이 직접 짓고 글씨를 쓴 진감선사대공탑비眞鑑禪師大空塔碑의 비문에 의하면, "어쩌다 한명漢茗(차)을 선물하는 사람이 있으면, 그것을 가루로 내지 않고 그냥 삶아서 마신다. 나는 그저 배를 적실뿐이다. 호향을 선물하는 이가 있으면 질그릇에 잿불을 담아 환을 짓지 않은 채로 사르면서 말하기를 나는 냄새가 어떠한지 분별하지 못한다. 마음만 경건하게 할 따름이다"라고 하였다. 이 기록은 진감국사가 차와 향으로 마음을 경건하게 하고자 할 뿐이라고 차향의 쓰임에 대해 서술한 것이다.

진감선사眞鑑禪師 혜소慧昭(774~850)는 77세로 입적하였으니, 대렴이 당에서 차 종자를 가져온 828년과 비슷한 시기의 고승高僧이다. 한명漢茗은 중국차로 대렴이 가져온 차와 동종일 가능성이 있으므로 당시에는 토산차 외에 당의 차도 음용했을 것으로 보인다.

6) 공양물로 정착된 차

이 땅에 불교와 차가 차례로 전래된 이후, 차는 불교문화와 자연스럽게 불가분의 관계를 맺기에 이르렀다. 차는 승려들이 심신을 닦는 수행방편

화엄사 사사자삼층석탑
(좌)과 석등(중) 석탑 속
의 연기조사가 석등에 있
는 어머니상에게 차를 공
양하고 있는 모습이 있어
서 '효대'라고 불린다. 문
화재청

불국사 문수보살상(우)
찻잔을 들고 있는 모습이
우아하다. 강우방, 『한국
미의 재발견』, 솔, 2003

이었을 뿐만 아니라 부처님에게 올리는 주된 공양물의 하나이기도 하였
다. 따라서 신라시대의 불상, 보살상을 비롯한 탑, 부도, 조사영정 등에는
차를 공양하는 예법을 형상으로 표현한 것이 있는데, 이러한 유물은 오늘
날까지 다수 전해 내려오고 있다.

대표적인 작품으로는 신라 진흥왕 5년(544)에 연기조사緣起祖師가 세운
구례 화엄사華嚴寺의 사자자삼층석탑(국보 제35호)을 들 수 있다. 이 탑은 암
수 네 마리의 사자를 기단 각 모퉁이에 기둥처럼 세워 놓았는데, 사자들
에 에워싸인 중앙에 한쪽 무릎을 꿇고 공양을 올리는 듯한 모습의 승려상
이 있다. 이는 효심이 깊었던 연기조사가 어머니의 명복을 빌기 위해 차
를 올리는 모습을 표현한 것이라 전하는데, 연기조사가 세상을 떠난 약
100년 뒤에 자장율사慈藏律師가 조사를 기리어 석탑을 만든 것이다. 석탑
바로 앞에 있는 석등의 하단부에 있는 상은 연기조사의 어머니로 상징되

고 있다. 따라서 지리산에 화엄사가 창건된 무렵부터 차를 올리는 습속이 있었음을 알 수 있다. 오늘날에도 조사祖師의 영전靈前에서 행하는 영다례를 비롯하여, 부도탑에 부도다례와 추석, 설날에 조상다례 등을 행하고 있다.

차공양을 올리는 뚜렷한 형상이 새겨진 예로는 751년(경덕왕 10)에 조성된 경주 석굴암을 꼽을 수 있다. 석굴암 주벽에 새겨진 상 가운데 오른손으로 조그마한 찻잔을 받쳐 든 문수보살상文殊菩薩像은 차공양의 대표적인 작품으로 알려져 있다. 같은 시기인 경덕왕 무렵은 차에 대한 기록이 많이 남아 있는데, 충담忠談스님이 매년 3월과 9월이면 남산에 올라 삼화령三和嶺의 미륵세존에게 차를 올린 일, 경덕왕에게 차를 대접하고 「안민가」를 지어준 기록 등이 전한다.

이 외에도 국내 유일의 납매와 700년 이상 된 야생차나무가 있는 순천 금전산 금둔사金芚寺에도 차공양상이 있다. 금둔사의 삼층석탑은 9세기의 것인데, 1층 탑신부 좌우면에 불상을 향하여 차를 올리는 보살상이 양각되어 있다. 4명의 성인 의상, 원효, 도선, 진각국사 수도한 곳이라고 전하는 구례 사성암四聖庵에도 찻잔을 든 마애불이 자리하고 있다. 이것은 원효가 손톱으로 조각했다고 전해지는데, 왼손에 든 것이 찻잔이라는 것이 밝혀지면서 세인의 관심을 모으고 있다.

보개산 각연사覺淵寺의 석조비로자나불상石造毘盧遮那佛像(보물 제433호)의 광배光背에는 아홉 구의 화불化佛이 새겨져 있는데, 정중앙에 있는 화불은 찻잔을 들고 연화좌 위에 앉아 있는 모습이다. 매화산 청량사의 석조석가

순천 금둔사 차공양상
금둔사의 삼층석탑은 9세기경의 작품으로 특히 1층 탑신 좌우면에 불상을 향하여 차를 공양하는 공양상이 양각되어 있다.

여래좌상石造釋迦如來坐像(보물 제265호)은 석굴암의
불상유형을 충실히 따르고 있는 9세기의 작품으
로, 불상이 자리한 대좌臺座의 중대석에는 세 보살
이 각기 정면과 좌우에서 차공양을 올리는 모습을
새겨놓았다. 또한 7세기 초의 충주 가금면 봉황리
에는 보살상들이 미륵반가사유상을 중심으로 군
상群像을 이루고 있는데, 한편에 결가부좌하고 있
는 불상과 그 오른쪽에 한쪽 무릎을 꿇고 불상을
향해 차를 올리는 보살상이 있다. 924년(경애왕 1)
에 세운 문경 봉암사 지증대사적조탑비智增大師寂照
塔碑(보물 제138호) 기단부의 차공양상 등에 이르기
까지, 통일신라시대의 차공양상은 다양한 불교미
술 작품을 통해 만나볼 수 있다.

구례 사성암 마애불
원효가 손톱으로 그렸다
고 전해지는 그림에 왼손
에 들고 있는 것이 찻잔
이다. 『차의 세계』

　이처럼 차를 부처님 전에 올리는 헌다의식獻茶儀式은 이른 시기부터 정
착된 것으로, 차는 불교 육법공양물(향, 등, 차, 꽃, 과일, 쌀)의 하나로 자리
잡고 있다.

3. 구산선문과 차문화

1) 마조도일의 법맥

　차가 인간의 정신적인 세계와 결합하여 진정한 문화가 된 것은 불교,
특히 선종禪宗과 만나고서부터이다. 선승들은 처음에는 차의 약리적인 각
성작용에 착안하여 선 수행 시 수마睡魔를 이기기 위해 차를 마셨다. 이후
로 차문화는 사찰과 밀접한 관계를 유지하면서 발달하였다.

강서 홍주는 일찍이 육조六祖 혜능 이후 남종선이 가장 널리 성행한 지방이었다. 육조 혜능의 법손法孫인 마조도일馬祖道一(709~788)에 이르러 홍주종은 더욱 번성하게 되었다. 특히 그는 수행과 생산 활동을 결합한 '농선農禪'이란 영농방식을 취하여 중국불교의 하나의 특징을 형성시켰다. 선종사원의 청정한 자급자족식 경제 기반을 이루게 하여 대종代宗 때 불어닥친 훼불에도 자리를 지킬 수 있었다. 이런 논리로 선원에서 필요한 차도 승려가 재배하여 생산했다. 어렵고 귀찮은 찻일을 수행의 하나로 여기고 좋은 차를 직접 만들어 마셨던 것이다. "좋은 산이 있으면 좋은 절이 있고, 좋은 절이 있으면 좋은 차가 있다有名山有名刹, 有名刹有名茶"고 한 말은 마조의 농선 사상 이후에 생겨난 말일 것이다.

마조의 법맥에는 서당지장西堂智藏, 백장회해百丈懷海, 남전보원南泉普願, 마곡보철麻谷寶徹, 장경회휘章敬懷暉, 염관제안鹽官齊安 등이 있는데, 이들이 선종 사찰인 구산선문의 성립에도 직접적인 영향을 끼쳤다.

이 중에서 선원에서 지켜야 할 청규를 확립한 백장회해(720~814)는 불교 역사상 차 문화에 가장 큰 공헌을 남긴 사람이다. 홍주종의 선승들은 차로써 화두話頭로 삼은 이들이 많은데 그 중에서도 남전보원의 제자 조주종심趙州從諗은 '끽다거喫茶去'의 화두로 차생활을 다선일미茶禪一味의 경지로 올려놓았다.[2]

그러면 신라의 입당승들이 한결같이 홍주종에 쏠리게 된 까닭은 무엇일까? 마조가 한때 정중사淨衆寺의 무상無相(신라승)의 제자였으므로 신라의 법맥이 흐르고 있다고 생각했을 것이다. 또한 홍주종은 신라 중대中代의 불교가 당시까지 완벽하게 발전되었다고 믿고 있었던 화엄교학과 사상적 토대가 비슷했기 때문에 신라승들에게 더 친근하게 다가왔을 것이다.

---

2 김봉건, 「九山禪門과 우리나라의 茶 文化」, 『차문화학』 제4권 1호, 국제차문화학회, 2008.

2) 9산선문九山禪門의 성립과 위치

가지산문의 도의를 비롯하여 실상산문의 홍척과 동리산문의 혜철은 다같이 서당지장의 제자이다. 성주산문의 무염은 마곡보철의 제자이고, 사자산문의 도윤은 남전보원의 법을 받았고, 봉림산문의 현욱은 장경회휘에게서, 사굴산문의 범일은 염관제안에게서 각각 법을 얻었다. 서당지장, 마곡보철, 남전보원, 장경회휘, 염관제안은 모두 마조도일의 제자이므로 이상의 일곱 산문의 개산조들은 크게 봐서 모두 마조도일의 법손이다. 다만 고려대에 개산한 수미산문과 희양산문의 두 조사는 육조의 제자 청원행사의 계통인 석두희천과 약산유엄에 이어지는 조동종과 석산경제 계통의 법을 이어 받았다.

홍주종을 받아 온 일곱 산문 개창자들이 당에 머문 기간을 계산해 보면, 가지산문의 도의道義는 37년, 실상산문의 홍척洪陟은 16년, 동리산문의 혜철慧哲은 26년, 성주산문의 무염無染은 34년, 사굴산문의 범일梵日은 16년, 사자산문의 도윤道允은 21년, 봉림산문의 현욱玄昱은 적어도 11년에서 많게는 28년을 당에서 체재하였다는 것이다. 만일 이 정도의 기간 동안 개산조들이 홍주의 선원에서 농선과 청규를 익혔다면 그들은 차를 재배하는 법은 물론이며 다례나 다법에 있어서도 매우 높은 경지에 이르렀을 것이라고 추측한다.

구산선문의 개산조와 제자, 그들이 머물렀던 절을 정리해 보면 다음과 같다.

강릉 굴산사지 범일국사의 부도 구산선문의 하나인 사굴산문을 열고 굴산사를 세운 범일국사를 모신 승탑이다.

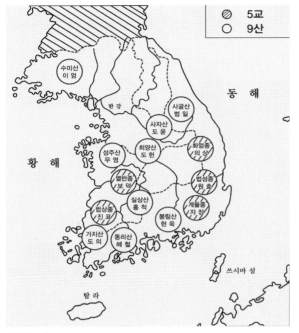
9산선문 지도

(1) 가지산문迦智山門 - 도의道義(西堂 智藏 제자) → 보조체징普照體澄 - 장흥 가지산迦智山 보림사寶林寺

(2) 실상산문實相山門 - 홍·척洪陟(西堂 智藏 제자) → 편운片雲·수철秀澈 - 남원 실상산實相山 실상사實相寺

(3) 동리산문桐裡山門 - 혜철惠哲(西堂 智藏 제자) → 도의道義 - 곡성 동리산桐裡山 태안사泰安寺

(4) 성주산문聖住山門 - 무염無染(麻谷 寶徹 제자) - 보령 성주산聖住山 성주사聖住寺

(5) 사굴산문闍崛山門 - 범일梵日 - 강릉 사굴산闍崛山 굴산사崛山寺

(6) 사자산문獅子山門 - 도윤道允(南泉普願 제자) - 영월의 사자산獅子山 흥녕사興寧寺 → 법흥사法興寺

(7) 희양산문曦陽山門 - 도헌道憲 - 문경 희양산曦陽山 봉암사鳳巖寺

(8) 봉림산문鳳林山門 - 현욱玄昱 - 창원 봉림산鳳林山 봉림사鳳林寺

(9) 수미산문首彌山門 - 이엄利嚴 - 해주 수미산首彌山 광조사廣照寺

3) 백장청규의 차

백장회해百丈懷海는 『백장청규百丈淸規』를 제정하여 선원 내에서의 대중이 지켜야 할 생활규범을 세웠고, 일하지 않으면 먹지도 말라는 뜻으로 유명한 '일일부작一日不作 일일불식一日不食'이라는 명제를 세워 스승 마조의 농선을 제도화시켰다.

'백장청규'의 내용에는 다탕행례茶湯行禮에 관한 법식이 상당 부분을 차지하고 있는데 사찰에서의 생활 규범에 다례가 11개 항에 이를 정도로 많다. 후일 백장 – 임제의 계보인 송말宋末 양기종楊岐宗의 원오극근圓悟克勤은 문하의 일본 유학승에게 '다선일미茶禪一味'를 써 주었다고 하는데 이는 현재까지도 일본 다도의 근본정신으로 추앙되고 있다. 또한 일본의 말차 다법에서는 차를 타는 점다點茶 행위를 '데마에点前'라고 부르는데 이 명칭 또한 백장청규의 용어이고 보면 홍주종의 다법이 동양 삼국의 차 문화에 매우 광범하게 영향을 끼쳤다는 것을 알 수 있다.[3]

4) 선사들의 차 관련 비석과 기타 명문

기타 금석문에 보이는 차와 관련된 기록을 살펴보자. 남원 실상사 수철

보림사(좌) 도의선사의 법을 이은 보조 체징이 이곳에서 가지산문을 열었다.

보조선사창성탑비(우) 보조선사 체징을 기리기 위해 세운 탑비로 장흥 보림사에 있다. 비문에 '茶藥' 글씨가 남아있다.

3 위의 글.

낭혜화상백월보광탑비
성주사지에 낭혜화상을 기리
기 위해 세운 탑비이다. 헌안
왕이 화상에게 차와 향을 내
리기도 했고, 비문에 '茗' 글
씨가 남아 있다.

화상능가보월탑비秀澈和尙楞伽寶月塔碑(893)에는 '야명야향若茗若香'이라는 명
문이 있는데, 반야의 차와 향이라는 뜻으로 부처님께 차와 향을 귀하게
여겨 바쳤던 불가의 풍속을 짐작케 해 준다. 장흥 보림사 보조선사창성탑
비普照禪師彰聖塔碑(884)의 '다약茶藥'이라는 글귀가 남아 있는데, 보림사야말
로 선종을 처음 도입해온 도의의 숨결이 어린 구산선문의 으뜸이라 할 수
있다.

보령군 성주사의 무염無染(800~888)의 사후에 세워진 낭혜화상백월보광
탑비郎慧和尙白月光塔碑(890)에 '명茗'이 있고, 이절에서 발견된 비석 파편에
'다향수茶香手'라는 명문이 나와 있다. 특히 헌안왕(재위 857~860)은 왕업을
이어 백성을 다스리면서 학덕이 있는 무염국사無染國師를 스승으로 모시고
제자의 예를 갖추었으며, 차茶와 향香을 매번 예물로 보내고 성주사聖住寺
를 중창하여 모시었다. 장흥 보림사寶林寺에 있던 보조선사寶照禪師께도 같

은 예우로 깊은 정의를 다했다.

그 외 제천 월광사지月光寺址의 원랑선사대보광선탑비圓郎禪師大寶光禪塔碑
에도 차에 대한 기록이 남아 있다.

경주 안압지에서 발견된 토기 잔은 밑받침이 없고 구연부가 넓은 완碗
종류의 찻잔으로 표면에 '언정영言貞榮'라는 명문 사이에 '茶'자가 작게 쓰
여 있으며, 경주 남산 창림사지昌林寺址에서 발견된 와당에 '다연원茶淵院'
이라는 글자가 새겨져 있다.

4. 발해의 차문화

676년 신라의 통일로 한반도 남쪽에는 통일을 이루었으나, 고구려 유민
들 일부는 북쪽에 발해를 건국하였다(698년). 발해의 국민 구성은 대조영
을 중심으로 한 지배층은 고구려 유민이고, 피지배층은 말갈인이 많았다.
발해는 8세기 무왕 때 산동성 등주鄧州(지금의 봉래)를 공격하는 등 당과 대
립하였다. 이후 문왕 때부터 당과 화친하여 문물의 수입에 힘쓴 결과 선
왕 때는 전성기를 이루었다. 중국에서는 이 무렵의 발해를 '해동성국海東

盛國'이라 칭하였다. 발해가 일본에 보낸 국서에 "고구려 옛 땅에 부여의 유속을 따른다復高麗之舊居 有扶餘之遺俗"이라고 한 것을 보면 발해인 스스로가 고구려의 후예로 인식하였음을 알 수 있다. 신라와는 대립관계를 유지하면서도 사신을 교환하기도 했다.

신라의 후예로 이어져간 고려, 조선 초기의 역사서에는 발해사에 대한 언급이 거의 없다. 18세기 실학기에 접어들면서 반도 중심의 사관에서 벗어나 발해사를 우리 역사로 인식하기 시작하였다. 이종휘의 『동사』, 유득공의 『발해고』, 한치윤의 『해동역사』 등에 그런 인식이 보인다. 특히 유득공이 발해의 중요성을 역설하면서 이 시대를 남북국시대로 인식해야 한다고 주장하였다.

발해의 수도 상경용천부에서 발굴된 유적에는 고구려의 색채가 보인다. 문왕의 딸 정혜공주묘는 굴식 돌방무덤으로 고구려 양식과 유사하다. 여기에서 출토된 돌사자상의 조형과 품격도 매우 높다. 또한 묘에 세워진 묘비에 4·6변려체의 세련된 한문이 쓰여 있어 발해 한문학의 수준을 말해준다.

발해는 당으로부터 유학서적을 수입하여 문文을 튼튼히 하였고, 당에 간 유학생 중 빈공과賓貢科에 급제하는 자가 신라와 앞뒤를 다툴 정도로 많았다고 한다. 불교가 성했다는 증거로 일본에 사신으로 간 왕효렴王孝廉(?~815)은 일본의 구카이空海(774~835)와 시문詩文을 주고받으면서 교유하였고, 발해 사신이 일본에 불경을 전해준 사실도 있다. 일본 석산사石山寺에 소장되어 있는 『불정존승다라니경佛頂尊勝陀羅尼經』의 발문에 의하면, 이 경전은 861년 일본에 사신으로 갔던 이거정李居正이 전해준 것이라고 한다.

발해의 불교와 도교 발달 수준을 볼 때 불교와 동반해서 전해온 차문화의 실재를 짐작할 수 있다. 또한 일본의 구카이도 당에서 차를 일본에 전하는 데 공을 세운 승려이고, 당과 교류한 8세기 후반은 육우의 시대로

당나라 차문화의 최성기였기 때문에 발해에도 차문화가 전해져서 꽃을
피웠으리라 충분히 추측할 수 있다.

고려궁정의 차문화

1. 팔관회와 연등회

1) 팔관회

고려시대 진다의식進茶儀式이란 삼국시대의 헌다의식이 발전된 것으로 국가의 많은 행사에 차를 올리는 의식을 말한다. 차를 올리는 진다의식은 그 대상이 신神이거나 선왕先王 혹은 외국 사신使臣, 임금이거나 오악삼신 五嶽三神일 때도 있다. 궁정의식에는 반드시 진다의식이 행해졌는데, 여기서 '진다進茶'란 술과 과일을 임금께 올리기 전에 먼저 차를 올리는 것을 말하는 것으로 고려시대 궁정 의식차의 표본이라 할 수 있다. 그리고 왕이 행하는 별도의 의식으로서 진다의례가 행해졌다는 것은 차가 진상하는 중요한 음식으로 인식되었음을 의미하는 것이다.

팔관회八關會는 고려의 가장 큰 명절 중 하나로 산천과 토속신에게 제사하는 거국적인 제전이다. 10월 상달까지 농사를 짓고 나면 그 수고로움을 덜어주기 위해 음력 11월 보름에 중동仲冬[1] 팔관회를 개최하였다. 고려의 팔관회는 신라의 진흥왕 12년(551)에 거행된 팔관회의 유습을 계승한 민속적인 축제이다.[2] 성종 때 유교문화 진작과 함께 28년간은 거행되지 않

범어사에서 재현된 팔관회 부산 범어사에서 매년 10월 말 신라·고려시대 호국불교의식의 하나인 팔관회를 재현하여 중생의 구제와 호국의식을 고취하고 있다.

았던 적도 있지만 국초부터 공양왕 4년(1392)까지 약 840여 년 동안이나 진행된 행사이다.

    팔관회는 소회일小會日(11월 14일)과 대회일大會日(11월 15일)로 나누어지는데, 이틀간의 행사에 진다의식進茶儀式이 행해졌다. 소회일에 궁정의 신하

1   중동은 음력 11월, 즉 태양의 각도가 한 가운데 있는 한겨울을 뜻한다.
2   김명배, 『다도학논고』, 대광출판사, 1996, 34쪽.

들은 왕에게 하례하고 무병장수를 축원하였으며 지방 관리들은 선물로 지방의 특산물을 바쳤다. 대회일에도 역시 신하들은 왕에게 무병장수를 기원하였고, 외국사신이나 상인, 모든 백성이 참여하여 팔관회 행사를 감상하고 왕에게 축하인사를 하였다. 그리고 팔관회에는 송을 비롯하여 외국의 여러 사신들이 참여하고 토산물을 바쳤는데 이를 계기로 국제무역이 행해졌다. 대식국大食國 즉 아라비아 상인까지 참여하였고, 그들에 의해 고려의 국명이 'KOREA'로 서방에 알려지게 되었다. 팔관회는 춤과 노래가 곁들어져 진행되었으며, 외국인들에게 고려의 문화와 국력을 알리는 중요한 축제였다.

팔관회의 진다의식은 고려 다의례茶儀禮의 백미로 대회의 성대함이나 규모에서 최고의 행사였다. 신하가 왕에게 차와 다식을 바치면(진다進茶), 왕이 다시 신하에게 차와 다식을 하사하고(사다賜茶), 같이 차를 마시는 것으로(설다設茶) 의식을 끝냈다. 팔관회는 차가 가장 중요한 의례의 수단으로 쓰인 모습을 잘 보여준다.

2) 연등회

신라 진흥왕 때부터 있던 연등회燃燈會는 정월 보름(현종 이후에는 2월 보름)에 열리는 성대한 불교행사로서 부처님께 국가와 왕실의 태평을 기원하기 위한 목적으로 시작되었다. 불교적인 행사와 농사의 풍요를 비는 의식이 합쳐진 행사가 바로 연등회이다. 태조 왕건이 훈요십조訓要十條에서 연등회를 강조하여 전국적 행사로 되었고, 성종 때 유학자의 반대로 중단되었다가 현종 때 다시 부활하였다.

연등회는 소회일과 대회일 이틀 동안 다과를 베풀고 왕과 신하가 음악과 춤으로 같이 즐기는 행사였다. 소회일에 지내는 좌전의식坐殿儀式에서 왕이 대전에 나가 여러 군신들의 하례를 받고 군신들과 함께 무희들의 춤과 노래, 놀이패들의 잡기와 놀이를 관람하였다. 『고려사高麗史』 예지禮志를 살펴보면, 대회일에 왕의 행차와 입장의식에 진다의식이 행하여졌다는 것을 알 수 있다. 태자 이하 군신들이 왕에게 차와 술, 꽃을 바치면 왕이 신하에게 또한 하사하여 같이 먹고 마신다. 전각 뜰에 들어가 왕께 재배하고 물러나 자리에 나아가면 다음에 백희, 잡기가 차례로 전각 뜰에 들어와 연달아 재주를 부리고 연기하기를 마치면 물러나 나가고, 다음에 교방의 주악과 무희들이 춤과 노래를 이어갔다. 이처럼 춤과 노래 등 잡기와 놀이를 관람하고 하루를 즐기는 것이다.

태조 왕건은 팔관회와 연등회를 통해 고려인으로서의 정체성을 갖게 하고 결속력을 강화시키려고 이 국가적 제전을 중시하였다. 고려왕실에서 연등회 같은 불교행사에 다의례를 행한 것은 불교와 차의 밀접한 관계를 보여주는 것이다.

2. 고려궁정의 다의례茶儀禮

태조 17년(934) 무렵부터 왕실을 중심한 사례四禮와 각종 행례가 시작되었다. 가례嘉禮는 왕실의 혼례, 왕자와 공주의 탄생, 관례冠禮 등에서 왕비의 책봉례冊封禮까지의 즐거운 의례를 포괄한다. 고려의 궁정 의례는 왕실의 장엄한 의례를 통하여 왕실의 존엄성을 서민과 차별화 하고 동시에 연회宴會를 통해서 왕실과 양반 사대부들간의 화목을 추구하려는 의미가 있다.

책태후의冊太后儀 왕의 어머니를 왕태후로 책봉하는 책태후의는 대관전大觀殿에서 행하며 왕과 왕태후, 신하들이 함께 했다. "왕이 대내에 들어가면 휴대용 향로인 행로行爐와 차茶나 음식물을 짐져서 나르는 다담茶擔이 가고 다음에는 교상絞床과 수관자水灌子가 뒤를 따른다."는 기록에서 차를 올리고 마시는 행위는 생략되어 있지만, 동원된 다구를 보면 다의茶儀가 이루어 졌으리라 짐작된다.

책왕비의冊王妃儀　　국모인 왕비를 책봉할 때 차를 이용한 것은 차가 상서로운 신물로 인식되었음을 의미한다. 왕비를 책봉하는 의식은 태묘太廟, 별묘別廟, 경령전景靈殿에 고유하고 해당 부서에서 예식을 거행하는 것은 보통 절차와 같다. 대관전大觀殿 진설陳設, 임헌발책臨軒發冊, 궁정진설宮廷陳設, 궁정수책宮廷受冊, 회빈會賓, 부표附表 등의 의식을 차례로 거행한다.

그 중 회빈會賓의 단계에서 빈賓에게 진다의식進茶儀式을 행했는데 상마다 과일을 차려 주主, 빈賓에게 진다進茶한다. 술을 권하고 음식이 나오는 절차가 여덟 번에 이르면 집례관執禮官이 주主, 빈賓을 인도하여 읍揖하고 휴식을 취하게 한다. 그 후, 궁정에서 꽃과 술을 보냈음을 전하고 다시 진다하고 술을 올린다. 음식을 올리는 것은 처음과 같이 하며, 이러한 의식 절차는 모든 책봉의식에 다 쓰였다.

책왕태자의冊王太子儀　　왕태자를 책봉하는 의식인데, 위에서 소개한 책태후의와 책왕비의와 같다. 역시 차가 중요한 의식의 매개물로 쓰였다.

원자탄생하의元子誕生賀儀　　원자탄행하의는 원자가 탄생하면 축하하는 의식으로 여기에도 진다의식進茶儀式을 행했다. 원자가 탄생하면 왕은 3일간 정사를 보지 않고, 4일째 되는 날 대관전에서 하례를 받는다. 왕이 하례받기를 마치고 경령전景靈殿에 고하는 의식은 세일歲日에 향고하는 의식과 같이 한다.

공주하가의公主下嫁儀　　공주하가의는 공주를 시집보낼 때 행하는 진다의식이다. 공주의 혼례의식婚禮儀式은 공주궁에서 사위와 사신 일행과 행하

『고려사』「공주하가의」
궁중에서 공주를 시집보
내는 공주하가의 중 진다
례를 행한 것은 혼례식
때 차를 사용하는 고려사
회의 전형을 보여준다.

며 설다設茶를 했다. 친영례에서 신랑
의 부친이 아들에게 술을 권하고 술과
안주로 예를 갖춘 후 부부가 같이 음
식을 먹는 동뢰同牢가 끝나면 예를 갖
추어 시부모를 뵌 후 사신을 파견하는
순으로 이어지는데, 연회에서는 조서
를 가진 사람이 손님이 되고 신랑이
주인이 되어 차와 술을 내어와 서로
권한 다음 음식이 나온다. 공주 혼례
시 진다의식을 행한 것은 문헌상 최초 기록이며 일반인에게도 보급된 풍
습이다.

원회의元會儀　원회의는 설날 아침에 임금께 하례를 드리는 의식인데 이
때 임금께 차를 올리는 진다의식이 행해진다. 상식다방尙食茶房 등은 전날
연회를 준비하고, 다음날 태자와 영공은 세소관수洗所盥手를 한다. 정월초
하루 설날 아침에 임금께 천만세수주千萬世壽酒를 올리고 차도 올리는 진
다의식이 행해졌다. 민간에서도 설날 아침이면 여러 조상들께 차와 술과
밥을 올리는 다의茶儀를 지낸 것으로 생각된다.

대관전大觀殿 연군신의宴群臣儀　대관전에서 군신을 연회하는 의식 때 군신
이 임금께 차를 올리는 진다의식과 임금이 군신에게 차를 하사하는 의식
이다. 왕이 명절, 생일이나 책봉의례 후에 제신으로부터 하례받고 차와
술을 대접받은 후 신하에게도 하사하는 의식이다. 여기서 다의茶儀의 종류
로는 진다進茶, 사다賜茶, 설다設茶가 있다. 그리고 차 마시는 순서에 다식茶
食을 올리는 것으로 보아 다식을 무척 중시하였으며, 차를 마신 후 식사
중간에 다식이 따로 나오며 다식이 나올 때 '치어구호致語口號', 즉 낙인樂人

이 성덕을 기리는 시詩를 바쳤다. 이때의 다식은 차를 마실 때 먹는 부수적인 의미보다는 차와 마찬가지로 중요한 의미를 가지는 것이었음을 알 수 있다.

3. 하사下賜 · 부의賻儀한 차

1) 노인에게 하사한 차

고려시대에는 왕이 직접 차를 하사하라고 명했으며, 거동을 못하는 노인들에게는 직접 찾아가서 차를 하사하기도 하였다. 태조 14년(931) 왕건이 신라를 병합하기 전에 신라왕과 군민들을 회유하는 방법으로 여러 물품을 하사하였다. 그 하사품 중 말과 비단·복두 등의 의복과 함께 하사품에 들어간 것이 차였다.[3] 태조 때 차를 하사품으로 사용하였던 점을 보면 이 관습은 아마도 삼국시대이전부터 내려온 것을 그대로 계승한 것 같다. 이 점을 미루어 보아 고려 개국 전부터 이미 차茶를 하사한 예禮가 정착되어 있었다고 볼 수 있겠다.

이자현李資玄(1061~1125)은 인주이씨 권문세가의 한 사람으로, 예종에게 딸을 출가시키고 권력을 다투다가 난을 일으켰던 이자겸과 사촌간이다. 문종 때 문과에 급제하여 높은 벼슬을 지내기도 했지만, 정계의 권력다툼에 지치고 아내와 아버지의 죽음을 겪으면서 스물아홉의 나이에 춘천 청평산에 은거하였다. 평생을 참선과 수행에만 힘쓰던 그를 예종이 여러 번 개경으로 불렀지만, 나가지 않았다. 마침 예종이 한양까지 왔다고 하여

---

3 "太祖十四年, 秋八月癸丑, 遣甫尹善規等, 遺羅王鞍馬綾羅綵錦. 幷賜百官綵帛, 軍民茶幞頭, 僧尼茶香, 有差." 『高麗史』 제2권, 世家 제2권.

춘천 청평사 고려선원
고려선원은 도교적 은둔
관과 불교의 선사상이 깃
든 절로 이제현, 나옹, 김
시습, 이황 등 많은 문인
이 머물며 글을 남겼다.
아도화상이 창건했다고 전
하며, 이자현이 은거하여
문수원을 중건하면서 선
원을 확대했다. 문화재청

왕을 뵈러 갔더니, 예종은 그에게 차와 향, 법복을 내려주었고, 뒤 이어
즉위한 인종도 즉위하면서 그에게 차를 내려주었다. 이와 같이 고려시대
의 차는 예를 갖춘 하사품으로 자주 쓰였다.

성종 9년에 서민남녀로 100세 이상 된 자의 집에 경관京官 4품으로 하
여금 존문存問하게 하고 포와 도곡을 하사하였고, 예종 10년(1115)에 서민
의 노자老者를 불러 모아 구정에서 향연을 벌여 융숭한 대접을 하고 차약
茶藥 등의 물품을 하사하였다. 80세 이상의 노인과 독질자에게 융숭한 잔
치를 베풀고 도곡, 주식, 포백, 차약茶藥 등을 차등 있게 하사한 경우는 현
종, 숙종 때도 계속되었다. 앞에서 살펴본 바와 같이 나이가 많은 신하들
에게 차약을 약으로 준 것과 마찬가지로 노인들도 약용으로서 차약을 하
사했을 것이라 생각된다.

〈표 1〉 80세 이상 서민에게 하사한 차

연 대	대 상 자	하 사 품	
태조14년(931)	백성	茶	幞頭
성종9년(990)	庶人男女 100세 以上된 者		布 20匹, 稻穀 10石
	90세 以上된 者		포 40필, 도곡 2석
	80세 以上과 篤疾者		포 3필, 도곡 2석
현종12년(1021)	民人男女80세 以上과 篤疾者(635人)	茶藥	酒食, 布帛
	京城男女 90세 以上된 者	茶藥	주식, 포백
현종13년(1022)	京城男女 80세 이상과 篤廢疾者	茶布	주식
숙종9년(1104)	촌부들, 야로		포백
예종10년(1115)	庶民의 老者		物
인종3년(1125)	이자현	茶藥	

2) 부의에 쓰인 차

귀한 신하가 죽으면 왕이 관직을 높여주고, 시호諡號를 내리고, 부의품贈儀品으로 차와 다른 물건 등을 하사하였다. 내사령 최지몽과 서희, 수시중 최승로, 시중 한언공은 종 1품의 관직에 종사하였으며, 평장사 최량·황보영은 정 2품에 관직에 있었다. 제신諸臣이 졸卒하자 최지몽, 최승로, 최량, 이주좌, 서희를 정 1품의 관직으로 추증하였다. 정 1품으로 추증한 관직은 같은데, 부의 받은 물품들은 다소 다르다.

부의품을 살펴보면 정 1품의 관직 태사로 추증한 최승로와 서희는 뇌원차腦原茶 200각角·대차大茶 10근斤으로 양은 같고 물품도 비슷했지만, 그외 정 1품으로 추증된 신하들이 부의품으로 받은 차의 양과 물품들은 각기 달랐다. 그리고 종 1품의 관직을 지냈던 신하들보다 정 2품이었던 평

장사 최량이 뇌원차 1000각으로 여러 신하들의 기록 중 차를 가장 많이
하사받았다. 그러므로 부의품으로 하사한 차의 양은 관직과 무관하다는
것을 확인할 수 있다. 그리고 공로가 많은 신하가 죽으면 관직을 추서追敍
하고 차를 하사하는 것은 고려 때만 볼 수 있는 모습이다.[4]

〈표 2〉 부의차 및 부의품

연 대	신하	직함	부의차	부의품
성종6년(987)	최지몽	太子太傅	茶 200角	포1천필 쌀3백석 보리2백석 향2십근
성종8년(989)	최승로	太師	腦原茶 200角 大茶 10斤	포1천필 면3백석, 갱미5백석 향1백량
성종14년(995)	최 량	太子太師	腦原茶1000角	쌀3백석 보리2백석
목종원년(997)	서 희		腦原茶 200角 大茶 10斤	포1천필 보리3백석 쌀5백석 전향3백량
목종7년(1004)	한언공	內史令	茶 200角	쌀5백석 보리3백석 포 1천2백필
정종6년(1040)	이주좌	司空 尚書 右僕射	茶	쌀·보리 4백석 의복
문종원년(1047)	황보영		大茶 300斤	쌀1백석 보리5십석 포 4백필 향 1십근

3) 사원에 시주한 차

고려 사대 불교사원에서는 연등회 때 불전에 차를 올렸으며, 기우제를
지낼 때도 차를 올렸다. 숙종은 신하에게 왕의 옷과 차와 향을 보내어 삼
각산 승가굴에 가서 비가 내리도록 기우제祈雨祭를 지내게 했다. 그리고

---

4 정현진, 「高麗 宮廷儀禮의 下賜茶에 관한 硏究」, 원광대학교 석사학위논문, 2009.

밀양 영남루 한국 3대 누각의 하나로 신라 경덕왕 때 만들어졌고, 고려 공민왕 때 중수했다. 이연종이 여기에서 명전하는 것을 본 적이 있다고 했다.

어디를 순행巡幸하는 길에 절이 있으면 차와 향을 시주했다.

당시는 사원을 중심으로 투다鬪茶가 유행하였다. 투다는 명전茗戰이라고도 하는데 차의 맛을 비교하여 평하고 겨루는 대회로서 주로 승려들 간에 유희삼아 행해졌다. 의종 13년(1159)에 왕이 현화사玄化寺에 행차하니 동서 양원의 승이 각기 다정茶亭을 설치하고 왕가王駕를 맞이할 때 다투어 화사華侈함을 자랑하였다고 했는데 이러한 일도 명전이라 볼 수 있다.

이규보의 다시에도 "노승들은 일도 많다오. 차와 물을 평하려니"[5]라고 하여 승려들이 차와 물을 품평했다는 이야기가 나온다. 이는 당시 사원에서 차와 물을 품평하던 일이 다반사였음을 보여준다.

이승휴의 아들이며 공민왕 때 밀직사를 지낸 이연종李衍宗(14세기)은 〈사

---

5 "老衲渾多事 評茶復品泉", 李奎報, 『東國李相國全集』 卷第七 「和宿德淵院」.

제4장 | 고려궁정의 차문화 **85**

박치암혜다(謝朴恥菴惠茶)라는 시에서 박충좌(朴忠佐)(1287~1349)에게 받은 차에 대한 고마움을 표현하면서, 어린 시절 밀양 영남루에서 사미승이 차를 겨루는 장면을 본적이 있다고 회고했다. 한식 전에 대숲에서 딴 고급차를 가루 내어 찻사발에 넣고 설유(雪乳)를 휘날리듯이 점다(點茶)하는 모습을 보았다고 했다. 이것이 바로 명전인데 이는 고려말 승려들 사이에 상당히 유행했다.

강종(康宗)과 최우(崔瑀)가 조계종 2세가 된 진각국사 혜심에게 차와 향, 옷 등을 여러 차례 하사하였다. 이런 전통은 신라 말 대선사에게 왕이 차와 향을 하사하던 모습과 유사하다.

공민왕 5년에 왕이 봉은사(奉恩寺)의 승 보허(普虛)를 내전에 맞이하니 공주와 태후가 기뻐하여 눈물이 흘러 옷깃을 적시며 친히 다과(茶果)를 권하고 공주는 유리반(瑠璃盤), 마노시(瑪瑙匙) 등 물건을 시주하였다. 공민왕은 또 궁내 신돈을 맞아 차를 즐겼는데, 신돈은 행실이 바르지 못하고 악(樂), 주(酒), 색(色)을 즐겼음에도 불구하고 왕과 차를 마실 때는 맑고 고상한 이야기만을 했다고 한다. 이렇듯 차는 마음가짐과 행실을 바르게 하며, 더 나아가 깨달음을 주는 매개체 역할까지 하였을 것이라 생각된다.

사원 근처에는 다촌(茶村)이라는 곳이 번성하였는데, 이는 차농사를 전문으로 하여 사원에 차를 만들어 바치던 곳을 일컫는다. 사원에서 차의 수요가 많았기 때문에 다촌이 생겼을 것이라 본다. 차는 불가의 중요한 오공양물(五供養物)의 하나이며, 예불시간에 '다게(茶偈)'라고 하여 부처께 헌다(獻茶)하는 예(禮)가 따로 나온다. 승려 무착(無着)이 쓴 『선림상기전(禪林象器箋)』에 다고(茶鼓)에 대한 글이 있다. "예부터 법당에는 두 개의 북을 둔다. 동북쪽에 법고(法鼓)를 두고 서북쪽에 다고를 둔다."라고 하였다. 이 글을 미루어 보아 사찰의 다고는 차를 공양할 때 시간을 알릴 때 사용한 것으로 생각된다.

〈표 3〉 사원에 시주한 차

연 대	사원	시주한 차	내 용
태조14년(931)	僧尼	茶香	
성종6년(987)	歸法寺 海安寺	말 2필, 僧 3천을 供養	
숙종4년(1099)	三角山 僧伽窟	은향완, 수정염주, 금대, 금화과수번, 茶香	齊를 設.
숙종9년(1104)	路傍의 佛舍	茶香, 衣襪	
	三角山 僧伽窟	御衣, 茶香	侍御史 崔謂 보내 祈雨.
의종13년(1159)	玄化寺		東西兩院 僧이 茗戰
강종, 최우	眞覺 慧諶	茶, 香, 옷	
충렬왕34년(1308)	王輪寺		住持 仁照 茶 肉膳진상
공민왕5년(1356)	奉恩寺	瑠璃盤, 瑪瑙匙 등	公主가 施主

제5장

고려시대의 의식다례

1. 다방과 다군사

1) 다방의 직제

고려시대는 음다왕국이었다. 고려 태조부터 공양왕까지 모두 차를 즐겼고, 각종 연회에 진다의식이 빠지지 않았기 때문이다. 고려시대 차茶와 관련된 업무를 보는 부서가 다방茶房이다. 다방은 진다의식을 집행하는 일과 제단준비, 왕이 순행巡幸할 때 차를 봉행하는 일, 약방문을 수집하고 어의로서 왕을 시중드는 일, 차를 끓이는 일, 다과를 준비하는 일 등 차에 관계되는 모든 일을 관장하였다. 이외에도 세금으로 거둬들인 차를 보관, 관리하며 왕의 명을 받아서 하사품이나 부의품으로 차와 포목을 보내는 일과 왕과 태자 등께 차를 끓여 올리는 일, 주酒나 꽃과 과일을 다루는 일도 겸해서 하였다.

팔관회와 연등회의 다의례를 다방의 관원들이 맡아서 행례를 했다. 팔관회와 연등회가 신라부터 있었기 때문에 태조 원년(918)부터 다방은 있었으리라 본다. 기록상 처음 다방이 나오는 것은 문종 원년(1047)에 "다방태의소감 김징악은 정년이 되었으나 물러나지 않고 수년 동안 명의로 임금을 가까이에서 모시었다."는 것이 처음이다. 다방에 태의감이 소속되어 의약과 치료에 관한 일을 담당한 것을 알 수 있다. 대관전 연군신의와 원회의에서도 다방은 의식을 주관하는 활약을 하였다. 다방에 관한 기록은 공양왕 2년(1390) 때의 것까지 남아 있다.

궁정에는 다방이라는 직제가 있었고 다방에는 다방태의소감茶房太醫小監, 다방시랑茶房侍郞, 다방별감茶房別監, 다방참상원茶房參上員, 다방인리茶房人吏, 다방좌우번茶房左右番, 다방원리茶房員吏, 다방원茶房員, 한다방남반원閒茶房南班員, 한다방반색원閒茶房飯色員 등이 있었다. 명종 8년(1178)의 상소에는 다방茶房의 인원이 너무 많아져서 삭감하는 경우를 볼 수 있으며, 명종 16년(1186)에는 무관이 내시원과 다방을 겸속한 것도 볼 수 있다. 또 공양왕때, 다방의 인원이 급증하여 정원을 정하여 이번二番으로 나누었다. 이렇듯 다방의 관리 등용에도 폐단이 있었음을 알 수 있다. 고려말기에는 용인庸人이라 하여 제대로 대우를 받지 못하기도 하였고, 부역을 면제 받고자 일부러 다방에 근무하는 등 사회, 정치적 혼란에 따른 고려후기의 관리 등용의 문제점도 볼 수 있다.

2) 행로다담군사行爐茶擔軍士

행로다담군사는 다방의 소속원으로 행로군사와 다담군사로 나누어진다. 그들은 왕이 순행할 때 차를 올리거나 준비하는 일을 위해 다구일체와 짐을 나르는 일을 맡았다. 행로다담군사는 신라시대의 국선 및 화랑들과 낭도들이 산천을 유람하며 수련할 때 차를 마실 도구를 지니고 다니던 풍습에서 유래되어 제도화된 것으로 보인다.

다군사는 군역을 면제받는 특전이 있으므로 보충인원이 수백 명이 되는 폐단이 있었다. 그래서 그 수를 용모단정한 자 백 명으로 줄이기도 했으며, 때로는 종군하게 하였다. 연등회, 팔관회, 태후의 책봉의 때 행로다담군사가 일을 맡았고, 임금의 순행, 왕태자의 행렬 때에도 동원되었다.

행사에 행로, 다담이 대동된 경우는 다음과 같다.

〈표 1〉 행사에 대동된 행로, 다담

행차 · 의식	내 용
정월 보름, 연등회 때 절에 행차	행로, 다담 4인
팔관회	행로, 다담 각 1인과 군사 4인
西京, 南京에 행차	행로, 다담 각 1인과 군사 6인
왕태자의 행렬	행로, 다담 각 1인과 군사 4인, 絞床과 水灌子 각 1인, 푸른 옷을 입은 茶房衣 房軍士 각 15인
儀鳳樓에 거동	행로, 다담과 군사 4인
태후의 책봉	행로, 다담, 교상, 수관자

3) 중형주대의重刑奏對儀

중형重刑이란 무거운 형벌을 말하는데, 고려시대 참형 등의 중형을 내릴 때 왕에게 고하고 참결을 하도록 했다. 이때 모든 신하들이 내전의 남쪽 낭하에서 뵙고 주대하는 의식을 올릴 때 차를 임금께 올리고 또 왕이 신하들에게 차를 하사하는 진다의식이 이루어진다.

다방 참상원參上員이 협호夾戶(차를 끓여 내는 일을 하는 별채)로부터 차를 들고 들어온다. 내시 칠품원이 뚜껑을 열고 집례集禮가 전각殿閣에 올라가 기둥 밖에서 절한 후 차를 권하고 조금 뒤 내려온다. 다음에 원방院房의 8품 이하가 재추宰樞에게 차를 올리며, 집례가 다시 전각에 올라가 엎드려 차를 내어갈 것을 청한 다음 단필주대원이 들어와 아뢰기를, "단필로 참형을 결정하시되 유인도有人島에 들어갈 자를 제외하소서" 라고 아뢴다.[1]

이 진다의식은 중형을 내릴 때 신중한 판단을 하기 위해 마음을 가다듬는데 차가 유용하게 쓰였음을 보여주는 사례이다.

이는 조선시대의 다시茶時와 비슷한 개념이다. 다시는 감찰을 담당하는 사헌부 관리들이 하루에 한번 모여서 차를 마시며 근신하는 시간을 가지는 것을 이른다. 관리들을 감찰하여 징계를 내리는 사헌부 관리들은 다시를 행하면서 올곧은 마음을 갖도록 노력했다. 이와 같이 중형주대의와 다시는 차가 마음을 차분하게 정리해 주는 기능이 있다는 것을 보여주는 것이다.

4) 공덕재公德齋

고려 성종 때 최승로가 올린 상소문에서 "왕께서 공덕재를 올리기 위해 손수 차를 갈거나 보리를 빻는다 하옵는데 성체에 지나친 무리가 되니 신은 안타깝습니다."라고 한 부분이 있다. 공덕재란 현세와 미래에 좋게 되도록 공덕을 닦기 위해 부처님께 공양드리는 것을 말한다. 성종은 불전에 바칠 말차를 만들기 위해 직접 단차를 맷돌에 갈았던 것이다. 이는 광종 때부터 비롯된 폐단이라고 한 것을 보면 다른 왕도 직접 차를 갈아 재를 올렸으리라 짐작된다.[2]

5) 기우재와 수륙재

숙종 4년 왕이 왕비, 원자, 신하를 거느리고 삼각산 승가굴에 행차하여 재를 올릴 때 차와 향을 하사하였고, 숙종 9년 최위에게 차와 향을 보내 기우재를 지내게 하였다.

1　『高麗史』 64권 「志」 18권 禮6 重刑奏對儀.
2　정영선, 『한국 차문화』, 너럭바위, 2003, 118쪽.

수륙재水陸齋는 바다와 육지에 있는 외로운 혼들을 위로하기 위해 올리는 재이다. 조선초기에 수륙재를 지내기 위해 차와 과자 등을 쓴 것으로 보아 고려시대에도 수륙재에 차를 이용했을 것이라 짐작된다.

2. 빈례賓禮의 진다의식

빈례란 손님을 맞이하는 예절을 말하는데, 외국에서 오는 사신使臣을 맞이하는 의례가 대표적인 것이다. 빈례는 북조의 조사를 맞이하는 의식迎北朝詔使儀과 북조의 기복고칙사를 맞이하는 의식迎北朝起復告勅使儀과 대명의 무조칙사를 맞이하는 의식迎大明無詔勅使儀과 대명의 조사를 맞이하는 의식迎大明詔使儀과 대명의 사노사를 맞이하는 의식迎大明賜勞使儀이 있다. 이 중에서의 북조의 조사를 맞이하는 의식과 북조의 기복고칙사를 맞이하는 의식과 대명의 무조칙사를 맞이하는 의식에만 진다의식을 행하였다.

고려시대 북조北朝라고 함은 북송北宋(960~1127)과 남송南宋(1127~1279), 원元(1260~1367)을 통칭하여 부르는 말이고, 대명大明이란 고려말기 중원에 새로 건국된 명나라를 말한다(1368). 따라서 1368년 이후의 고려말기에만 명나라 사신을 맞이하는 의례를 행했고, 그 이전에는 모두 북조의 사신을 맞이하는 의식을 행했다.

북조의 조사를 맞이하는 의식迎北朝詔使儀 고려시대의 빈례는 외국 사신을 맞이할 때 차를 대접하고 조서를 받는 의식을 진행한 것이다. 이때 조서나 칙서를 가지고 온 것과 오지 않은 것으로 구분하여 맞이하는 의식이 차이가 있는데, 진다의식을 행할 때가 있고 행하지 않을 때가 있다. 조서를 가지고 오는 북조(송·원)의 조사를 맞이할 때는 건덕전에서 진다의식을 행하였다. 이 의식을 행하면서 중국의 조서나 칙서를 받는다.

사신이 오면 건덕전에서 맞이하는데, 왕이 먼저 황제의 체후를 묻고 조서와 예물을 받는다. 이어서 사신과 수행원이 순서대로 들어와 왕의 체후를 묻고 예물을 바친다. 예물을 받고 나면 왕이 사신 일행에게 차와 술과 밥을 순서대로 하사한다. 찻잔은 왕이 사신에게 먼저 권하며 수작하고 돌아와 재배하고 자리에 돌아가 마시기를 마치면 서로 읍례하고 돌아와 자리에 나아간다. 사신을 접견하는 자리에서는 차만 대접하고, 술과 밥은 따로 연회를 베풀어서 대접한다. 수행원에게도 술과 밥을 하사하면 사신이 치사하여 재배하고 물러난다.

북조의 기복고칙사를 맞이하는 의식迎北朝起復告勅使儀　앞에서 소개한 북조의 조사를 맞이하는 의식과 거의 비슷하다. 건덕전에서 왕은 동쪽에, 사신은 서쪽에 좌정한다. 사신이 조서를 취하여 왕에게 전하면 받아 재신에게 준다. 왕이 조서를 받으면 배무하고 절한다. 사신이 알현문서를 올리면 왕이 기거장起居狀을 보내고 문에 나가 영접한다. 다음 사적인 예에서 사신이 먼저 치사하고 왕이 답배한다. 사신에게 차와 술을 내리라는 교지가 있으면, 차와 술을 대접한다. 왕과 사신에게는 은잔을 쓴다. 나머지 사람에게는 청자잔을 사용한다. 다방관원이 찻상에 찻잔을 받쳐들고 옆문을 통해서 건덕전으로 내간다. 왕과 사신이 차를 들고 잔을 물리며 복명으로 모든 수행원에게도 차를 대접하고 또 그 자리에 참석한 모든 신하들에게도 차를 하사한다. 차 마시기를 모두 마치고 재배를 드리고 나면 사신을 인도하여 한림청에 모시고 신하들이 대접한다.

대명의 무조칙사를 맞이하는 의식　명나라의 사신을 맞이해서 접대하는 진다의식으로 북조의 사신을 맞이하는 의식과 차이가 있다. 명나라 사신을 맞이하는 의식은 북조의 사신을 맞이하는 의식과 달리 정전에서 이루어졌으며, 왕이 서쪽, 사신이 동쪽에 앉는다. 송과의 국교보다 명과의 국교에서 고려의 국격이 낮아진 것이다.

조서나 칙서를 가지고 온 사신에게는 진다의식을 행하지 않고, 무조칙 사에게만 정전에서 한다. 명의 조서를 가지고 오는 조사를 맞이할 때는 교외에 임시로 장막을 치고 영접을 하므로 차를 대접하지 않는다. 조서를 가지지 않고 오는 사신은 교외로 나가지 않기 때문에 차대접을 한다.

다방의 관원은 향연饗宴할 때 올릴 차를 차례차례 준비하는데 먼저 왕과 사신의 차를 준비하고 나중에 군신들의 차를 준비한다. 다방의 관원이 차례차례 사신일행과 군신에게 차를 올린다. 차를 하사받은 군신은 일어나 재배하고 차를 받으며 모두 함께 마시고 다시 재배한다. 왕과 사신의 찻잔을 물리고 군신의 찻잔을 거두어 들인 후 사신을 전송한다.[3]

3. 고려도경과 차

1) 고려도경 개관

선화봉사 고려도경 송의 사신 서긍이 개경에 한 달 동안 다녀간 뒤 고려인의 생활을 그림과 함께 쓴 책이다. 고려의 차생활에 관해 자세히 적었다.

『선화봉사고려도경宣和奉使高麗圖經』은 1123년(인종 원년) 송나라 휘종徽宗이 고려에 국신사國信使를 보낼 때 그를 수행한 서긍徐兢이 서술한 책이다. 그는 송도에서 1개월간 머무르며 보고 들은 것을 그림을 곁들여서 40여권의 방대한 저술을 하였는데, 현재 그림은 남아있지 않고 글만 전한다. 여기에는 당시 고려인의 생활과 풍속 등이 상세히 기록되어 있고, 특히 차에 대한 내용이 많아서 주목된다.

---

3 석용운, 『한국차문화강좌』, 초의학술재단, 2004, 131쪽.

2) 『고려도경』 기명器皿

『고려도경』 「기명」조에는 사신을 접대하는데 쓰인 다구들이 설명되어 있다.

고려의 토산 차는 쓰고 떫어 입에 넣을 수 없고, 중국의 작설차와 용봉
사단龍鳳賜團(중국황제가 하사한 용봉단차)을 귀하게 여긴다. 하사한 것
이외에도 상인들이 가져다 팔기 때문에 근래에는 차 마시기를 제법 좋
아하여 차와 관련된 여러 도구를 많이 만든다. 금화오잔金花烏盞, 비색
소구翡色小甌, 은로탕정銀爐湯鼎은 다 중국 것을 흉내 낸 것들이다.

이어서 연회를 하는 장면에 대한 설명도 있다.

무릇 연회 때면 뜰 가운데서 차를 끓여 은하銀荷(덮개)로 덮어 천천히
걸어와서 내놓는다. 그런데 시중드는 이가 "차를 다 돌렸소."하고 말
한 뒤에야 마실 수 있으므로 으레 차가 식은 뒤에 마시게 마련이다.
관사 마당에 은색의 연꽃 모양의 천막을 치고 그 안에 붉은 칠을 한
탁상茶俎을 놓고 그 위에다 차를 마실 때 쓰는 도구를 두루 진열한 다
음 홍사건紅絲巾으로 덮는다. 매일 세 차례씩 차를 맛보는데, 뒤이어 탕
湯을 내온다. 고려인은 탕을 약藥이라고 하는데, 사신들이 그것을 다 마
시면 반드시 기뻐한다. 혹 다 마시지 못하면 자기를 깔본다고 생각하
면서 불쾌해하며 가버리기 때문에 늘 억지로 마시도록 노력한다.[4]

이상은 고려의 궁중 접빈다례의 모습을 보여주는 것이다. 차문화연구

---

4 서긍, 민족문화추진회 옮김, 『송나라 사신, 고려를 그리다 - 고려도경』, 서해문집, 2005, 223
   ~236쪽.

가인 신운학(고려차도종가 대표)은 고려의 접빈다례가 일본 교토의 건인사와 상국사 등 몇몇 대형사찰의 사원다례로 그 명맥을 이어가고 있다고 하며, 한일 간의 차문화 교류는 지속적이었다고 설명했다. 신 대표는 "고려 차의 행다 절차는 당나라의 차 작법을 그대로 받아들였던 신라시대의 음다 풍속과 달리 한민족 특유의 행다 절차를 완성한 것으로, 이러한 작법이 고려시대와 같은 시기인 무로마치시대의 일본에 전해져 몇몇 사찰에서 꾸준히 유지되고 있는 것 같다"고 설명했다.[5]

3) 『고려도경』「관사館舍」

『고려도경』「관사」조에는 사신을 접대하던 공간이 설명되어 있다. 순천관順天館은 사신들이 머무는 숙소인데 정청 뒤에 길이 있고, 그 가운데에 낙빈정樂賓亭이 세워져 있다. 좌우 두 자리를 정사와 부사가 거실로 사용하였다. 서쪽 자리의 북쪽은 산세를 배경으로 향림정香林亭이 있어 창을 열면 산을 대하게 되어 있다. 맑은 물이 감돌며 높은 소나무와 그 그늘 아래에 여러 풀꽃들이 울긋불긋 다투고 있다. 8면에 난간이 만들어져 기대어 앉아 쉴 수도 있다. 옆으로 누운 소나무와 괴석들이 어우러져 있고 바람이 불면 서늘하여 사신들이 차를 마시고 바둑을 두던 곳이다.

순천관은 왕휘王徽(고려 문종)가 세워 별궁으로 사용했는데 원풍元豊(송 신종의 연호) 연간에 조공을 바친 뒤부터는 중국의 사신을 접대하는 관사로 고쳐서 순천順天이라고 명명하였다. 순천관은 매일 사절단 일행에게 세끼 식사를 계급에 따라 차등을 두어 제공하는데 차도 세 차례 대접한다. 사절단이 처음 순천관에 도착한 날에 베푸는 불진회拂塵會를 첫 번째로 하여

---

5 「박정진의 차맥 37: 불교와 차의 황금기 ④ 고려도경과 고려의 차」, 『세계일보』 2012.05.21.

5일에 한 차례씩 사절단 전원에게 주연을 베푼다. 순천관과 향림정은 사신들을 접대하고 차를 마신 대표적인 장소이다.[6]

4) 다구의 발달

『고려도경』에 나오는 금화오잔과 비색소구는 왕실이나 귀족층이 사용하던 최고급 다구였다. 여기에서 말하는 금화오잔은 검은 바탕에 금가루로 그림을 그린 찻잔을 가리키는데 흑유찻잔 즉 천목찻잔이 여기에 해당한다.

송나라의 천목찻잔은 여러 종류가 있으나 그중에서 금화오잔으로 불릴

유적천목다완(상) 유적천목은 검은색이나 푸른색의 표면에 금빛이나 은빛의 기름방울 비슷한 문양을 가지고 있는데, 천목은 흑유 혹은 건잔이라고도 부른다. 국립중앙박물관

태사묘 옻칠 잔탁(하) 고려건국에 공을 세운 삼태사를 모신 사당이 안동의 태사묘이다. 여기에 제기로 썼던 것으로 추측되는 잔탁이 남아있다.

만한 것으로는 유적천목油滴天目과 대피천목玳皮天目을 들 수 있다. 유적천목은 검은색이나 푸른색의 표면에 금빛이나 은빛의 기름방울 비슷한 문양을 가지고 있다. 또 대피천목은 검은 바탕에 금빛으로 그림을 그려놓은 것 같은 문양이 있다. 고려의 흑유 중에 금화오잔이라고 단정지어 말할 수 있는 찻잔은 아직까지 발견되지 않고 있다. 다만 개인 소장의 전 봉업사지奉業寺址출토 고려시대 흑유찻잔과 일본 안택安宅 컬렉션 소장의 고려 흑유찻잔이 서긍이 말한 금화오잔과 비슷한 것이 아닐까 추측된다. 가루차용 잔탁의 전형적인 모습을 보여주는 것으로 안동 태사묘 소장의 옻칠 잔탁이 있다. 이 잔탁은 찻잔과 찻잔 받침을 나무로 만들고 옻칠을 한 것으로 고려시대 가루차를 마실 때 사

6 위와 같음.

청자과형병(좌) 투명한
비색을 자랑하는 참외모
양의 청자는 고려청자의
대표작이다. 1146년작, 국
보 94호, 문화재청

청자어룡형주자(중)
용의 머리와 물고기의 몸
을 가진 특이한 형태의 동
물을 형상화한 주자이다.
국보 61호, 문화재청

청자투각칠보문뚜껑향
로(우) 뚜껑은 향이 피어
올라 퍼지도록 뚫어서 장
식한 구형 부분과 그 밑
에 받침 부분으로 되어 있
다. 국보 95호, 문화재청

용하던 잔탁의 모양을 유추할 수 있게 해준다. 태사묘 소장의 잔탁은 찻
잔과 찻잔 받침이 모두 나무로 만들어져 있지만 고려시대 대부분의 가루
차용 잔탁은 나무로 만든 찻잔 받침 위에 천목이나 고려 흑유, 백자, 청자
로 만든 찻잔을 올려서 사용했을 것으로 생각된다.[7]

　비색소구는 청자로 만든 찻잔을 이르는 말인데, 청자완을 가리킨다. 서
긍이 보았던 당시는 비색 순청자가 발달하여 과형 주자, 향로, 완 등이
발달하였다. 은으로 만든 화로에 세발 달린 솥인 '정鼎'으로 물을 끓였다
는 모습은 당나라식 차 끓이는 방식과 유사한 것으로 보인다.

　『고려도경』에 직접 소개가 되지는 않았지만, 고려시대에는 많은 다구
가 만들어져서 실용적으로 사용되었다. 그 중에는 고리달린 모양의 은차
시를 비롯하여 금·은·유기로 된 완과 잔탁 등도 많이 나왔다. 소나무
가지를 이용한 다선, 돌로 만든 차맷돌, 다병, 철병(무쇠 탕관) 등 다양한
다구가 만들어졌다.

7　원행, 「고려시대 선종사찰禪宗寺刹의 차문화茶文化(2)」, 『차의 세계』, 2007년 9월호.

제6장

고려시대의 차생활

1. 문인의 차생활

1) 이인로李仁老(1152~1220)

이인로의 초명은 득옥得玉. 자는 미수眉叟이며 호는 쌍명재雙明齋이다.

어려서 고아가 되어 요일선사寥一禪師가 데려다 길렀다. 1170년 정중부가 난을 일으키자 출가하여 승려가 되었다. 그 뒤 환속하여 1180년 문과文科에 급제하고 계양관기桂陽管記에 보직된 후 이어 직사관直史館이 되었으며, 이후 14년간 사국史局과 한림원翰林院에 재직하였다.

이인로는 고려의 대표적인 문인의 한 사람으로 문장이 뛰어나 한유韓愈의 고문古文을 능가했고, 시에 있어서는 소식蘇軾을 벗하였다고 일컬어진다. 글씨에도 능해 초서草書, 예서隷書가 특출했다. 1203년 정안靖安 최당崔讜(1135~1211)이 관직에서 물러난 후 쌍명재雙明齋를 지어놓고, 은퇴한 관리들을 모아 날마다 시와 술, 거문고와 바둑으로 즐기기 위해 쌍명기로회를 만들었다. 1206년 최당의 동생 최선崔詵도 가담하였는데, 이인로는 나이가 너무 젊어서 정식 회원이 되지 못하였지만 시문이 워낙 뛰어나서 원로들과 시문을 함께 나누었다.

이인로는 임춘林椿 등과 죽림고회竹林高會를 주도하면서 그 때 쓴 글을 『파한집破閑集』이라는 책으로 묶어 당시 문인들의 행적을 정리하였다. 후에 해동기로회에 참여하여 여러 원로들 사이에서 지은 시문 100여 수를 모아 따로 엮기도 했다.[1]

다시로는 〈승원다마僧院茶麻〉라는 시가 있다.

바람이 건드리지 않으니 개미걸음 더디고	風輪不管蟻行遲
둥근 도끼 휘두르니 옥같은 찻가루 날리네	月斧初揮玉屑飛
불가의 놀이는 예로부터 실로 자유자재하고	法戲從來眞自在
맑은 하늘에 우뢰소리 들리며 눈발이 흩날리네	晴天雷吼雪霏霏

이 시를 보면 당시에 연고차를 가루차로 만들어 마셨다고 짐작된다. 또한 차를 천천히 갈아야 뜨거워지지 않아 푸른빛을 유지할 수 있기 때문에 고운 돌로 맷돌을 만들어 천천히 돌려서 가루를 얻었다는 사실도 확인할 수 있다.

2) 이규보李奎報(1168~1241)

이규보는 고려중기 최고의 시인이며, 호는 백운거사白雲居士, 지헌止軒, 삼혹호 선생三酷好先生이다. 1189년 사마시司馬試에, 이듬해 문과에 급제하였으며, 1207년 최충헌에 의해 권보직한림權補直翰林으로 발탁되었다. 수대보문하시랑 평장사, 수문전 대학사, 감수국사, 판예부사 한림원사, 태자대보로 벼슬에서 은퇴하였다.

---

1 박정희, 「조선시대 시회에 나타난 차문화」, 『차문화학』 14집, 국제차문화학회, 2008.

걸출한 시호詩豪로서 호탕 활달한 시풍詩風으로 당대를 풍미했으며, 특히 벼슬에 임명될 때마다 그 감상을 읊은 즉흥시卽興詩로 유명했다. 처음에는 도연명의 영향을 받았으나, 개성을 살려 독자적인 시격詩格을 이룩했고, 몽고군의 침입을 진정표陳情表로써 격퇴한 명문장가였다. 시, 술, 거문고를 즐겨 삼혹호 선생이라 자칭했다. 저서로는 『동국이상국집東國李相國集』 동명왕편東明王篇, 『백운소설白雲小說』 등이 있다.

술과 차를 다 좋아했던 이규보는 "차 한 잔에 대화한 도막으로 점점 심오한 경지에 들어가네. 이 즐거움이 참 청담하니 하필 취할 필요가 있겠는가?—甌輞 一話 漸入玄玄旨 此樂信淸淡 何必昏昏醉"라고 하여 군이 술을 마셔야 시가 되는 것이 아니라 차를 마시면서도 시를 주고받을 수 있다고 하면서 차에 의미를 두었다.

이규보 초상 고려중기 최고문장가 이규보는 술과 함께 차를 좋아하여 많은 다시를 남겼다. 유영각 소장

〈운봉雲峯에 있는 노규 선사老珪禪師가 조아차早芽茶를 얻어 나에게 보이고 유차孺茶라 이름을 붙이고서 시를 청하기에 지어 주다〉

남방 사람 맹수도 두려워하지 않아	南人曾不怕髥豵
험난함을 무릅쓰고 칡덩굴 휘어잡아	冒險衝深捫葛虆
간신히 채취하여 불에 말려서	辛勤採摘焙成團
남보다 앞서 임금님께 드리려 하네	要趁頭番獻天子
선사는 어디에서 이런 귀중품을 얻었는가	師從何處得此品
손에 닿자 향기가 코를 찌르는구려	入手先驚香撲鼻
이글이글한 풍로風爐불에 직접 달여	塼爐活火試自煎
꽃무늬 자기에 따라 색깔을 자랑하누나	手點花瓷誇色味
입에 닿자 달콤하고 부드러워	黏黏入口脆且柔

어린 아이의 젖 냄새 비슷하구나	有如乳臭兒與稚
…(중략)…	
차마 마시지 못하고 아끼고 간직하다가	愛惜包藏不忍啜
…(중략)…	
귀중한 유차 마시고 어이 사례 없을쏜가	餉名孺茶可無謝

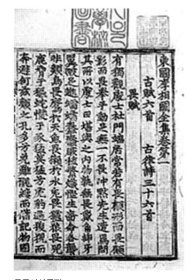

동국이상국집
이규보는 동명왕편에서 고
구려의 기상을 노래했다.

그는 차를 끓여 마시어 바위 앞의 샘물을 말리고 싶다고 할 정도로 차를 좋아했으며, 50여 수가 넘는 다시를 남겨 당시 차문화의 일면을 조명하는데 큰 도움을 주고 있다. 위의 시에서 어린 아이의 젖 냄새나는 차를 '유차孺茶'라 하며 그 제법과 음용법을 설명하였다. 또한 험한 고생을 하고 어린 차싹을 따서 왕에게 공납하는 장면을 통해 당시 다공茶供의 어려움을 묘사하였다. 그 귀한 차를 마시지 못하고 아끼는 모습, 귀한 차를 받고 시를 지어 사례하는 모습 등은 차를 향한 그의 사랑을 잘 표현해 준다.

〈잠시 감불사感佛寺에서 놀다가 주지住持 노비구老比丘에게 줌〉

작은 나라 흥망이 꿈처럼 덧없는데	蟻國升沉一夢空
승방僧房에선 도리어 함께 담소하네	却因僧舍笑談同
뜬이름은 다 마음 밖에 멀어졌고	浮名揔落心虛外
오묘한 도는 오히려 목전에 있네	妙道猶存目擊中
돌솥에 차를 끓이니 향기로운 젖이 희고	石鼎煎茶香乳白
벽돌 화로에 불을 붙이니 저녁놀같이 붉구나	塼爐撥火晚霞紅
인간의 영욕을 대략 맛보았으니	人間榮辱粗嘗了
이제부터 강산의 방랑객이 되리라	從此湖山作浪翁

그가 1170년 무신정변 이후에 출사하여 겪게 된 갈등을 차를 마시며
달랜 게 아닌가 생각된다. 차가 바로 참선參禪의 시작이라고 한 말이나 차
의 맛은 도道의 맛이라고 한 그의 사상에서 그런 일면을 엿볼 수 있다.
몽고침입을 당해 나라는 어지럽고, 조정은 무신들에 의해 전횡되고 있는
데 벼슬하며 영욕을 맛보다가, 만년에 은둔해서 살고 싶어 하는 그의 심
정이 잘 나타나 있다.

몽고가 쳐들어오자 1232년 왕은 강화도로
피난을 하게 된다. 이규보도 강화에서 왕을
보좌하면서 팔만대장경 간행을 주도하게
되었다. 그는 1237년에 대장경을 판각할 때
「대장경도량음찬시大藏經道場音讚詩」14수를 짓
고, 임금과 신하들의 공동기도문인 「대장각
판군신기고문大藏刻板君臣祈告文」을 지었는데,
여기에는 거란의 침입을 막기 위해 현종 때
대장경을 조판하였듯이, 대장경을 조판하
여 몽고의 침입을 막고자 한 기원이 들어 있다.

선원사 맷돌 선원사에
서 발견된 맷돌은 윗부분
만 남아있고, 앞부분에 붉
은 모란꽃이 새겨져 있다.
선원사

대장경 간행의 중심지는 선원사禪源寺였는데, 대장경을 오랫동안 보관
유지하기 위해 바닷물에 목판을 담갔다가 말리기를 수차례 하였다고
한다. 최근 이곳에서 차맷돌이 하나 발굴되었다. 학계에서는 이것이 이규
보의 시에 등장한 그 맷돌이 아닌가 추측하고 있다.

〈차맷돌을 선물 받고謝人贈茶磨〉

돌을 쪼아 만든 바퀴 같은 맷돌	琢石作孤輪
빙빙 돌림에 한 팔이 수고롭다	迴旋煩一臂
그대 역시 차를 마실 터인데	子豈不茗飮
어찌 내 초당까지 보내주었나	投向草堂裏

내 심히 잠 즐기는 줄 알아　　　　　知我偏嗜眠

이것을 내게 보낸 것일테지　　　　　所以見寄耳

푸르고 향기로운 가루 갈아내니　　　研出綠香塵

그대의 뜻 더욱 고마워라　　　　　　益感吾子意

그는 이 시에서 돌을 쪼아 맷돌을 만들었으며, 한 팔로 맷돌을 돌리는 것이 꽤나 수고롭다고 읊었다.

이제현 초상 이제현은 원나라의 만권당에서 조맹부 등과 교류하며 고려에 신학문과 사상을 소개하고, 성리학을 전파, 발전시키는데 중요한 역할을 하였다. 문화재청

3) 이제현李齊賢(1287~1367)

이제현은 고려후기 최고의 문장가이며 호는 익재益齋, 실재實齋, 역옹櫟翁이다. 1301년 성균시成均試에 장원, 이어 문과에 급제하였다. 1314년 백이정白頤正의 문하에서 정주학程朱學을 공부, 원나라 학자 조맹부 등과 함께 고전을 연구하기도 했다. 1362년 홍건적의 침입 때 왕을 청주에 호종하여, 계림부원군鷄林府院君에 봉해졌다. 당대의 명문장가로 외교문서에 뛰어났고 정주학의 기초를 확립했으며, 원나라 조맹부의 서체를 고려에 도입하여 널리 유행시켰다. 저서로는 『익재난고益齋亂稿』, 『역옹패설櫟翁稗說』 등이 있다.

익재 소악부小樂府에 17수의 고려 민간 가요를 한시漢詩 칠언절구로 번역한 것이 있는데 이것이 고려가요 연구의 귀중한 자료가 되고 있다.

〈송광화상松廣和尙이 차茶를 보내준 데 대하여 붓가는 대로 써서 장하丈下에

기정寄呈하다〉

가을 감柿 먼저 따서 나에게 부쳐주고	霜林蛻卵寄曾先
봄볕에 말린 작설 여러 번 보내왔네	春焙雀舌分亦屢
대사는 옛 정분을 못잊어 그렇지만	師雖念舊示不忘
나는 공도 없이 많이 받기 부끄럽네	我自無功愧多取
낡은 집 몇 간 풀이 뜰에 우거지고	數間老屋草生庭
유월의 궂은 장마 진흙이 길에 가득	六月愁霖泥滿路
박탁소리 놀라 보니 대바구니 보내와	忽驚剝啄送筠籠
옥과보다 더 좋은 신선한 차를 얻게 되었네	又獲芳鮮渝玉胯
맑은 향기는 덥기 전 봄에 따왔던가	香淸曾摘火前春
고운 빛깔은 숲 속의 이슬을 머금은 듯	色嫩尙含林不露
돌솥에 끓는 소리 솔바람 부는 듯	颼颼石銚松籟鳴
자기 잔에 도는 무늬 망울을 토한다	眩轉瓷甌乳花吐

이 다시를 통해 이제현은 당시의 차생활의 모습과 차에 대한 폭넓은 지
식을 표현했다. 이른 봄에 따는 작설차가 대바구니에 담겨 장마철에야 도
착하였는데, 그것을 달이면서 봄 향기를 느끼는 것이다. 차 끓이는 도구
로 돌솥을 썼고, 자기 잔에 차를 마셨다는 것도 밝히고 있다.

한국차문화사에서 이제현이 남긴 업적 중 중요한 하나를 꼽으라면 〈묘
련사석지조기妙蓮寺石池竈記〉라는 기문을 남긴 것이다. 신라의 화랑들이나
고려의 귀족, 승려들이 썼던 돌못부뚜막은 다른 나라에서 볼 수 없는 독
창적인 우리의 차문화이다. 이제현의 이 글이 없었다면 석지조의 모습을
짐작조차 하기 어려웠을 것이다. 최근 이 글에 의거해서 석지조가 재현되
기도 했다. 그 내용은 다음과 같다.

복원된 한송정과 돌부뚜막 1997년 오죽헌시립박물관이 한송정 자리에 돌부뚜막과 돌절구를 복원했다.

삼장순암법사三藏順奄法師가 천자의 조서를 받들어 풍악산楓岳山 절에 불공드리고서 그 길로 한송정寒松亭을 유람하였다. 그 위에 석지조石池竈가 있으므로 주민에게 물으니, 이는 옛날 사람들이 차를 끓여 마시던 것인데, 어느 시대에 만든 것인지는 모른다고 하였다. 법사가 혼자서 생각하기를 어릴 때 일찍이 묘련사妙蓮寺에서 두 개의 돌이 풀속에 있는 것을 보았는데 그 형상을 생각하면 이런 물건이 아니었던가 하였다. 그리고 돌아와서 찾아보니 과연 있었는데 그 한쪽은 네모나게 갈라서 말처럼 만들고 그 가운데를 둥글게 하여 절구와 같으니 샘물을 담는 것이고, 그 아래에는 구멍이 있어 입과 같으니, 흐린 물을 나가게 해서 맑은 물을 고이게 하는 것이다. 다른 하나는 두 곳이 움푹한데 둥근 것은 불을 때는 곳이고 길쭉한 것은 그릇을 씻는 곳이다. 또 구멍을 조금 크게 하여 움푹하게 하였는데 둥근 것은 바람이 들어오게 한 것으로, 합하여 이름하면 석지조라는 것이었다.

이에 열 명의 인부를 시켜 굴려다 지붕 아래에 놓고 손님을 초청하여 거기에 둘러앉게 한 다음 백설같은 샘물을 길어다 황금같은 차를 끓이면서 익재益齋에게 말하기를, "옛날 최정안崔靖安 공이 일찍이 쌍명기로회雙明耆老會를 열었는데, 그곳이 지금 이 절의 북쪽 산으로 절에서 가깝기가 수백 보이니 이것이 그 당시의 물건인지요? 목암牧菴 무외국사無畏國師가 이 절에 거주하였으니, 삼암三菴 같은 이가 일찍이 왕래한 일이 있고, 한번 글로 평가하였다면 이 물건의 값이 반드시 세 배는 되었을 것인데, 어찌하여 무성한 숲속에 묻혀 있게 된 것이요? 쌍명회로부터 지금까지는 2백년이나 되는데, 처음으로 나를 위하여 한 번 나와서 앞으로 소용이 되게 되었으니, 기문을 써서 그 동안 이 물건이 불우했던 것을 위로하고 내가 얻은 것을 경축하여 주시오." 하는 것이었다. 가만히 생각하니, 쌍명회합에 대해서는 이 학사李學士 미수眉叟라는 이가 있어서 한 포기 풀과 한 그루 나무의 작은 것에 이르기까지도 그것이 담소談笑 거리가 될 만한 것이면 모두 시와 문장에 적었는데, 지금 그 문집 속에서 찾아보아도 이것에 대해서는 한 마디 말도 없으니 어찌된 일인가. 그 후에는 일 만들기를 좋아하기로 최 태위崔太尉의 형제 같은 이가 이곳에 와서 집을 짓고 살았다는 말을 아직 듣지 못하였다. 이 돌이 지조池竈로 된 것이, 쌍명회 이전의 일이라면 저 한송정의 것과 어느 것이 먼저가 되고 뒤가 될지 모를 일이니 대개 그것이 파묻혀서 불우해진 지가 오래된 것이다. 어찌 삼암에게 뿐이리요. 미수에게도 만나지 못하였던 것이다. (후략)…

순암법사가 금강산 유람길에 화랑들이 사용했을 법한 석지조를 보았고, 그것을 개경 묘련사에서도 본 적이 있는 것 같아 돌아와서 석지조를 하나 찾아냈다. 인부 열 명을 동원할 정도로 컸고, 모양은 물을 담아두는 돌못과 그릇을 씻을 만한 네모부분, 불구멍까지 갖춘 돌부뚜막이 갖추어져 있었다. 순암법사는 이 석지조를 별견한 것을 기념하여 차를 마시는 모임을 갖고 이제현에게 기문을 부탁하였다.

법사는 이 석지조가 이 절의 전 주지가 사용하던 것인지, 쌍명기로회에서 쓰던 것인지 의문을 제기하고 있다. 쌍명기로회는 정안靖安 최당崔讜(1135~1211)이 1203년 관직에서 물러난 후 쌍명재雙明齋를 지어놓고, 은퇴한 관리들을 모아 날마다 시와 술, 거문고와 바둑으로 즐기기 위해 만든 모임이다. 1206년 최당의 동생 최선崔詵이 가담하였고, 미수眉叟 이인로李仁老는 나이가 너무 젊어서 정식 회원이 되지 못하였지만 시문을 함께 하였다.

순암법사는 익재같은 당시의 최고 문장가가 이 물건에 대한 기문을 적어둔다면 후세에 길이 빛날 것이라고 그에게 기문을 부탁했고, 그런 연유로 우리가 석지조에 대한 정보를 알게 된 것이다.

4) 이곡李穀(1298~1351)

이곡의 호는 가정稼亭이며, 색穡의 아버지이다. 백이정白頤正·정몽주·우탁禹倬과 함께 경학經學의 대가로 꼽는다. 도평의사사都評議使司의 서리胥吏로서 1320년 문과文科에 급제하였다. 이후 원으로 건너가 1333년 원나라 제과에 제이갑第二甲으로 급제하였고, 정동행중서성좌우사 원외랑征東行中書省左右司圓外郞이 되어 원제元帝에게 건의하여 고려에서의 처녀 징발을 중지케 했다. 1344년 충목왕이 즉위하자 귀국하여 연복사종演福寺鐘의 명문銘文을 짓고 정당문학政堂文學을 거쳐 도첨의찬성사都僉議贊成事에 이르러 한산군韓山君에 봉해졌다. 문장에 능하며 이제현과 함께 『편년강목編年綱目』을 증수增修하고 충렬왕, 충선왕, 충숙왕 3조朝의 실록實錄 편찬에 참여했다. 가전체假傳體작품 「죽부인전竹夫人傳」이 『동문선東文選』에 전한다. 문집 『가정집稼亭集』에 전하는 「동유기東遊記」에는 금강산을 유람하다가 화랑들이 썼다고 전해오는 한송정 우물과 석지조를 본 사실을 적고 있다.

한송정에서 송별연을 베풀었다. 이곳 또한 사선이 놀던 곳이었는데 고을 사람들이 한송정에 유람 오는 사람이 끊이지 않아 이를 귀찮게 여긴 나머지 집을 헐어 버렸다. 소나무 또한 들불로 타버리고 오직 석조, 석지와 두 개의 돌우물만이 그 옆에 남아있었는데 역시 사선의 다구茶 具라 하였다.

이곡 자신이 차를 좋아하는 다가茶家였으므로 차 관련 유적이 눈에 띄었을 것이다.

〈강릉江陵 객사客舍의 동헌東軒에 있는 시에 차운하다〉

나의 행차 때마침 가절인 데다 또 풍년	我行佳節更豐年
임영에 취해 쓰러지니 세상 밖 선경일세	醉倒臨瀛別洞天
산은 북에서 내려와 푸른빛 끝이 없고	山自北來青未了
바다는 동쪽 끝에서 가없이 넓고 넓네	海爲東極浩無邊
경호에 술 싣고 가니 밝은 달빛 출렁출렁	鏡湖載酒搖明月
돌부뚜막 차 달이니 자색 연기 모락모락	石竈煎茶颺紫煙
맹호보다 사나운 정사 만나지만 않는다면	但自不逢苛政虎
고을 백성은 원래의 신선으로 되돌아가리라	州民元是一群仙

강릉 객사에 걸린 현판의 글을 보고 차운한 이 시에서도 차 애호가의 모습이 보인다.

5) 이색李穡(1328~1396)

이색의 호는 목은牧隱이며 곡의 아들로 경북 영해 외가에서 태어났다. 1341년 진사進士가 되었고 1348년 원元나라에 가서 제과制科의 회시會試에 장원급제하였다. 원에서 국자감國子監의 생원生員이 되어 성리학을 연구했

이색 초상 조선중기의 모사본인데 관복을 잘 표현하고 있어 고려 말 관복 연구에 좋은 자료가 된다. 서울 종로구 이색선생영당

고, 귀국하여 전제의 개혁, 국방계획, 교육의 진흥, 불교의 억제 등 당면한 여러 정책의 시정개혁에 관한 건의문을 올렸다. 1367년 대사성大司成이 되어 성균관의 학칙을 새로 제정하고, 정몽주·이숭인 등을 학관으로 채용하여 성리학의 발전에 공헌했다.

1389년 위화도 회군으로 우왕이 강화로 쫓겨나자 조민수曹敏修와 함께 창昌을 옹립 즉위케 하고, 판문하부사判門下府事가 되어 명나라에 사신으로 가서 창왕의 입조와 명나라의 고려에 대한 감국監國을 주청하여 이성계 일파의 세력을 억제하려 했다. 조선의 건국에 협조하지 않다가 여러 차례 유배를 겪고 만년에 은둔의 삶을 살고자 여주 신륵사로 향하던 중 유명을 달리했다. 저서로는 『목은시고牧隱詩藁』, 『목은문고牧隱文藁』가 있다.

아버지 이곡이 지극한 다가였고, 스승 이제현도 차에 조예가 깊었으니 이색도 당연히 차에 정통했다. 그의 문집 곳곳에서 50여수의 다시를 찾을 수 있다.

〈차를 마시고 나서 작게 읊다茶後小詠〉

조그마한 병에 샘물을 길어다가	小瓶汲泉水
깨진 솥에 노아차를 끓이노라니	破鐺烹露芽
귓속은 갑자기 말끔해지고	耳根頓淸淨
코끝엔 붉은 놀이 통하여라	鼻觀通紫霞
잠깐 새에 눈의 흐림이 사라져서	俄然眼翳消
외경에 조그만 티도 보이질 않네	外境無纖瑕
혀로 맛 분변하여 목으로 삼키니	舌辨喉下之
기골은 정히 평온해지고	肌骨正不頗

방촌의 밝은 마음 깨끗하여	靈臺方寸地
생각에 조금의 사도 없어라	皎皎思無邪
어느 겨를에 천하를 언급하랴	何暇及天下
군자는 의당 집부터 바루어야지	君子當正家

〈전다 즉사煎茶卽事〉

봄에 계산 찾아드니 그림도 이만 못하리	春入溪山畫不如
가벼운 천둥이 밤새 적막을 진동시켰네	輕雷一夜動潛虛
꽃 자기잔의 흰빛은 조반을 먹은 이후요	花瓷雪色朝飡後
돌냄비의 솔 소리는 낮잠을 잔 뒤로다	石銚松聲午睡餘
…(중략)…	
일찍이 공문에 가서 사여를 물을 적에	曾向空門問四如
차 향기 자리 가득코 창문은 공허했네	茶香滿座小窓虛
신심의 뭇 고통은 의당 다함이 없으나	身心衆苦知無盡
입속은 달콤하여 기쁨이 아직 남았다오	齒頰微甘喜尙餘

위의 두 시를 보면 그의 차 사랑이 눈에 보이는 듯하다. 허름한 돌냄비에 노아차를 끓여 마시면 귀가 뚫리고 눈이 밝아지며, 마음이 탁 트이는 것 같은 청량감을 얻을 수 있다는 것이다. 그는 '차를 끓여 마시니 편견이 없어지고 마음이 밝고 맑아 생각에 그릇됨이 없다皎皎思無邪.'고 했으며 '영아차의 맛은 그 자체가 참되다靈芽味自眞.'고 하였다.

이색은 손수 차를 끓여 마시는 일을 정심正心·수신修身·제가齊家하는 군자수양君子修養의 길이라고 하였다. 그는 유가다도儒家茶道의 창시자이며, 다사茶事의 철학을 마련하였다.

〈종덕부추송팔관개복다식種德副樞送八關改服茶食〉

팔관의 성대한 예식이 음악과 함께 어우러지고	八關盛禮應黃鍾
시절은 상서를 내려 우리나라를 보호하도다	歲降禎祥保海東
음식은 지금도 동이東夷의 풍속을 따르고	肴膳今猶守夷俗
의관은 옛부터 역시 중국 풍습을 중시하도다.	衣冠古亦重華風
기도하면 응답이 있으니 천심은 넉넉하고	有祈有報天心裕
효성과 충성이 있으니 세도는 풍성하구나.	惟孝惟忠世道豐
조금씩 씹으니 은근한 달콤함이 입안에 감돌아	細嚼微甘生齒舌
팔관일이 그대들 때문에 아름답구려.	依俙當日逐諸公

위의 시에서 팔관회에 다식이 사용되었고, 그것을 귀인에게 보내어 주기도 했다는 것을 알 수 있다. 종덕은 이색의 아들인데 추밀원의 고관으로 있으면서 팔관회 날에 아버지에게 옷과 다식을 보내주었다.

정몽주 초상 임고서원에 있던 것을 김육이 다시 모사하여 그린 것이다. 경기도박물관, 『차 즐거움을 마시다』

6) 정몽주鄭夢周(1337~1392)

고려 말의 정치가이자 학자이다. 호는 포은圃隱이며, 고려 삼은三隱의 한 사람이다. 1357년 감시監試에 합격한 뒤 1360년 문과에 장원하였으며, 예문 검열藝文檢閱, 수찬修撰을 거쳐 예문관 대제학, 문하 찬성사 등을 역임하였다. 1371년 성균사성成均司成에 올랐으며, 이듬해 정사正使 홍사범洪師範의 서장관書狀官으로 명나라에 다녀왔다.

성균대사성成均大司成이었던 우왕 2년(1380)에는 배명친원排明親元에 반대하다 언양彦陽에 유배되었고, 이듬해 풀려나 사신으로 일본 규슈九州에 가 잡혀간 고려인 수백 명을 귀국시켰다. 1380년에는 조전원수助戰元帥가 되어 이성계李成桂 휘하에서 왜구 토벌에 참가하였다. 1384년 성절사聖節使로 명나라에 가 외교관계를 회복하고 또한 외교와 군사적인 면에도 능했다.

정치가로서 그는 지방관의 비행을 근절시키고 의창義倉을 세워 빈민을 구제하였다. 개성에 5부 학당學堂을 세우고 지방에 향교를 세워 교육에 힘썼고, 성리학에 뛰어나 우리나라 성리학性理學의 시조로 추앙된다. 시문詩文에 능하여 시조 단심가丹心歌 이외에 많은 한시漢詩가 전하며 서화書畵에도 뛰어났다. 1401년 영의정에 추증追贈되었다. 저서로는 『포은집圃隱集』이 있다.

그는 대단한 차 애호가로 수많은 다시를 남겼다. 정몽주는 성리학의 대가로서 주역에 특별한 관심이 있었다. 다음은 차를 끓여서 마시는 일을 주역의 이치에 따라 성찰한 다시이다.

〈주역을 읽고讀易〉

돌솥에 차물이 끓기 시작하니	石鼎湯初沸
풍로에 불이 빨갛게 피었구나.	風爐火發紅
물과 불은 하늘과 땅의 쓰임이니	水火用天地
이 뜻이야 말로 가없는 것이로다.	卽此意無窮

성리학에 심취한 사대부들은 사물을 궁구窮究하는 자세로 탐구했다. 차도 그들에겐 격물格物의 대상이었던 셈이다. 정몽주의 〈독역讀易〉은 이러한 사례를 잘 보여준다. 이 다시는 물과 불이 조화를 이루는 것이 바로 차를 끓여 마시는 이치임을 깨닫게 해 준다.

〈돌솥에 차를 달이며石鼎煎茶〉

보국에 공이 없는 늙은 서생이	報國無效老書生
차 마시기 버릇되니 세정을 모르노라	喫茶成癖無世情
눈보라 휘날리는 밤 그윽한 서재에 홀로 누워	幽齋獨臥風雪夜
돌솥의 솔바람소리 즐겨서 듣는다오	愛聽石鼎松風聲

　　나라를 위해 평생을 헌신한 한 선비가 만년에 돌솥에 차를 달이며 삼매에 젖은 모습을 보여주는 다시이다. 정몽주의 경우는 정치적인 혼란을 차로 달래며 살아가는 선비의 대표적인 사례라 볼 수 있다.

7) 이숭인李崇仁(1349~1392)

　　이숭인의 본관은 성주星州이며 자는 자안子安, 호는 도은陶隱이다. 16세에 과거에 급제한 신동으로 1375년 북원의 사신을 맞이하지 않고 이인임을 해치려 했다는 죄명으로 정몽주 등과 함께 유배되었다. 29세의 나이에 고향인 경상도 성주에 귀양살이를 하게 된 이숭인은 청휘당晴暉堂을 세워 후진양성에 힘을 쏟았다. 권근과 이색이 유배의 부당함을 상소하기도 했으나 소용이 없었다. 고려가 망하고 조선이 개국되자 정도전의 심복 황거정黃居正에 의해 유배지에서 곤장을 맞고 비참한 최후를 맞았다.

　　다음의 두 시는 도은의 은둔생활을 잘 보여준다. 차를 벗 삼아 자신의 절개를 온전히 지키며 살아가는 도인의 모습이 겹쳐져서 떠오른다.

〈다인망운茶民望韻〉

누가 촌에 사는 것을 궁벽하다 하는가	誰道村居僻
참으로 나의 뜻에는 딱 맞네	眞成適我情
구름이 한가로워 게으른 몸 깨닫고	雲閑身覺懶

산이 좋으니 눈은 더 밝아진다　　　　　　　　山存眼增明
시 원고는 읊어보고 고치게 하며　　　　　　　詩樂吟餘改
차 사발은 밥 먹은 뒤에 기울이네　　　　　　　茶歐飯後傾
진작 이 재미를 알았더라면　　　　　　　　　　從來知此味
다시 공명을 구하고자 했겠는가　　　　　　　　更別策功名

〈제승사題僧舍〉
산 위 산 아래로 작은 길 나눠지고　　　　　　　山北山南細路分
비 머금은 송홧가루 어지러이 떨어진다　　　　　松花含雨落頻紛
도인이 물을 길어 띠집으로 가더니　　　　　　　道人汲井歸茅舍
푸른 연기 한 줄기 흰구름 물들이네　　　　　　　一帶青煙染白雲

　다음 시는 유배를 떠난 지 일 년 후에 그의 절친 친구인 유군수가 차를
보낸 것에 감사하여 유배지에서 쓴 것으로 생각된다. 최근 박숙희가 번안
하여 정덕기가 곡을 붙여 노래로 불리게 되었다.

〈그대가 보낸 차謝兪知郡寄茶〉
오늘 아침 그대가 보낸 차를 받으니　　　　　　　瓊也今朝至
그대 아직 나를 잊지 않았구려　　　　　　　　　　知君不我忘
편지를 대하니 그대 얼굴인 듯　　　　　　　　　　得書如見面
보내준 차를 마시며 속을 풀리라　　　　　　　　　賁茗且澆腸
망연히 그대 있는 곳 바라다 보니　　　　　　　　　悵望千山遠
헤어진지 한 해가 넘었구려　　　　　　　　　　　　相離一歲強
어느 때 우리 서로 만나　　　　　　　　　　　　　　何時成邂逅
마주앉아 차 한 잔 나눌까　　　　　　　　　　　　　握手共登堂

8) 원천석元天錫(1330~ ?)

원척석은 고려 말기 절의를 지킨 은사隱士이며, 자는 자정子正, 호는 운곡耘谷이다. 고려의 운세가 기우는 것으로 보고 치악산에 들어가서 농사를 지으며 조선의 역성혁명을 개탄했다.

일찍이 이방원李芳遠을 가르친 바 있어 조선 건국 후인 1400년 태종이 즉위하자 스승이라고 자주 불렀으나 응하지 않았다. 작품으로 망국 고려를 회고한 시조 "흥망이 유수하니 만월대도 추초이로다. 오백년 왕업이 목적에 부쳤으니 석양에 지나는 객이 눈물겨워 하노라"가 전하며, 승려 굉宏과 차로 교유하며 다시를 여러 편 남겼다.

〈사제이선차혜차謝弟李宣差(師伯)惠茶〉

반가운 서울소식 산림에 도착했는데	惠然京信到林家
가녀린 움으로 새로 만든 작설차를 보내왔네	細草新封雀舌茶
식사 후 한 사발도 맛이 무척 좋거니와	食罷一甌偏有味
술 취한 뒤 마시는 세 잔은 정말 자랑거리지	醉餘三椀最堪誇
마른 창자 윤기 돌아 욕심이 없어지고	枯腸潤處無査滓
침침한 눈 활짝 뜨여 어른거림 없어졌네	病眼開時絶眩花
이 물건 신공은 헤아릴 수 없으니	此物神功誠莫測
잠이 싹 달아나니 시상이 떠오르네	詩魔近至睡魔除

위의 시는 동생 이선차가 보내준 작설차를 마시고 나서 그 신령스러운 기운과 효능을 절절히 읊은 것이다.

〈갑술신정甲戌新正〉

벼룻물이 얼어 붓 잡기 어렵고	硯氷難援筆

창의사 원주 치악산에 원천석의 의절을 기리기 위해 최근 세워진 사당이다.

붉은 화롯불엔 차 다릴 만하구나   爐火可煎茶

누워서 눈 내리는 소리 듣노라니   臥聽蕭蕭響

내 마음 아름다움을 누가 알까   誰知自意嘉

　이 시에서는 갑술년 새해를 맞아 차를 즐기던 정황을 읊었다. 붓조차 잡기 어려운 추위를 화롯불에서 달인 차가 녹여주고 있다. 그런 형편에서도 자신의 내면의 즐거움에 희열을 느끼는 그의 절의를 느낄 수 있다.

　자신의 시를 담은 『운곡시사』 5권을 남겼고, 야사野史 6권을 저술했다고 하나, 후손이 화가 두려워 불살랐다고 한다. 원주의 칠봉서원七峰書院에 제향되었다. 최근에 그의 유덕을 기리기 위해 창의사彰義祠를 세우고 사당 입구에 시비도 세웠다.

2. 승려의 차생활

1) 대각의천大覺義天(1055~1101)

대각국사는 고려 화엄종華嚴宗과 천태종天台宗의 시조始祖이다. 자는 의천義天이며 대각大覺은 시호이다. 문종의 넷째아들이다. 1065년 열 살 때 개풍군 영통사靈通寺의 왕사王師 난원爛圓에게 출가하여 구족계具足戒를 받고, 열세 살에 승통僧統이 되었다.

1084년 스물아홉 살에 송나라로 건너가 계성사啓聖寺에서 유성법사有誠法師에게 화엄천태 양종의 오의奧義를 배운 뒤 혜인선사慧因禪寺에 가서 정원법사淨源法師에게 화엄경을 배웠다.

대각국사 진영 대각국사는 천태종을 열어 불교를 통합하고자 노력했던 인물이다. 문화재청

교종의 교리에 입각, 선교일치禪敎一致를 주장하고, 해동의 천태종을 개창開創하여 고려 불교의 융합을 실현, 한국 불교사상 획기적인 업적을 이룩했다. 저서로는『신집원종문류新集圓宗文類』, 문집으로『대각국사문집』이 있다.

1086년 귀국하여 신축된 개경 흥왕사 주지가 되어 불경간행을 위한 교장도감敎藏都監을 두었다. 1차 초조장경 간행에서 빠진 불경을 송, 요, 금에서 가져와 논, 소, 초 등을 수집 · 교정하여 속장경을 완성했다.

그가 송에서 머물던 혜인선사가 있던 곳은 지금의 항주에 해당하니 용정차를 비롯한 유명한 차가 많이 생산되던 곳이

선암사 대웅전(좌) 대각국사가 선암사에 주석하면서 뇌원차를 만드는 데 주도적 역할을 했을 것으로 보인다. 문화재청

선암사 물확(우) 차를 많이 마시는 절에서 물을 효과적으로 활용하기 위해 만든 물확이다.

다. 대각국사는 여기에서 차를 많이 접하였고, 귀국할 때도 차를 많이 가지고 왔을 것이다. 1092년 대각국사는 선암사를 중창하고 이곳에 한참 머물면서 수행을 하였다. 그가 정원법사에게 뇌원차腦原茶를 선물하였다고 하는데, 시기적으로 볼 때 선암사에 뇌원차를 만든 것이 아닌가 추측하기도 한다.[2] 선암사 일대에는 지금도 명차들이 많이 생산되고 있고, 선암사에 돌확과 차부뚜막이 남아있는 것도 예사롭지 않다.

그는 차를 늘 가까이 하고 지냈는데, 다음의 시에 차에 대한 그의 마음이 잘 나타나 있다.

〈화인이다증승和人以茶贈僧〉

북쪽 동산에서 홍배한 차를　　　　　　　　　　　北苑移新焙

2　손연숙, 『손연숙의 차문화기행』, 이른아침, 2008, 446쪽.

동림에 계신 스님에게 선물했네   東林贈送僧

한가로운 차 달일 날을 미리 알고   豫知閑煮日

찬 얼음 깨고 샘 줄기 찾는다네   泉(月瓜)冷敲氷

〈화인사다和人謝茶〉

이슬내린 봄동산에서 무슨 일을 구할건가   露苑春峰底事求

달밤에 꽃차 끓이며 세상 근심 씻을까나   煮花熟月洗塵愁

가벼워진 몸은 삼동三洞 유람도 힘들지 않고   身輕不役遊三洞

상쾌한 골격 잠깐사이 가을 구월 되었네   骨爽俄驚入九秋

신선의 품격은 종과 범패 소리에 합당하고   仙品便宣鍾梵上

맑은 향기는 술과 시의 풍류도 허락하네   清香偏許酒詩流

영단靈丹 먹고 장생한 것을 어느 누가 보았는가   靈丹唯見長生驗

불문 향하여 그런 일 묻지를 말게   休向崑臺問事由

산문에서 세상 근심 다 잊고 종소리 범패 소리에 귀 기울이며 꽃차 한 잔 달여 마시는 즐거움을 그 누가 알겠는가? 대각국사는 차를 보내준 이에게 선품仙品인 차는 수행하는 절간에 잘 어울린다고 하며, 차 마시는 즐거움을 노래하였다.

2) 진각혜심眞覺慧諶(1178~1234)

진각국사의 호는 무의자無衣子이고, 법명은 혜심慧諶이며, 진각은 시호이다. 화순현 출신이다. 1201년 사마시司馬試에 합격하고 뒤에 조계사曹溪寺의 지눌知訥에게서 승이 되었다. 유교에도 능통하였으며 유불이 다를 바 없다고 설하였다. 1210년 지눌이 죽자 왕명으로 수선사修禪寺에 들어가 그 뒤를 이어서 조계종의 2세가 되었고, 강종康宗과 최우崔瑀가 차와 향, 옷

등을 여러 차례 하사하였다. 고종 때
는 선사, 그 뒤에 대선사大禪師가 되
었다. 1219년 수선사에 있으면서 단
속사斷俗寺의 주지를 겸임하였고, 월
등사月燈寺에서 입적하였다.

혜심의 다선茶禪의 연원은 중국의
설두 중현과 보조 지눌 선사에게 절
대적인 영향을 받았다. 스승에게 법
을 받고 나서 몇 년 수행 후 다시 스
승 지눌을 찾은 혜심은 억보산 산문
에 이르러 스승의 목소리를 듣고 다음 시를 지었다.

월남사지 진각국사비
강진 성전면 월남사에 오
래 머물렀던 혜심의 비는
규모가 크지는 않아도 귀
부의 조각이 당당하다.
문화재청

〈도백운암到白雲菴〉

안개 낀 솔숲에서 아이 부르는 소리 들리고,　　　呼兒響落松蘿霧

돌길로 부는 바람 차 향기 풍겨오네.　　　煮茗香傳石徑風

백운산 아래 들어서니　　　涉入白雲山下路

암자의 노스님 뵌 것 같다네.　　　已參庵內老師僧

그는 다음 다시에서 눈물로 차를 달이는 낭만적인 모습을 보여주고 작
설雀舌이란 말을 처음 사용하였다.

〈방장실에서 눈물로 차를 달이다拜先師丈室煮雪茶筵〉

산사람 큰 추위 아랑곳하지 않고　　　山人任大寒

차 끓이며 좋은 시절 가져본다오　　　茗席酌佳節

아이 불러 눈뭉치 가져다가　　　呼兒取雪華

소반 가득 옥가루 쌓아놓고　　　滿盤堆玉屑

손으로 새겨 자욱내니	手迹卽彫鎪
우뚝 솟은 산봉우리 비슷하구나	山形髣髴屼
용천(용샘)처럼 구멍을 파고	鑿穴擬龍泉
고인 물 퍼서 작설을 달이네.	挹㵆煎雀舌

(후략)…

　혜심의 수도생활에 차는 필수품이었다. 눈이 가득 내린 날 인적마저 완전히 끊어진 암자에서 화로에 불을 붙이고 소반 가득 눈을 담아와 그 녹인 물로 차를 우려 마시며 시를 짓기도 하고, 깨진 찻잔과 다리 부러진 솥으로 죽 끓이고 차 달이며 무료함을 달래기도 했다. 다음의 시에서도 그의 한가로운 다선일여의 모습이 보인다.

〈묘고대 위에서 짓다妙高臺上作〉	
고개 구름 한가로이 걷히지 않는데	嶺雲閑不徹
시냇물은 왜 그리 빨리 달리나	澗水走何忙
소나무 아래에서 솔방울 따서	松下摘松子
달이는 차 맛은 더욱 향기롭네	烹茶茶愈香

　한가롭게 떠있는 구름과 빨리 흐르는 물을 대조시켜 산속의 모습을 그리고 있다. 솔방울을 따서 차를 달이면 차가 더 맛있을 것 같은 느낌이 들게 하는 시이다. 자연과 하나가 되어 있는 모습에서 시詩와 차茶는 선정禪定과 이미 일체의 경지임을 짐작하고도 남음이 있다

3) 원감충지圓鑑沖止(1226~1292)

　원감국사의 호는 법환法桓, 충지沖止, 밀암密庵. 법명은 원개元凱이며, 원

감은 시호다. 1244년에 19세 때 문과에 장원, 벼슬이 한림翰林에 이르렀으며 일본에 사신으로 다녀왔다. 뒤에 선원사禪源寺의 원오국사圓悟國師에게 승僧이 되어 구족계具足戒를 받았고, 1266년 김해현金海縣 감로사甘露寺의 주지로 있다가 원오국사가 입적하자 그 뒤를 이어 조계曹溪의 제6세世가 되었다. 원나라 세조의 요청으로 연경燕京에 가서 세조의 극진한 대우를 받고 금란가사金襴袈裟, 백불白佛 등을 선사받고 돌아왔다. 일반적으로 가사袈裟를 내리는 것은 불법을 잇게 하고 그것을 전달하라는 의미로 해석된다. 시문詩文에도 능하여 『동문선東文選』에 그의 작품이 실려 있다. 저서로는 『원감국사가송圓鑑國師歌頌』이 있다.

〈유진각사遊眞覺寺〉

질화로 돌냄비를 직접 들고서	甀爐石銚自提挈
옆걸음 오를수록 더욱 푸르네	側足行行上層翠
채소 삶고 차 끓이니 너무 즐겁고	烹蔬煮茗有餘歡
산과 물 바라보니 생각 끝없네	眺水看山無限界

이 시에는 그가 차의 대가답게 직접 질화로에 돌냄비 놓고서 차를 끓여 놓고 즐거움에 겨워 선의 삼매에 빠져든 모습이 잘 그려져 있다.

그는 〈고독孤獨〉이라는 시에서 "배고파 밥 먹으니 밥 맛 더욱 좋고, 자고 일어나 차 마시니 그 맛 더욱 향기롭다. 외떨어져 사니 문 두드리는 사람 없고 빈집에 부처님과 함께 지내니 근심걱정이 없네."라고 읊조렸다. 이와 같이 원감충지의 선禪세계는 무사無事한 일상적인 생활 속에 있었다.

4) 나옹혜근懶翁惠勤(1320~1376)

나옹선사의 호는 나옹懶翁, 혜근惠勤은 그의 시호이다. 나옹은 경북 영해

회암사터 양주 천보산 회암사는 여말선초의 최대사찰로 지공, 나옹, 무학의 부도가 남아 있다. 근처에 대중이 다회를 열었을 법한 너럭바위가 있다.

에서 태어났는데, 총명함이 남달랐다. 어려서부터 출가하기를 원했으나, 부모의 허락을 받지 못했다. 스무 살에 친구의 죽음을 당하고 나서 집을 나와 1340년 공덕산功德山 묘적암妙寂庵(문경)의 요연了然에게서 승이 되었다. 전국의 명산대찰을 순력하다가, 1344년 회암사에서 4년간 좌선坐禪하여 개오開悟했다.

1347년 원나라 연경燕京 법원사法源寺에서 인도印度의 승려 지공指空에게 2년간 배운 뒤 원元나라 호남지방을 편력하다가 다시 지공에게 돌아가 법의法衣와 불서佛書 등을 받으면서 그의 법을 이어받았다. 지공은 인도 107대 조사祖師인 보명普明의 법통을 이어받은 108대 조사였으므로, 지공의 법을 받은 나옹은 109대 조사가 된 셈이다.

원나라 황제로부터 금란가사金襴袈裟를 하사받고 1358년 귀국하여 오대

신륵사 보제존자 석종
나옹선사가 왕의 명으로
남쪽으로 내려가던 중 여
주신륵사에서 열반하게 되
어 신륵사에 그의 부도가
남아있다.

산과 금강산 일대에 머무르며 정진하였다. 1361년 왕명으로 상경하여 내
전內殿에서 설법하고 신광사神光寺 주지가 되었다. 1365년 용문산龍門山, 원
적산圓寂山, 금강산 등지를 순력한 뒤 다시 회암사의 주지가 되었다. 마지
막 왕의 명으로 남쪽으로 내려가던 중 여주신륵사에서 열반하게 되었다.
신륵사에서 이색과 교류하였다는 기록도 있고, 나옹의 부도 앞에 있는 비
문을 이색이 지어주었다고 한다.

　보우普愚(1301~1382)와 함께 고려 말 선종禪宗의 고승으로서 조선불교에
크게 영향을 끼쳤다. 서예와 그림에 뛰어났으며 저서로는 『나옹집懶翁集』
이 있다.

　스승 지공의 영전에 차를 바치면서 "불효한 제자는 가진 물건 하나 없
어 차 한 잔 향 한 쪽 스승께 올립니다不孝子無餘物 獻茶一椀香一片."라고 한

구절에서 차를 선禪과 다름없이 여기는 나옹의 모습이 보인다. "목마르면 차 달이고 졸리면 잠자지渴卽煎茶困卽眠"라는 게송을 보면 나옹이 조주의 끽다거喫茶去 선풍을 가장 잘 이어받은 고려 말의 선승임을 잘 알 수 있다.

3. 서민들의 차생활

1) 다점茶店과 다시茶市

서민들이 수시로 차를 사서 마실 수 있으려면 차를 살 수 있는 시장이나 다점이 있어야 한다. 15세기 말 신숙주가 일본의 실정을 돌아보고 성종에게 보고로 올린 『해동제국기海東諸國記』에는 "길거리에 돈 한 전에 차한 모금을 파는 다점"이 있었음을 적고 있다. 우리나라에는 고려시대에이미 다점이 있었다고 한다.

다점은 일반백성들이 차 제품을 사거나 차를 사서 마시는 집이다. 고려인에게 차는 생활 속 일상이었기 때문에 언제 어디서든 마실 수 있는 곳에 있었고, 집집마다 차가 있었다. 고려 중기의 문신 임춘林春의 시에서다점에 대한 서술을 찾을 수 있다.

몸을 던져 평상에 누워 문득 이 몸 잊었더니.	頹然臥榻便忘形
한낮 베개 위에 바람드니 잠이 절로 깨는구나.	午枕風來睡自醒
꿈속의 이 몸은 머물 곳이 없어라	夢裡此身無處着
건곤이란 도무지 이 한 장정인 것을	乾坤都是一長亭
빈 다락에 꿈을 깨니 정히 넉점일세,	虛樓罷夢正高春
흐릿한 두 눈 먼 봉우리 보노메라.	兩眠空濛看遠峰
누가 알리 유인의 한가한 멋을	誰識幽人閑氣味

한 자리 봄잠이 천종에 맞먹느니.　　　　　　　　　一軒春睡敵千鐘

　민간의 다점에 대해 목종 5년(1002)에 한언공이 올린 상서에 다음과 같은 기록도 있다.

　　화폐를 사용하고 거친 베의 사용을 금해서 세속을 놀라게 하니, 나라
　　의 이익을 쫓는 것이 아니라 민중의 원망만 일으키게 됩니다. 그러니
　　다점이나 주점 등 여러 상점에서 교역할 때 돈을 사용하는 방법 외에,
　　이전처럼 백성들이 개인적으로 서로 교역하도록 토산물을 임의로 사용
　　하게 하십시오.

　다점은 그 당시 일반 백성도 자유롭게 차를 마시고 살 수 있는 상점으로 알려져 있다. 그곳에서 화폐 대신 베를 사용할 수도 있었던 모양이다. 여기서 주목할 만한 것은 당시 다점과 주점이 구분되어 있다는 것을 확인할 수 있다. 19세기 초에 간행된 금강산 지도에는 22곳의 휴게소를 다점이라고 표기하였다.[3] 그 부근만 해도 다점이 22곳이나 되는데, 이를 미루어 보아 다점이 전국에 확산되었다는 것을 짐작할 수 있고 당시 인구에 비해 대단히 많은 차가 생산되고 판매되었다는 것을 알 수 있다.
　이규보의 시詩에서도 다점에 대한 서술을 찾을 수 있다.

　　늘그막에 세월을 보내긴 맛 좋은 술뿐이요.　　　　送老唯芳酒
　　사람을 놀래는 건 철 늦은 꽃이로다.　　　　　　　驚人忽晚花
　　악수에게 차를 빌리고　　　　　　　　　　　　　　乞茶憑岳叟

3　정영선, 『한국 차문화』, 너럭바위, 2003, 112쪽.

이웃집의 대나무 구경한다.   看竹懶隣家

　위의 시詩를 보면, 이규보가 이웃집에서 걸다乞茶한 것을 볼 수 있다. 이 점을 미루어 보아 일반적인 가정에서도 차를 소지하고 있었다는 것을 알 수 있다. 또 고려와 송의 차무역도 활발해 상인들이 송나라 차를 가져와 팔았고, 송의 배가 서쪽으로부터 큰 바다를 횡단하여 오면 큰 독에다 물을 싣고 가서 차와 쌀을 바꾸기도 했다. 그러므로 고려인들은 차를 즐겨 마셨고, 차생활 문화가 전반적으로 확산되었다는 것을 짐작할 수 있다.

　한편, 개성에는 민간인을 위한 차가게, 즉 다점茶店이 마련되었다. 다점에서는 차 이외에 달인 대용차를 판매하였는데, 낮잠도 자는 휴게소였던 것 같다.

2) 다원茶院

　고려는 음다왕국이라 불릴 정도로 차 소비가 많았다. 중형을 내릴 때 왕과 신하가 차를 마시는 중형주대의에서 차를 통해 말의 책임을 다하고 공정한 판결을 기했다. 다방관리들은 다시에 참석하거나 다원, 객관, 다점 등에서 수시로 차를 마셨고 일반 백성들도 차를 즐겨 마셨으므로 그 수요도 많았을 것이다.

　통일신라의 다연원에서 설명하였듯이 다원은 여행자들이 차를 마시는 휴게소와 숙박시설을 겸하는 제도였다. 역원제도가 마련되어 전국에 출장가는 관리들을 위한 국영여관 시설로서 원이 설치되어 있었다. 그 중에서 좋은 샘물이나 정자 또는 차가 유명한 지역을 다원이라 했다. 의종이 귀법사에 행차하였다가 고개마루의 달령 다원에 들러 홀로 기둥에 기대어 간신이 많고 충신이 없음을 한탄하기도 했다.

조선시대에 편찬된 『동국여지승람』에 기록된 고려의 다원은 다방원茶方院(경북), 다견원茶見院(경남), 다정원茶井院(황해), 다정원茶亭院(충남과 경북) 등이다. 평안남도에는 다원리茶院里라는 지명도 있었다.

원은 신라 때부터 있었으며 고려 전기에는 성하였으나 외딴 곳에 있거나 사용자가 국한되어 있었기 때문에 중엽부터 쇠퇴하였다. 말기에는 관리가 아닌 상인이나 나그네도 쉬어가고 잠자는 곳이었다. 간혹 불심이 깊어 적선하는 사람들이 원관을 마련하기도 했다고 한다.

이규보가 덕연원德淵院에서 쓴 글을 보면 멋진 다원의 풍경을 상상할 수 있다.[4]

    푸른 호수는 맑은 물이 넘실거리고
    …(중략)…
    물가 난간에 기대어 서늘함을 즐기며
    멀리 구름 위로 솟은 봉우리를 바라보네
    늙은 승려들이 할 일도 많구나
    차를 품평하고 또 샘물 품평하려니

이규보는 이 글에서 승려들이 다원에서 차를 마시며 품평까지 하는 한가로운 모습을 그리고 있다.

4 위의 책, 110~111쪽.

제7장

조선전기의 차문화

1. 다례 개념과 분류

1) '다례茶禮'의 사전적 의미

'다례'의 개념을 정리하기 위해 기존의 서적에 등장하는 정의를 정리해 보았다. 조선후기 한창 백과사전의 편찬이 유행하던 시기에 유희柳僖 (1773~1837)는 『물명고物名考』(1820)에서 "다례茶禮 는 삭망朔望에 사당祠堂에 헌다獻茶하는 것인데, 주 부主婦가 점다點茶하여 바친다."라고 했다. 다례 가 삭망마다 조상을 모신 사당에 차를 우려 바치 는 것이라고 정의한 것이다. 이 책은 동물·식 물·광물의 이름과 그 성질을 기록한 박물지博物 志 중 대표적인 것으로 꼽히는데, 19세기 초 당시 다례의 모습을 제사다례祭祀茶禮를 중심으로 파악 하고 있다.

1930년대 사학자이며 언론인이었던 문일평文一

유희의 물명고 차와 관 련된 다양한 용어를 해설 하고 있다. 茶禮는 조상 의 사당에 차를 점다하여 바치는 것이라고 하였다.

平(1888~1939)은 『다고사茶故事』를 『조선일보』에 연재하면서 '다례茶禮'를 다음과 같이 정의하였다.

> 다례茶禮란 무엇인가 하면, 명일名日에 사자死者를 제사祭祀하는 약례略禮라고 조선어사전朝鮮語辭典에는 적혀 있다. 그러나 나의 본 바에 의하면 사자死者를 제사祭祀하는 약례略禮 뿐 아니라 생자生者를 공대供待하는 약례略禮도 역시 다례라고 칭한다.

당시에 쓰이던 사전인 『조선어사전朝鮮語辭典』에 다례를 간략한 제사로 풀이한 것과 다르게, 문일평 자신은 '다례'가 사자死者에 대한 제사란 뜻만이 아니라, 생자生者를 정성스럽게 대접하는 의례라는 뜻으로도 쓰이고 있

조선어사전 삭망과 명절의 낮에 행하는 간략한 제사를 다례라고 하였다. 1920년대에 茶禮를 '차례'라고 발음하였음을 보여준다.

다고 덧붙이고 있다. 다만 두 경우가 모두 간소화된 의례라는 것을 밝히고 있다.

1920년 조선총독부가 편찬한 『조선어사전』에는 "茶禮(차례)는 매월 삭朔과 망望을 비롯한 특정한 절기의 낮에 행하는 간략한 제사祭事"라고 정의하였다.

1920년대 사전에는 차례가 매월 1일과 15일 및 명절날 낮에 행하는 간략한 제사라고 되어 있다. 조선후기 유희가 내린 정의와 거의 비슷하다. 그런데 삭망에 조상에게 제사지내는 것이라는 점은 같지만, 특정한 절기에 지내는 제사도 있다는 것과 낮에 지낸다는 말을 명시한 것이 유희의 정의와 다르다. 유희의 정의에서 시간을 명시하지 않았기 때문에, 당시의 차례도 낮 제사를 의미하는 것인지도 모른다. 만약 그렇다면, 세종 때부터 있

었던 주다례晝茶禮의 경우와 비슷한 면이 있다. 또한 삭망과 절일節日에 제사 지낸다는 점으로 보아서는 별다례別茶禮가 차례로 정착한 것으로 볼 수도 있을 것이다. 이 사전의 내용에서 또 하나 주목할 점은 이런 경우의 '茶禮'를 한글로 '차례'라고 발음한다는 것을 분명히 밝히고 있다는 것이다.

1980년에 편찬된 『민중엣센스국어사전』에는 '茶禮'를 좀 더 구체적으로 설명하였다. "① 매달 초하루, 보름, 명절과 조상의 생일에 간단히 지내는 제사. ② 중국의 사신을 맞아 임금이 차를 대접하던 의식."이라는 설명이 그것이다. 여기에서 전자는 조상에 대한 제사이고 후자는 귀빈에 대한 접대의 개념이다.

1996년 편찬된 『두산세계대백과사전』에는 '茶禮'가 두 가지 음과 훈에 따라 뜻이 달라진다고 '다례'와 '차례'를 구별하여 설명하고 있다.

> 다례茶禮 tea ceremony : 사람과 신불神佛에게 차를 달여 바치는 예의범절. 다례는 차를 마시는 것을 중점으로 하는 예의범절, 즉 예禮나 몸가짐 그리고 차와의 조화를 중심으로 한 분위기와 지식 등을 일컫는 것이다.

> 차례茶禮 : 음력 매달 초하룻날과 보름날, 명절날, 조상 생일 등에 간단히 지내는 제사. 차례는 원래 다례라고 하여 문자 그대로 차茶를 행할 때의 모든 예의범절을 뜻하는 말이었으나, 지금은 다례라 하면 옛날 궁중의 다례나 불교의 다례 등을 뜻하는 말이고, 차례는 명절에 지내는 속절제俗節祭를 가리킨다. 또한 차례자체도 지방에 따라 다르지만, 대개 정월 초하룻날과 추석에만 지내는 것이 관례로 되었다.

이상의 서술을 종합하여 '茶禮'를 정의해 보면, 상대방에 대한 정중한 예의범절을 갖추어 공경할 대상에게 차를 바치는 일이라 할 수 있다. 그리고 '茶禮'의 공경 대상은 생자뿐 아니라 사자도 포함하는 것으로 해석되었는데, 최근에는 양자가 각각 '다례'와 '차례'로 분화되어 발음하게 되었다고 결론지을 수 있다.

2) 다례茶禮의 분류에 대한 기존 학설

위에서 고찰한 바에 의하면, 다례는 생자와 사자를 공경스럽게 대접하는 약례라고 했다. 이러한 다례를 그 공경 대상에 따라 나누어 보면, 산 사람에 대한 예와 죽은 사람에 대한 예로 대별해 볼 수 있다. 이 대분류에 대해서는 대부분의 학자들이 동의하지만, 다례에 대한 소분류와 명칭에 대해서는 학자들 사이에 다양한 의견이 제시되고 있다.

정상구는 "행다법은 크게 나누어 불교식 행다법과 유교식 행다법으로 나눌 수 있고, 또 그 내용의 질에 따라 실용다법, 생활다례, 의식다례로 나눌 수 있다."고 하여 다례를 유교식과 불교식으로, 또 다른 분류방식으로는 실용과 생활다례와 의식다례로 나누었다. 의식다례는 다시 추모헌다례, 접빈다례, 경축다례로 나누었다. 이 분류에서 제사다례는 별도로 언급하고자 했을 것으로 짐작된다.

김명배는 『다도학茶道學』에서 다례를 조정의 다례, 불교·유교·도교의 종교적 다례, 손님맞이 다례로 구별하여 서술하였다. 조정 및 왕실의 다례와 각 종교별 다례, 접빈다례로 대별한 셈이다. 이 경우에도 제사다례에 대한 언급은 없다.

국가지식포털에서는 "다례는 목적에 따라 일상 차내기, 접빈다례, 의식다례로 나눌 수 있다."고 하여 의식다례를 독립시켜 서술하였다. 명원문화재단은 "조선시대 조정과 왕실의 다례에는 회강다례, 사신맞이 다례, 왕실의 다례로 구분해 볼 수 있다."고 하여 주로 궁중의 다례를 정리하였다. 물론 여기에도 제사다례에 대한 언급은 따로 있을 것으로 여겨진다.

최근에 와서 제사다례를 중요한 다례의 개념으로 파악하는 경향이 나타났다. 정영선은 "다례는 그 목적이 차 접대로서 산 사람의 음용을 위한 생활다례와 사자나 신명神明을 위한 제전祭奠다례 두 가지로 나누어진다." 고 하여 다례를 생활다례와 제전다례의 두 가지로 분류하였다. 또한 고려 의 다례를 정리하면서 궁정다례宮廷茶禮·의장군사다례儀仗軍士茶禮·시학 다례視學茶禮를 묶어 의전다례儀典茶禮라고 칭하였는데, 이것이 의식다례와 유사한 개념이다.

진복선은 다례를 제사다례와 접빈다례로 나누어 공통점과 상이점에 대해 연구하였는데, 제사차례와 접빈다례는 같은 뿌리에서 나온 것으로 유사점이 많다고 주장하였다. 의식다례는 의식을 갖추어 지내는 다례로 서 고려시대는 다의茶儀라고 칭하였다고 덧붙였다. 이은주는 고려의 의식 다례를 규명하면서 접견다례, 영칙다례, 책봉다례로 나누기도 하였는데, 이 분류에 따르면 팔관회와 연등회, 뒷시대에 나오는 왕실제사는 어디에 도 넣기가 곤란해진다. 오양가는 한국의 다례를 시대별로 정리하면서 불 교다례, 접빈다례, 의식다례 등 다양한 용어를 사용하였다. 특히 여기에 서 고려의 길吉·흉凶·빈賓·가嘉의 사례四禮와 조선의 길吉·흉凶·가 嘉·빈賓·군軍의 오례五禮를 의식다례로 규정하였다. 그러나 의식다례에 서는 흉례와 관계되는 것을 주로 다루고 있고, 사신을 맞이하는 다례는 따로 접빈다례에서 다루고 있어서 분류항목이 겹치거나 항목의 위계가 맞지 않음을 보이고 있다.

위의 분류 방식 중 '의식다례'라는 용어를 사용한 경우는 정상구·국가 지식포털·진복선·이은주·오양가 등인데, 저마다 분류의 위계와 내용 이 각각 다르다. 이는 개념 정립이 제대로 되어 있지 않기 때문이다. 따라 서 의식다례의 위계와 내용 정립이 절실히 요구된다고 하겠다.[1]

---

1 박정희, 「다례의 분류에 관한 시고」, 『차문화학』 10집, 국제차문화학회, 2009.

2. 왕실과 조정의 차

1) 연조정사의宴朝廷使儀

자리배치　영접 도감迎接都監에서 사자使者의 좌석을 태평관太平館 정청正廳의 동벽東壁에 서향하여 설치하고, 조선 왕의 좌석을 서벽西壁에 동향하여 설치하고, 향안香案을 북벽北壁에 설치하고, 사준원司樽院에서 주탁酒卓을 정청 안에 남쪽 가까이 북향하여 설치한다.

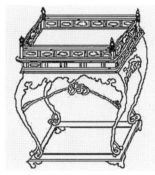

의례 절차 1 - 다례茶禮　사준 제거司尊提擧와 사옹 제거司饔提擧 2인은 다병茶瓶과 과반果盤을 각각 받들고 나아간다. 사준 제조司尊提調가 종鍾에 차茶를 받아 꿇어앉아 왕에게 올리면, 왕이 종鍾을 쥐고 정사正使와 부사副使 앞에 나아가서 차를 건넨다. 정사가 종鍾을 받아 임시로 통사通事에게 준다. 제조가 또 종으로써 차를 받아 서서 정사에게 올리면, 정사가 종을 쥐고 왕 앞에 나아가서 차를 올린다. 왕이 종을 쥔다. 정사가 임시로 통사에게 주었던 차종을 도로 쥔다. 사자가 좌석에 나아가고, 왕이 좌석에 나아가서 차를 든다.

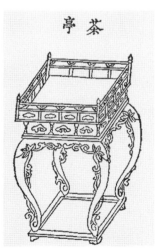

처음에 차를 들고 이를 마치려 할 때, 사옹 제거는 서서 사자에게 과실을 올리고, 제조는 꿇어앉아 왕에게 과실을 올린다. 이를 마치면 모두 쟁반을 가지고 나간다.

의례 절차 2 - 주례酒禮　사준 제거 2인이 주정酒亭의 동쪽·서쪽에 나누어 서고, 제조提調 이하의 관원은 따로 주정의 뒤에 선다. 전악典樂이 가자歌者와 금슬琴瑟을 타는 사람을 거느리고 들어와서 동계東階·서계西階의 아래에 서면, 음악이 시작된다. 사준 별감司尊別監 4인이 각각 어주御酒 담은 그릇을 받들어 올리고는, 월대月臺 아래에 나아가서 북향하여 서면, 제조 4인이 나와서 월대 위에 나아가 차례대로 전해 받들고 들어가서, 소정小亭에 담아 드린다. 제조提調는 과실 쟁반을 받들어 왕 앞에 올리기를 모두 다례茶禮 같이 하는데, 과실 쟁반을 올리려 할 때에 음악이 시작된다.

사준 제조司尊提調가 잔盞에 술을 받아 꿇어앉아 왕에게 올리면, 왕이 잔을 쥐고 정사 앞에 나아가서 읍揖하고, 제1잔의 술을 올린다. 정사가 잔에 술을 받아 왕에게 건넨다. 왕이 잔에 술을 받아 부사에게도 똑같이 건넨다. 사옹 제거가 과실 쟁반을 정사正使 앞에 서서 올린다. 이와 같은 방식의 주례를 세 번 행하며, 술잔을 주고받을 때와 같이 술을 들 때는 서로에게 읍을 한다.

찬안饌案과 화반花盤을 연이어서 바친다.

2) 기타 빈례

왕세자 연조정사의　국왕 대신 왕세자가 조정의 사신에 연회를 베푸는 의식다례

종친 연조정사의　국왕 대신 종친이 조정의 사신에 연회를 베푸는 의식다례

수인국서폐의受隣國書幣儀　인국隣國(여진, 일본, 류큐)의 서폐書幣를 받는 의식

연인국사의宴隣國使儀　교린으로 지내는 이웃나라(여진, 일본, 류큐) 사신을 연회하는 의식

연조정사의 재현 행사
1980년 12월 세종문화회관에서 명원다회가 주최한 한국전통의식다례발표회에서 연조정사의가 재현되었다. 명원문화재단

3) 조선의 독특한 다례

주다례晝茶禮 인산因山 뒤 삼년상 안에 혼전魂殿이나 산릉山陵에서 낮에 행하는 간략한 제사.

별다례別茶禮 명절, 초하루, 보름, 동지 등 절일과 특별한 일이 생겼을 때 드리는 차례.

회강다례會講茶禮 회강會講이란 왕세자가 한 달에 두세 번 스승과 시강원侍講院의 정1품 관리와 빈객을 모아놓고 경서經書와 사기史記를 강론하던 일이다. 회강을 마치고 나면 참석자들이 음식을 서로 나누고 헤어지는데, 더러는 술과 과일이 되기도 하고, 더러는 술 대신 차를 나누기도 했다. 『세종실록』에 이에 관한 내용이 있다.

> 세자의 사부와 빈객 등의 6월 회강에는 다례만 행하게 하다.
> 승정원에 전지하기를, "매월 초1일, 11일, 21일은 세자의 사부와 빈객
> 이 모여서 진강進講하고 인하여 주과酒果를 베푸나 더울 때 술을 마시면
> 땀이 나서 병이 나게 된다. 사부가 세자에게 술잔을 바치면 세자기 부
> 득이하여 마시고, 서연관도 부득이 마시게 되니, 6월에는 회강을 없앨
> 것인가, 비록 회강을 할지라도 다례茶禮만 행할 것인가.

회강에 참여하여 세자를 가르친 스승은 임금이 내려주는 술을 마시는 것이 보통인데, 더운 여름에는 술 대신 차를 대접하는 다례茶禮만 베풀었다는 내용이다.

3. 조선전기의 다가茶家

1) 함허 기화涵虛 己和(1376~1433)

조선 초기의 배불정책 속에서 불교를 수호한 고승이다. 충주출신으로 성은 유劉씨. 호는 득통得通, 당호는 함허涵虛. 처음 법명은 수이守夷이며, 처음 법호는 무준無準이다. 21세 때 관악산 의상암에 들어가 승려가 되었고, 1397년 회암사檜巖寺로 자초自超를 찾아가 법요法要를 들은 뒤 여러 산을 두루 편력하였다. 1404년(태종 4) 다시 회암사로 돌아와 정좌靜座하고 수행을 시작하여 크게 깨우쳤다. 그 뒤 대승사大乘寺, 월정사月精寺, 대자사大慈寺, 정수사精修寺에 머물렀고, 1431년 희양산曦陽山 봉암사峰巖寺에서 열반했다.

그가 머물던 회암사, 봉암사 등은 차로 유명한 사찰이다. 어떤 연유에서 차를 마시게 되었는지 모르지만 함허의 차 사랑은 지극한 것 같다. 〈다게송茶偈頌〉이라고 알려진 다음의 시를 보면 그가 차에 얼마나 심취했는가를 알 수 있다.

한 잔의 차는 한 조각 마음에서 나왔으니,	一椀茶出一片心
한 조각 마음은 차에 담겼네.	一片心在一椀茶
이 차 한잔 맛보시게.	當用一椀茶一嘗
한번 맛보면 한량없는 즐거움 생기리니.	一嘗應生無量樂

〈산에서 사는 맛山中味〉에서는 세상과 단절하고 차와 함께 살아가는 도인의 모습이 그려진다.

산은 깊고 계곡은 빽빽하여 찾아오는 사람없어	山深谷密無人到
해가 지도록 쓸쓸히 세상 인연 끊어졌네	盡日嗳嗳絶世綠

낮이면 한가히 산혈에서 나오는 구름을 보고	晝則看雲山穴
밤이 오면 시름없이 하늘의 달을 보네	夜來空見月當天
화로에는 차 달이는 연기가 향기로운데	爐間馥響茶烟氣
누각 위에는 옥전의 연기가 부드럽네	堂上氣氣玉篆煙
인간 세상의 부끄러운 일은 꿈도 꾸지 않고	不夢人間事
다만 선열을 즐기면서 앉아서 세월 보내리	將禪悅坐經年

아무도 오지 않는 산중에 살면서 낮에는 한가롭게 구름을 보고 밤에는 근심걱정 없이 달을 본다. 유유자적한 생활 속에 마시는 차는 감로수甘露水와 다름없을 것이다.

경기도 강화군 화도면 사기리에 있는 함허동천涵虛洞天이 바로 함허가 가부좌를 하고 선을 닦던 곳이다. 하늘만 바라보며 세상과 단절하며 살았던 그의 기상이 느껴지는 곳이다. 바로 주변에는 있는 정수사도 함허가 머무르며 중창한 곳이다. 원래 정수사精修寺는 신라 선덕여왕 때 창건되었는데 조선 세종 때 함허가 산신각 아래에서 솟아오르는 석간수를 발견하고 물맛이 너무 뛰어나자, 이름을 정수사淨水寺라고 바꾸었다고 한다.

이곳의 물맛이 좋다는 것은 다인들에게 이미 소문이 난 터였다. 2010년

정수사 찻샘 함허선사가 정수사를 중수하다가 석간수가 흘러나오는 것을 발견하여 찻샘을 만들었다.

9월 국회에서 열린 세미나에서 일본 잇차안一茶菴의 이에모토 쓰쿠타 잇카佃一桂가 자신의 어머니와 명원 김미희와의 인연에 대해 소개했다. 한일교류를 위해 한국에 온 그의 어머니가 육영수여사에게 한국의 유명한 다인을 소개해 달라고 부탁을 했더니, 김미희를 소개해 주었다. 그때 김미희는 한국다례에 대해 설명을 하고 나서 한국 다인들은 물에 대해 깊은 관심이 있다면서 정수사에 일본인들을 모시고 가서 그

물로 차를 달여 대접했다고 한다. 그의 어머니는 정수사의 물맛이 하도 달고 좋아서 늘 아들에게 자랑을 하곤 했다고 한다. 그만큼 정수사의 물 맛은 국제적으로도 이름이 나 있다.

2) 김종직金宗直(1431~1492)

김종직의 본관은 선산. 자는 계온季昷·효관孝盥, 호는 점필재佔畢齋이다.

함양과 선산 두 임지에서 근무하는 동안 주자가례朱子家禮에 따라 관혼 상제를 시행하도록 하고, 봄·가을로 향음주례鄕飮酒禮와 양노례養老禮를 실시하는 등 성리학적 향촌질서를 수립하는 데 주력했다. 「조의제문弔義帝 文」에서 세조의 왕위 찬탈을 비판하였는데, 뒷날 이것을 사초에 실은 것이

무오사화의 발단이 되었다. 김굉필金宏弼·정여창鄭汝昌·이승언李承彦·
홍유손洪裕孫·김일손金馹孫 등 여러 제자들을 길러내어 사림파의 비조가
되었다. 김종직은 16세기 중반에 확립된 조선 성리학의 도통道統의 중심
에 있는 인물이다. 도통은 정몽주 - 길재 - 김숙자 - 김종직 - 김굉필·정
여창 - 조광조 - 이언적 - 이황으로 연결된다. 밀양의 예문서원에 제향되
어 있다.

그가 함양군수로 있을 때 백성들의 차세를 덜어 주기 위해 관영 차밭을
만든 일화는 유명하다. 그는 당시 차로 인해 수탈 받는 민중들의 아픔을
이렇게 적고 있다.

관영차밭조성터기념비 김종직이 관영차밭을 조성하여 애민을 실천했던 곳에 1998년 기념비를 세웠다.

김종직의 '차밭' 시 관영차밭 조성터 기념비 뒷면에 김종직의 시 '차밭'이 적혀있다.

상공할 차가 이 고을에서는 나지 않는데도 불구하고 해마다 백성들에게 차세를 거두니 백성들은 돈을 가지고 전라도에 가서 차를 샀다. 대개 쌀 한 말로 차 한 홉을 얻었다. 내가 이 고을에 부임했을 때 이러한 폐단을 알고 백성들에게 요구하지 않고 관가에서 스스로 구하여 바쳤다. …(중략)… 엄천사 북쪽의 대숲에 몇 그루의 차나무를 얻게 되어 매우 기뻤다. 그래서 나는 그 땅에 차밭을 가꾸도록 하고 그 부근의 백성 땅을 사들여 관청 땅으로 보상을 하였다. 그 뒤 몇 해만에 제법 번식되어 차밭에 고루 퍼지게 되었으니 4~5년만 더 있으면 상공할 액수를 채우게 될 것이다.

그가 백성들의 어려움을 해결하기 위해 직접 관영 차밭을 가꾸었다는 사실은 현재 공직자에게 상당히 본이 되는 일이다. 현재 당시 관영 차밭 근처에 그를 기념하는 비석이 세워져 있다.

〈섣달 그믐날밤〉

월파어月波魚를 이미 실컷 먹었는데	既厭月波魚
해는 또 당당하게 지나가는구나	堂堂歲又除
같은 말馬을 두고서 시비를 일삼으니	是非同一馬
희로喜怒는 원숭이에게나 맡기려네	喜怒任群狙
돌냄비에는 창자를 씻는 차(명茗)요	石銚澆腸茗
난초등이 켜진 방에는 시렁에 가득한 책이로다	蘭燈滿架書
가는 해는 잡아맬 수 없으니	徂年不可繫
내일은 생각이 어떠할 것인지	明日意何如

이 시에서 그가 독서와 차를 어떻게 조화시키며 살았는지를 알 수 있다. 돌솥에 차를 끓여 책을 읽으며 가는 해를 돌아보고 다시 오는 해에 대한 생각을 정리하는 점필재의 모습이 눈앞에 선히 그려진다.

김시습 초상 유학과 불교, 도교를 넘나들던 김시습은 부여 무량사에서 입적했다. 문화재청

3) 김시습金時習(1435~1493)

김시습의 본관은 강릉. 자는 열경悅卿, 호는 매월당梅月堂·동봉東峰 등이며 법호는 설잠雪岑이다. 신라 알지왕의 후예인 원성왕元聖王의 동생 김주원金周元의 후손이다.

5세에 대학과 중용을 줄줄 외는 천재였기 때문에 세종의 어전에서 시를 지어 총애를 한 몸에 받았으며, 후일 중용하리란 약속과 함께 비단을 하사받기도 했다. 과거준비로 삼각산 중흥사三角山 中興寺에서 수학하던 21세 때 수양대군이 단종을 몰아내고 대권을 잡은 소식을 듣자 그 길로 삭발하고 중이 되어 방랑의 길을 떠났다. 이후 단종에 대한 신의를 끝까지 지키며 벼슬길에 나가지 않고 자연에 은거隱居한 점 때문에 생육신이라 불린다.

경주 남산일대에 은거해 살면서 최초의 한문소설 '금오신화金鰲新話'를 지었으며, 관동지방으로 은둔, 방랑을 하다가 충청도 홍산鴻山 무량사無量寺에서 59세를 일기로 일생을 마쳤다.

매월당의 시에서 차茶를 소재로 또는 주제로 삼은 작품은 70여 수에 이른다. 조선시대에 오면 억불책으로 승려는 수도의 자세로 차를 자가 생산하게 되었다. 그가 경주의 용장사 근처에 살면서 직접 차를 기르며 도인생활을 했다고 짐작되는 시기의 시가 있다.

김시습의 〈양다養茶〉라는 시에 그가 해가림 재배 등 여러 가지를 실험하며 직접 차를 길렀음을 알 수 있다. 그는 관가에서 어린잎 창기槍旗만 취하는 부당함을 지적하기도 했다.

금오신화(상) 김시습이 경주 남산에 은거하면서 지은 한문 소설이다.

용장사 석조여래좌상(하) 김시습이 차를 기르고 만들던 곳이 용장사 근처이다. 좌대가 탑처럼 높다.

해마다 차나무에 새 가지가 자라네	年年茶樹長新枝
그늘에 키우느라 울을 엮어 보호하네	蔭養編籬謹護持
육우의 다경 속엔 빛과 맛을 논했는데	陸羽經中論色味
관가의 공납으로는 창기만을 취한다네	官家榷處取槍旗
봄바람 아직 불지 않아도 싹 먼저 터나오고	春風未展芽先抽
곡우 때가 돌아오면 잎이 반쯤 피어나네	穀雨初回葉半披

작은 동산 한난한 곳을 좋아해 뻗어나가면   好向小園閑暖地

비 때문에 옥같은 꽃 드리워도 무방하리라   不妨因雨着瓊葵

매월당의 이러한 생활은 일본에서 사신으로 온 준초에게 초암차 정신을 전해주어 일본의 초암차와 와비차가 탄생하게 하는 인연이 되기도 했다.

〈준장로와 이야기하며與日東僧俊長老話〉

고향을 멀리 떠나오니 감회가 쓸쓸도 하여   遠離鄕曲意蕭條

옛 부처 산山 꽃 속에서 고적하게 보낸다.   古佛山花遣寂寥

쇠 다관에 차를 달여 손님 앞에 내 놓고   鐵罐煮茶供客飮

질화로에 불을 더해 향을 사르네.   瓦爐添火辦香燒

봄 깊으니 바다의 달 쑥대문에 들어오고   春深海月侵蓬戶

비 그치니 산山 사슴이 약초싹을 밟는구나.   雨歇山麛踐藥苗

선의 경지나 나그네 마음 모두 아담하니   禪境旅情俱雅淡

밤새워 이야기 나누어도 무방하리라.   不妨軟語徹淸宵

이 시에서 나타난 '준장로俊長老'는 일본 국왕 사절로 온 준초俊超인데, 세조 9년(1463) 조선을 방문하여 그 이듬해 봄, 경주 용장사에 머물고 있는 매월당을 찾아가게 된다. 당시 용장사는 작은 초암으로 낮은 지붕과 흙벽, 작은 출입문 하나에 봉창 하나로, 한국의 대표적 초막, 초암의 구조이다. 방안에는 땅화로를 묻고 난방과 취사를 겸하였으며 손님이 오면 차를 끓였다. 이 같은 조선민중들의 오두막과 초당, 승려들의 토굴 등의 주거시설을 일본 승려들이 체험하고 가서 일본 초암차문화로 거듭 태어나게 된다.[2]

<hr/>

2 「다시茶詩를 통해 본 매월당 김시습의 다도관茶道觀」, 『한국불교신문』 2013.07.19.

정간사 김포에 위치한
정간사는 한재 이목을 모
신 사당이다.

4) 이목李穆(1471~1498)

이목의 본관은 전주全州. 자는 중옹中雍, 호는 한재寒齋이다.

사림파의 종조라 할 수 있는 김종직 문하에 들어가 김굉필, 정여창 등
과 동문수학하였다. 무오사화 때 훈구파의 모함으로 조의제문弔義帝文 사
건에 연루되어 김굉필金宏弼・정여창鄭汝昌・김일손金馹孫・권오복權五福 등
과 함께 스물여덟의 젊은 나이에 처형되었다. 1504년 갑자사화 때에 다시
부관참시剖棺斬屍되었다가 1506년(중종 1)에 신원되었다.

김종직의 문하에서 수학하였으므로 한재는 어릴 때부터 차생활을 했던
것 같다. 24세 때 정조사正朝使였던 장인 김수손金首孫을 따라 명에 다녀오
게 되었다. 중국에 가서 육우의 『다경茶經』과 마단림馬端臨의 『문헌통고文
獻通考』 등을 탐독한 뒤 중국차 산지와 유적지를 돌아보게 된 것이 차와의

인연이 깊어진 이유이다. 귀국 후 부賦 형식을 빌어 「다부茶賦」라는 차의 공덕을 노래하는 글을 쓰게 된다. 그는 먼저 서문에 해당하는 「다부병서茶賦竝書」를 통해 자신이 이글을 쓰게 된 배경과 의의를 밝히고 있다. 본문에서는 중국차의 품종과 이름, 차산지 및 그곳의 풍광, 차 달이기煎茶, 차 마시기를 통한 일곱 가지 효과七效, 그리고 차의 오공五功과 육덕六德에 대해 읊고, 다심일여茶心一如의 경지 등을 서술하면서 글을 마무리하였다. 1312자로 된 '다부'는 초의의 「동다송」보다 300여년 앞서고, 분량도 두 배에 달하는 전문다서이다.

한재가 주장한 차의 칠효七效, 오공五功, 육덕六德은 다음과 같다.

차의 일곱 가지 효과七效

1. 첫째 잔을 기울이니 마른 창자가 씻겨 내리고
2. 둘째 잔을 들이키니 상쾌한 혼이 신선과 같네
3. 셋째 잔을 마시니 두통이 사라지고
4. 넷째 잔을 기울이니 웅혼하고 큰마음이 근심과 울분을 날려버리네
5. 다섯째 잔에 색마가 물러가고
6. 여섯째 잔을 비우니 해와 달이 방촌에 뜨네
7. 일곱째 잔은 반도 비우기 전에 울금향이 옷깃에서 배어난다.

차의 다섯 가지 공로五功

1. 갈증을 없애준다.   誰解其渴, 其功一也
2. 울분을 풀어준다.   誰敍其鬱, 其功二也
3. 손님과 주인의 정을 돈독하게 한다.   賓主之情誰協, 其功三也
4. 기생충으로 인한 고통을 없애준다.   三彭之蠱誰征, 其功四也
5. 취한 술을 깨게 한다.   五夜之醒誰輟, 其功五也

차의 여섯 가지 덕성六德

1. 오래 살게 한다.   使人壽修

2. 병을 낫게 한다.   使人病已

3. 기운을 맑게 한다.   使人氣淸

4. 마음을 편안하게 한다.   使人心逸,

5. 신선과 같게 한다.   使人仙

6. 예의롭게 한다.   使人禮

　다부의 최고 경지는 결론부분의 '내마음의 차'이다. "이 또한 내 마음의 차이다. 어찌 다른 데서 구할 수 있으리오是亦吾心之茶 又何必求乎彼也"라는 구절에서 차와 마음이 하나가 되는 '내마음의 차吾心之茶'는 다심일여의 경지로 나아감을 의미한다.[3]

다부 오심지차 다부의 마지막 부분에서 한재는 '내마음의 차'를 결론으로 내세웠다.

3　류건집, 『다부』, 이른아침, 2009, 248쪽.

제8장

조선의 외교의식다례

1. '다례茶禮'의 사례를 통해서 본 '의식다례儀式茶禮'

앞에서 본 바와 같이 다례의 종류나 분류에 대해 여러 의견이 제시되어 있다. 이러한 다례 분류의 시도와 함께 이 글에서 다루고자 하는 의식다례라는 개념을 규명해 보기 위해 역사 기록상에 드러난 다례를 정리해 보았다. 다례라는 용어가 기록에 나오는 사례를 보면, 태종 1년(1401)에 왕이 태평관太平館에서 사신에게 다례를 행한 일이 시초이다.[1] 그러나 다례라고 칭하지는 않았지만 다례라고 여겨지는 사건들이 이전에도 있었으므로, 태종 1년을 기준으로 전·후의 사례를 별도로 정리해 보기로 한다. 여기에 소개하는 것 이외에도 다의례茶儀禮라고 여겨지는 사례가 많지만, 설명하는데 도움이 될 만한 경우만을 다루기로 한다.

---

1 "上如太平館 與使臣行茶禮", 『太宗實錄』 卷一, 太宗 一年 二月 十四日 癸卯, 민족문화추진회, 1974, 197쪽.

1) '다례茶禮' 용어 사용 이전의 다의례茶儀禮

고려시대까지의 다의례는 접대 대상을 중심으로 두 부류로 나누어진
다. 시조나 부처에 대한 다례가 한 부류이고, 손님을 접대하기 위한 다례
가 다른 한 부류가 그것이다. 이상의 두 부류는 다시 좀 다른 잣대로 분류
가 가능하다. 즉 엄격하게 정해진 공식적 의주儀註, 즉 국가 전례典禮의 절
차를 적은 책이나 문서가 있는가의 여부, 형식화되어 객관화되었는가의
여부, 정례화 되었는가의 여부로 다례를 나누어 볼 수 있다.

먼저 신라 경덕왕에 대한 충담사의 다례처럼 임시로 또는 당시의 형편
껏 행하는 경우가 있다. 다음 연등회·팔관회의 진다進茶와 영북조조사의
迎北朝詔使儀처럼 엄격한 의주, 곧 정해진 규칙과 순서에 따라 행해지는 다
례가 있다. 이 경우는 의주가 정해져 있으므로 누가 행례行禮를 하더라도
같은 형식의 의례를 행할 수 있고, 정해진 상황이 되면 반드시 그런 형식
으로 행례를 하게 되어 있다.

이 글에서는 후자의 경우를 '의식다례儀式茶禮'라고 정의하기로 한다. 즉
의식다례란 의식절차가 형식화되고 객관화되어 누가 집전하더라도 동일
한 의식을 행할 수 있는 의주가 마련되어 있고, 정해진 상황에서 반드시
같은 의례를 행하도록 정례화되어 있는 공식적인 다례를 말한다.

〈표 1〉의 ⑤⑥⑦⑧⑨와 같이 『고려사高麗史』 「예지禮志」라는 공식 기
록에 의주가 남아 있는 경우는 분명히 의식다례의 범주에 속한다. 시조나
부처에게 제를 올리는 경우는 정확한 의주가 남아 있지는 않지만, 나름대
로 형식화, 정례화 되어 있었지 않을까 추측된다. 하지만 공식적인 의주
가 마련되지 않았거나, 극히 사적인 의주가 있었을 것으로 보아, 의식다례
로 분류하기에는 한계가 있다. 사포나 충담사의 차 접대처럼 지극히 개인
적이고 불시不時에 이루어지는 다례는 의식다례라고 할 수 없다. 의식다례
는 격식이 엄하게 정해져서 명문화된 기록이 남아 있기 때문에, 이 방면

의 연구에 큰 도움이 되고 있다.

〈표 1〉 '茶禮' 용어 사용 이전의 茶儀禮

시행된 다례의 내용	다례의 대상	다례의 목적	정례화/儀註 존재 여부
① 갱세급간의 시조 제사	시조신	시조 숭배	정례화(추측)
② 사포 원효에게 차공양	스승	윗사람 공경	
③ 보천・효명태자의 헌다	문수보살	부처(보살)에 헌다	정례화(추측)
④ 충담사의 다례	미륵세존	부처에 헌다	정례화(추측)
	경덕왕	윗사람 공경	
⑤ 연등회・팔관회의 進茶	왕과 신하 상호	윗사람 공경 손님 접대	정례화, 의주 존재
⑥ 태후・왕비・왕태자 册封儀, 공주下嫁儀	左同	윗사람 공경	정례화, 의주 존재
⑦ 迎北朝詔使儀	조서 가져온 사신	국빈 접대	정례화, 의주 존재
⑧ 大觀殿 宴群臣儀	왕과 신하 상호	윗사람 공경 손님 접대	정례화, 의주 존재

2) '다례茶禮' 용어 사용 이후의 다의례茶儀禮

'茶禮'라는 용어가 쓰이기 시작한 조선 태종 1년(1401) 이후부터 다례의 사례가 더 많이 관찰된다. 〈표 2〉에서 보는 바와 같이 전시대보다 개인 간의 사적인 다례가 빈번해지고, 회강다례會講茶禮 같은 특수한 의식도 생겨났다. 또한 중국 사신에 대한 다례는 앞 시대보다 더 다양하게 의식화되는 양상을 보였다.

이때 새로 만들어진 주다례晝茶禮와 별다례別茶禮는 전시대는 물론 중국에도 없는 조선 특유의 것이며, 특히 별다례는 그 전통이 오늘날까지 이어져 차례로 정착되었다. 의식이 얼마나 엄격하게 정형화되고, 정례화 되었느냐를 기준으로 의식다례를 규정해 본다면 전시대와 비슷한 양상의 의식다례가 발견된다. 〈표 2〉의 ①⑤⑥⑦과 같은 외교적인 의식다례가 많이 행해졌고, ⑧의 주다례와 ⑨의 별다례라는 제사다례가 새로운 의식 다례로 자리 잡게 되었음을 알 수 있다.

〈표 2〉'茶禮' 용어 사용 이후의 茶儀禮

시행된 다례의 내용	다례의 대상	다례의 목적	정례화/儀註 존재여부
① 태종의 태평관 방문 다례	중국 사신	국빈접대	정례화, 의주존재
② 왕자가 대신의 집 방문시 다례	빈객 상호	私的손님접대	
③ 세자 會講 時의 다례	사부 세자 상호	스승 접대	
④ 남효온의 접빈 다례	손님	私的손님접대	
⑤ 迎勅書儀·迎詔書儀	칙서(조서)를 가져 온 사신	국빈 접대	정례화, 의주존재
⑥ 宴朝廷使儀	왕과 사신 상호	국빈 접대	정례화, 의주존재
⑦ 하마연·전별연 등 연회다례	왕과 사신 상호	국빈 접대	정례화, 의주존재
⑧ 주다례-居喪기간 점심제사	왕실의 亡者	亡者 공경	정례화, 의주존재
⑨ 별다례-名日·忌日의 특별제사	왕실의 亡者·神明	亡者 공경 국태민안기원	정례화, 의주존재
⑩ 이의현의 접빈 다례	손님	私的손님접대	

이상에서 볼 때 다례를 행하는 주체를 기준으로 분류했던 왕실다례, 조정다례, 개인다례 등의 분류방식이나, 다례의 객체를 기준으로 접빈다례와 제사다례로 분류하던 방식과 별도로 의식다례를 따로 분류해 볼 수 있다. '의식다례'는 엄격하게 정해진 순서나 규칙이 형식화되어 의주에 기록되어 있고, 그것이 일회성에 그치지 않고 정례화되어 있었나를 기준으로 분류해 낸 경우이다. 즉, 고려의 길吉·흉凶·빈賓·가嘉의 사례四禮와 조선의 길吉·흉凶·가嘉·빈賓·군軍의 오례五禮처럼 국가의 의식으로 정리

된 경우가 많다. 의식다례를 다시 분류하여 왕실에서 행해졌던 책봉의식 같은 국가 행사나 약식화된 왕실제사를 크게 한 부류로 볼 수 있다. 또한 국빈을 맞이하여 정해진 접대의식을 행하는 외교적 의식다례를 다른 한 부류로 볼 수 있다.

2. 조朝·청淸 외교의식다례

1) 청 사신에 대한 조선의 다례

조선후기 경제 상황을 잘 보여주는 대표적인 저술인 『만기요람萬機要覽』 에서 청나라 사신을 접대하는 다례 또는 연회를 다음과 같이 소개하였다. 조선초기와 다른 점을 발견할 수 있다.

> 칙사가 입경한 다음날에 하마연下馬宴을 베풀고, 그 익일에는 익일연翌日宴을 베풀며, 또 익일에는 인정전청연仁政殿請宴을 베푼다(이상은 왕이 親臨함). 또 익일에는 회례연回禮宴을 베풀고, 또 익일에는 별연別宴을 베풀고, 회정回程할 임시臨時에는 상마연上馬宴을 베풀고(이상은 宰臣이 대행함), 회정일에는 전연餞宴을 베푸니(왕이 郊外에 친임함), 합하여 7차례가 되었었는데, 근래에는 많이 정감停減하고, 3차례만 행한다. 인정전청연, 관소연館所宴·교외전연郊外餞宴. 만일 마침 재일齋日이면 다례茶禮로 대행함. 연회의 명칭과 도수次數는 매양 임시臨時하여 가감하고 진최進退하는 예가 많음. 중간에 또 별다담別茶啖·별병別餠 및 반배盤排가 있다.

만기요람 재용편 조선 후기 청 사신 접대에는 7차례의 공식 연회가 있었으나, 순조 때에는 3차례로 줄여서 행하게 되었다. 연회일이 재일과 겹치면 다례로 대행했다는 기록도 보인다.

창덕궁 인정전 창덕궁은 원래 별궁이었으나, 임진왜란으로 경복궁이 불타고 난 후부터 정궁으로 사용되었다. 인정전에서 중국사신을 맞이하는 청연이 열렸다.

중국사신을 위한 연회나 다례는 규정상 모두 7차례 열리게 되어 있었다. 처음 도착한 날로부터 3일 동안 잇달아 하마연, 익일연, 인정전 청연이 열렸다. 이 세 번의 연회와 교외에서 마지막으로 사신을 전송하는 전(별)연은 중요행사이기 때문에 왕이 직접 참석하였다.

이밖에 칙서나 조서에 대한 답례로 열리는 회례연에 이어서 그 다음날에 별연, 또 그 다음날에 상마연도 베풀어졌다. 이것은 전자에 비해 중요성이 좀 덜하므로 왕 대신 재상宰相이 참석하여 연회를 주관하였다. 7차례 정해진 연회는 때에 따라 횟수를 가감하여 열 수도 있었다. 순조 이후가 되면 청에 대한 사대의 예가 좀 느긋해져서 연회를 3번 정도로 줄여서 열었음도 확인할 수 있다.

또한 정식 연회와는 별도로 사신의 숙소를 방문할 때마다 수시로 차와 다과, 떡 등을 대접하기도 하였다. 여기에는 별다담別茶啖·별병別餠 및 반배盤排 등이 있었다. 이와 같은 의식다례는 일본 측의 조선 사신 접대와 비슷한 모습을 보이고 있다. 다만 조선이 청을 대국으로 인식하여 사대事大를 표방한 것과 달리, 일본은 조선에 대해 교린의 예로 대했기 때문에 의식의 내용과 공손함의 정도 차이는 분명히 존재했을 것이다.

한편, 위의 기록을 통해 다례와 연회와 관련된 중요한 사실을 발견할 수 있다. 즉 "인정전 청연, 관소연館所宴, 교외전연郊外餞宴이 열리는 날이 근신해야 하는 재일齋日과 겹치면 연회를 열어 음주가무를 할 수 없으므로 다례로 대신하였다."고 하였는데, 다례를 연회의 간략한 형태로 파악하고 있는 모습이다.

2) 연행사에 대한 중국의 다례

중국에 갔다 온 사행록은 조천록朝天錄과 연행록燕行錄의 두 가지 명칭으로 불린다. 명에 대한 사대의식으로 '천자를 뵙고 왔다'는 뜻으로 조천록이라고 하고, 청나라 때는 오랑캐의 도시 연경燕京(北京)을 갔다 왔다는 뜻으로 연행록이라고 한다. 중국사행 일행은 정사·부사·서장관의 삼사三使를 포함하여 30여 명에서 수백 명이 되기도 했다. 이런 기록에서 당시 중국의 의식다례 모습을 살필 수 있다.

조선에 대한 청의 접대는 하대下待하는 상황이므로 연행록에 이에 관한 기록이 소략하다. 중국황제를 배알하는 조참의식朝參儀式이 끝나고 나면 황제가 술과 밥·차를 하사하고, 예부의 주객청리사主客請吏司가 조선사신을 접대하였다. 청에는 '다례茶禮'라는 말이 따로 없고, 설다設茶·사다賜茶·끽다喫茶라고 하여 차를 베풀거나 하사했다는 내용만 있다. 또한 의식용으로 차를 먼저 마신 것이 아니고 술과 밥과 차를 동시에 하사하고 있다. 이를 통해 볼 때 중국에서는 차를 마시는 것이 별다른 의식이 아니고 일상 생활화되어 있었음을 알 수 있다.

서호수徐浩修의 『연행기燕行記』에 보이는 의식다례의 모습을 보면 다음과 같다.

> 문무 동서반과 조선·안남의 사신과 대만의 번도 아 위에서 일고두一叩頭의 예를 행하고 앉는다. 황상이 차를 내주면 왕공, 태학사와 문무백관이 그 앉은 자리에서 일고두의 예를 한다. 명찬관鳴贊官이 흥興하면 모두 일어나고 계하階下에서 정편靜鞭이 세 번 울리면 중화소악中和韶樂이 연주되다가, 황상이 들어가면 주악이 그친다.

황제가 차를 내주면 백관과 사신들은 모두 일고두一叩頭를 하고 마시고, 시위侍衛가 또 차를 주면 일고두 하고 나서 마시고 그 뒤에 다시 일고두를 했다.

3. 조朝·일日 외교의식다례

1) 일본 사신에 대한 다례

조선이 일본을 접대하는 것은 교린의 예에 해당하기도 하고, 조선이 일본을 자신보다 더 낮은 나라로 인식했기 때문에 중국 사신에 대한 접대와는 달리 비교적 간소하게 접대하였다. 임진왜란 이후에는 일본사신이 입국하여도 서울까지 상경할 수 없게 하였는데, 일본사신의 왕래 길이 왜란 때 침략의 경로로 사용되었기 때문에 더 이상 국토를 개방할 수 없다는 이유에서였다. 따라서 일본 사신은 부산에 머물면서 동래부사를 통해 조선의 국서를 전달 받았다. 동래부사가 주관하는 다례茶禮儀, 서울에서

왕을 법는 대신 전패殿牌를 모신 객
사에서 행하는 왜사숙배식倭使肅拜式,
동래부사가 주관하는 연향의宴享儀 등
의 접대의식이 있었다.

『증정교린지增正交隣志』 3권에 보이
는 다례의의 모습은 다음과 같다.

동래부사접왜사도의
연향의 부분 왜관의 연
향청에서 열리는 연향은
동래부사가 주관하였다. 조
선 측이 동쪽, 일본 측이
서편에 자리하였고, 기생
의 정재 춤 장면이 보인
다. 국립중앙박물관

　　동래 부사와 부산 첨사가 먼저 연
향대청의 동상방東上房에 이르면 훈
도訓導가 송사送使의 정관正官 이하
를 이끌고, 별차別差가 동래 부사와
부산 첨사를 모시고 동문을 경유하
여 나와 동쪽 벽에서 서쪽을 향하
여 선다. 정관 이하는 서쪽 벽에서
동쪽을 향하여 서고, 반종伴從은 남
쪽에서 북쪽을 향하여 선다. 동래
부사가 정관과 더불어 서로 마주 보고 두 번 읍례揖禮하면 훈도와 별차
는 남쪽에서 북쪽을 향해 서서 동시에 함께 읍揖한다. 또한 부산 첨사
가 정관과 더불어 역시 두 번 읍례를 행하면 훈도와 별차 역시 그렇게
한다. 동래 부사와 부산 첨사가 각각 교의交椅에 나가 좌정하고 반종은
처마 끝에서 북쪽을 향하여 선다. 수통사首通事가 연향청에 올라 '배흥
拜興'이라고 외치면 반종이 재배례再拜禮를 행하고 정관의 뒤로 가서 장
막을 사이에 두고 승상에 앉는다. 소통사小通事가 서계書契를 받들어 바
치면 동래 부사와 부산 첨사가 차례로 열어 본다. 소통사가 다례를 올
릴 것을 알리고 이어 찬탁饌卓을 올리면, 찬삼미饌三昧와 술 다섯 순배를
하고 그 후에 소통사가 무릎을 꿇고 규례規例를 고하면 잔을 비우고,

동래 부사가 은근한 뜻으로 다시 한 잔을 권한 이후에 소통사가 또 예가 끝났음을 고하면 다시 처음과 같이 예를 행하고 마친다.

『증정교린지』 3권에 보이는 연향의의 모습은 다음과 같다.

의식은 다례茶禮와 같이 꽃을 꽂고 풍악을 울리며 기생들이 춤을 춘다. 찬은 칠미七味로 하고 술을 아홉 차례 순배하고 난 후 각자 교의交椅 앞에 평배좌平排坐한다. 찻상을 올리고 통인通引이 동래 부사에게 술을 올리면 동래 부사가 마시고 정관正官에게 보낸다. 또한 정관에게 술을 올리면 정관이 마시고 동래 부사에게 보내어 서로 잔을 돌려가며 마신다. 도선주都船主 역시 이와 같이 하고 압물押物, 시봉侍奉이 차례로 행한다. 이와 같이 두 번 돌고 부산 첨사도 또한 이와 같이 한 후에 왜사倭使가 동래 부사와 부산 첨사 및 훈도, 별차의 앞으로 각각 상찬箱饌을 올린다. 술 마시기를 수차례 행한 후 동래 부사가 은근한 뜻으로 다시 한 잔을 권하고 난 후 파한다. 반종伴從 등은 무릎을 꿇고 남쪽에 앉으며 그들에게는 술과 찬을 주지 않는다.

2) 통신사에 대한 일본의 다례

1607년 '회답겸쇄환사回答兼刷還使'라는 이름으로 시작된 임진왜란 이후의 사절은 1636년부터 정식으로 '통신사通信使'라는 이름을 사용하게 되었는데, 이는 대등한 우호관계를 유지하기 위해 '신의信義를 통한 외교사절을 교환한다'는 의미를 가졌다. 이후 1811년까지 12차례에 걸쳐 조선정부가 일본 도쿠가와德川막부에 파견한 정식 사절일행을 통상 '통신사'라 칭한다. 한편, 조선건국에서 임진왜란 때까지의 조선은 17회에 걸쳐 일본에 사절을 파견했다. 조선에서 일본에 파견한 사절을 처음에는 '보빙사報聘使'

라고 했으나, 1428년부터는 '통신사'라고 했다. 그러나 이때의 통신사는 후기의 통신사처럼 정례화되지 않았고, 그 성격도 다르기 때문에, 조선후기 파견된 통신사와 구별하고 있다.

대마도는 조선시대 조·일교섭사에서 빠뜨릴 수 없는 중요한 지역이다. 이곳은 땅이 척박하여 농사를 거의 지을 수가 없는 지역이므로, 그들이 살 길은 조·일 양국 간의 중개무역을 통해 이익을 얻는 수밖에 없었다. 임진왜란 직후 양국의 외교관계가 끊어지자, 살 방안을 찾기 위해 대마도주가 교섭 재개에 나섰다. 따라서 교섭 초기에는 대마도주가 통신사 접대에 열과 성을 다했고, 에도江戸까지 통신사를 직접 호송하는 역할도 맡았다. 국서개작 사건에서 보는 바와 같이 조선과 에도 막부의 의견이 맞지 않을 때 그것을 조율하는 데도 도주의 역할이 컸다. 초기 통신사 파견에서 대마도에서의 접대는 에도를 제외한 그 어떤 지역보다도 융숭했고, 횟수도 많았다. 그러므로 당시 대마도에서의 다례나 연향을 살펴보면 17~18세기 조·일간의 사신접대 의례의 실상을 짐작할 수 있다.

김지남의 『통문관지通文館志』 제6권과 김건서의 『증정교린지』 제5권에 일본에서의 연향의 내용이 간략히 적혀 있다.

대마도지도 통신사 일행은 부산을 출발하여 와니우라나 사스나에 도착하였다. 거기서 이즈하라까지 가는 데 다시 4,5일이 걸렸다.

> 처음에 대마도에서 하선연下船宴이 있고, 에도江戸에 도착해서 별연別宴이 있으며, 대마도에 돌아와서 상선연上船宴이 있다. 이상이 연회 중에 큰 것들로서 대개 대마도주의 집에서 베풀어졌다.

통문관지 일본에서의 연향(상) 통신사에 대한 일본의 연향을 간략히 소개하고 있다.

증정교린지 전명의(하) 증정교린지에는 쇼군에게 국서를 전달하는 의례의 순서와 내용이 상세하게 설명되어 있다.

위의 설명은 대마도와 에도江戶를 통틀어 가장 대표적인 연향을 개략적으로 소개한 기록이다. 에도에서 사신 일행이 대접받은 연향에 대해서도 또 다른 기록이 있다. 앞에서 소개한 별연 외에 에도에서 숙공의熟供儀, 관백연향關白宴享, 하선연下船宴, 상선연上船宴이 열렸다고 한다.

통신사가 아닌 문위행問慰行에 대한 대마도에서의 의례를 기록한 부분도 『증정교린지』에 보인다. 문위행으로는 역관이 파견되기 때문에 통신사보다 직급이 낮지만, 접대 내용과 순서가 거의 같다. 다만 문위행의 경우 대마도주에게 예조의 서계를 전달하는 의식이 가장 중요한 의식이어서 이를 서계다례書契茶禮라고 하였다. 이정암다례以酊菴茶禮, 만송원다례萬松院茶禮라고 별칭한 것도 이정암과 만송원에 서계를 전달하러 문위행이 직접 그 장소에 갔기 때문이다.

이정암은 임진왜란때 한반도에 일본군의 길을 인도한 대마도의 승려 겐소玄蘇의 위패를 모신 사당이고 만송원은 대마도 도주의 조상을 모신 사당이다. 통신사의 경우는 도주에게 서계를 전달하면서 이정암과 만송원의 서계도 함께 전달한 점이 다르다. 생략되긴 했지만 통신사행에서도 도주, 이정암과 만송원에게 서계를 전달하는 의식이 있었고 그에 관한 기록도 일본 사행록에 남아 있다.

이정암(좌) 원래는 겐소가 세운 암자인데, 1732년 화재 이후 서산사로 그 기능이 옮겨졌다. 교토 5산의 승려가 거주하며 조선과의 외교 문서를 전담하였고, 조선 국왕의 위패를 모셔놓았다.

만송원(우) 조선과의 국교 재개에 공이 컸던 19대 도주 요시토시의 명복을 빌기 위해 그의 아들인 요시나리가 세운 사당이다.

하선연, 별연, 상선연, 서계다례, 이정암다례, 만송원다례는 각 1번씩 거행한다.

대마도와 에도에서 열리는 연회 외에 통신사 일행이 묵는 주요 지역에서도 연향宴享이 정해져 있었다. 1711년 신묘년에 개정된 의례에 따라 1719년 기해년의 사절에 대한 연향을 5곳에서 2곳으로 줄였다. 그러나 다음 사행인 1748년에는 다시 구제도를 복구한다고 하였는데, 다른 기록에 의하면 오사카大阪 한 곳으로 연향이 축소되었다.

신묘년辛卯年에 통신사가 갈 때에는 적간관赤間關·대판성大坂城·왜경
倭京·미장尾張·준하駿河의 5곳에서 연향을 베풀었다. 돌아올 때에도
이와 같이 하는데 적간관赤間關의 연향을 우창牛窓에 옮겨서 베풀었다가
기해년己亥年 통신사의 행차 때에는 다만 대판성大坂城과 왜경倭京의 2곳
에서만 연향을 베풀었다.

이상의 기록을 토대로 통신사 일행을 접대하는 외교 의례를 지역에 따
라 나누어 보자. 먼저 첫 기착지인 대마도에서 하선연, 상선연, 서계다례,
이정암다례, 만송원다례 등의 의례가 행해졌음을 알 수 있다. 1719년 기
해사행 이전에는 에도로 가는 중도中途인 적간관赤間關·대판성大坂城·왜
경倭京·미장尾張·준하駿河의 5곳에서 정식으로 연향을 대접받았다. 물론
작은 도시에서도 연회에 버금가는 대접을 한 사례도 있다. 에도에서도 숙
공의, 관백關白의 전명다례와 연향, 하선연, 상선연과 별연이 있었다.

3) 통신사에 대한 일본의 다례 분석

조·일 간의 의식다례는 서계다례書契茶禮, 전명다례傳命茶禮 등의 '다례'와 하선연과 상선연上船宴 등의 '연향'의 두 가지로 크게 나누어볼 수 있다. 그런데 다례에도 후반부에 연향의 성격이 들어있고, 연향에도 초반에 다례와 같은 의식을 행하고 있기 때문에, 다례와 연향 둘 다 의식다례의 대표적인 형태라 볼 수 있다. 한편 이정암과 만송원의 사사다례寺社茶禮는 망자亡者에 대한 제향祭享과 서계다례를 동시에 행한 독특한 의식다례의 한 형태이다.

사행록을 분석해 본 결과 다례는 연향보다 더 중요한 행사였다. 대중국對中國 관계에서는 연향을 간소화 한 것이 다례라고 인식하기도 했다. 그러나 다례는 중요한 목적을 가지고 행하는 의식다례로, 특별한 목적 없이 술과 음식을 즐기는 연향보다 중요하게 인식되었다. 다례는 마치 현대의 기념식이나 증정식처럼 어떤 목적이 분명히 나타나는 의식이다. 중요한 목적을 가지는 의식이니만큼 오전 중에 시작하여 식을 마친 뒤, 간단한 음식을 나누고 헤어지는 것이 관례였다. 반면에 연향宴享은 오후 늦게 시작하여 간단한 의식을 치루고 밤까지 술을 마시면서 즐기는 행사였다.

7·5·3 의례상儀禮床에서 차를 올리는 것은 중요한 절차였다. 연향의 초반에 의례적인 말을 주고받으면서 차를 마시거나, 술을 마신 후 차를 마시면서 연향을 마무리하였다. 또한 관백이 주관하는 전명다례에서도 식삼헌式三獻 뒤와 종친이 주관하는 2차 연향 뒤에, 반드시 차를 마시고 행사를

7·5·3 **의례상** 쓰시마의 상차림은 에도에 이르기까지의 접대에 모델이 될 정도로 화려하였다. 753선 가운데 첫 번째 상의 모습이다. 국사편찬위원회

첫 번째 요리   두 번째 요리   세 번째 요리

네 번째 요리   다섯 번째 요리

차접대 대마종가문서
차를 접대할 때 신분에 따라 다기와 차의
종류를 다르게 할 것을 지시한 문서이다.
차가 통신사 접대에 중요한 의미가 있었
음을 보여준다. 국사편찬위원회

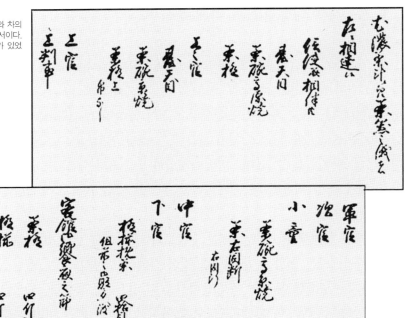

마쳤다. 이로써 차가 의식성儀式性을 갖는다는 사실을 확인할 수 있다.

더구나 새로 발굴된 대마종가문서對馬宗家文書에는 차의 중요성이 한층 부각되어 있다. 차 접대하는 법에 대한 지침을 별도로 작성해 두었고, 그에 대해 다른 번藩에서 문의를 해 올 정도였다. 사신맞이 차 접대와 차도구 관리를 책임지는 다도방茶道方이 각 번에도 생겨난 것은 일본 다도문화의 지방 확산을 보여주며, 차의 의식성을 확인해 주는 것이다. 한편 객관을 방문하는 일본 관원에게 통신사 일행이 인삼차를 접대하였고, 후반기에는 거꾸로 에도의 별연에서 인삼차가 통신사 일행에게 올려지기도 하였다. 이는 인삼차가 의식용 차로도 쓰였다는 것을 보여준다.

국사편찬위원회에 소장된 대마종가문서를 검색하던 중 차 접대와 관련된 중요한 문서를 발견했다. "갑신년(1764) 조선통신사朝鮮通信使 향응饗應 시 차를 진상함에 있어 차와 다기茶器를 상관上官, 중관中官, 하관下官 용用 으로 구분하여 사용할 것"[2]을 지시한 문서이다. 18세기 일본 초서로 된 문서를 겨우 해독하여 다음 표로 정리하였다.

〈표〉 종가고문서에 나타난 차접대

신분 및 장소 구분	다기	차
信使 및 相伴	台天目 高原燒	茶極
上上官	台天目 京燒	茶極上
上官 · 上判事 · 軍官 次官 · 小童	高原燒	茶極上
中 · 下官	-	極揃挽茶 四十目入三箱
客館 饗應	-	茶極 四斤入壹壺 極揃 四斤入壹壺

통신사通信使와 함께 표시된 상반相伴은 에도에서 대마도에 파견된 상접 사相接使를 이르는 말이다. 이들에게는 최고의 대접을 해야 하므로 천목잔 탁天目盞托과 고원요高原燒다완에 '다극茶極'을 접대하였다. 상상관은 수역관 首譯官을 말하는데, 그들의 접대는 다완이 경요京燒이고, 차가 '다극상茶極 上'으로 다소 격이 떨어진다. 상판사上判事를 비롯한 상관上官 그룹은 잔탁 盞托이 없이 고원요 다완에 '다극상' 차를 접대하였다. 중관中官과 하관下官 은 '극전만차極揃挽茶'로 접대하였는데, 도시락이나 찬합에 음식을 담아 차 와 함께 먹게 했을 것이다. 공식연회가 아닌 객관客館에서 편하게 마시는 차도 '다극茶極'과 '극전極揃'을 따로 지급한 것은 신분에 따라 마시는 차가

---

2 『對馬島宗家文書古文書』 1764번, 國史編纂委員會所藏.

대천목(좌) 부처나 귀인에게 차를 올릴 때 천목 등 귀한 찻잔을 받치는 잔탁. 흑유로 된 것도 있고, 나무나 도자기로 만든 것도 있다.

경요(교아키)(우) 교토 주변에서 만들어진 다구의 총칭. 특히 닌세이 등의 채색 도자기는 죠닌 계층이 좋아하였다.

달랐기 때문이다. 통신사 일행에게 대접한 차는 천자의 사신에 준하는 최고의 대접이라 할 수 있다.

다구도 마찬가지였다. 일본 다도가 한창 발전하던 무로마치시대 초반에는 중국 건요建窯에서 나온 건잔建盞을 최고 품질로 여겼는데, 일본에서는 이것을 '덴모쿠天目'라 하였다. 천목대天目台란 천목다완을 받치는 잔탁이다. 천목잔탁은 부처나 귀인貴人에게 차를 올릴 때만 쓰이던 것으로 존경의 의미를 담고 있다. 통신사 삼사에게 천목잔탁을 쓴 것은 최고의 대접을 한 것으로 파악할 수 있다.

와비차를 대성한 센리큐千利休를 전후한 시기에 '와비侘'의 개념에 적합한 조선 다완의 인기가 높아져서, 조선 다완을 주문해서 쓸 정도였다. 1640년대가 되면 부산 왜관倭館 안에 정식 요窯를 열고 일본의 주문見本을 받아 그 주문대로 다완을 생산하였다. 그래서 이것을 고혼다완御本茶碗이라 한다. 이 부산요에서는 진주·하동·김해·울산 등지의 흙을 구하고, 조선인 도공을 불러서 고혼御本(견본)에 따라 제조하게 하였다. 이른바 주문자 상표부착 방식이다. 이렇게 80년간 부산요가 있었던 자리는 현재 로얄호텔이 들어서 있고 그 터에 표시판만 세워 놓았다.

이상에서 종가문서에 나타난 차접대에 대해 정리해 보았다. 향응의 음

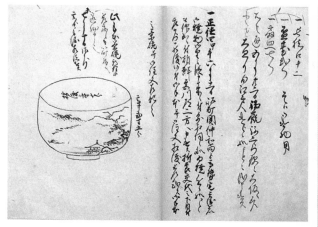

다완구청(좌) 일본에서 다도가 유행하면서 조선에 다완을 주문하기 위해 그림을 곁들여 상세한 설명을 한 주문서를 제출했다. 오리베가 주문한 내용도 소개되어 있다. 국사편찬위원회

부산요 터 표지판(우) 부산 광복동 일대에 부산요가 있었던 자리에 표지판을 세웠다. 현재 부산요 터에는 로얄호텔이 들어서 있다.

식과는 별도로 차 접대만을 위한 문서가 이렇게 많고, 내용도 다양하고, 치밀하게 구성되어 있음에 놀라움을 금할 수 없다. 당시 일본은 차문화가 발달하여 수준 높은 다회茶會가 이루어지고 있었기 때문에 이 정도의 접대수준을 만들어 낼 수 있었다고 생각된다. 조선 측에는 이와 관련된 자료가 거의 남아 있지 않기 때문에, 그 접대의 수준을 가늠할 수 없다. 그러나 항례抗禮를 주장했던 만큼 적어도 일본의 접대수준에 맞추려고 노력은 했으리라 짐작된다.[3]

---

3   박정희, 『17~18세기 통신사에 대한 일본의 의식다례』, 민속원, 2010.

제9장

조선후기의 차문화

1. 유서類書에 보이는 차 (Ⅰ)

서양의 역사에도 14세기 르네상스와 16세기 종교개혁 이후 인문주의자들에 의한 백과사전의 편찬이 유행하였다. 근대화와 함께 새로운 문물이 생겨나면서 더욱 폭넓은 지식의 필요성이 제기되었기 때문이다. 이런 현상은 중국이나 일본도 예외가 아니었다. 조선도 양란을 겪은 후 청의 문물이 들어오고, 서양의 문물도 전해져 오면서 백과서전류의 편찬이 절실히 요구되었다. 16세기에 권문해의 『대동운부군옥大東韻府郡玉』이 나오기는 했으나, 17세기에 편찬된 이수광의 『지봉유설芝峰類說』을 유서類書(백과사전류)의 선구로 본다. 18세기 들어 김육의 『유원총보類苑叢寶』, 이익의 『성호사설星湖僿說』, 안정복의 『잡동산이雜同散異』 등이 편찬되었다. 이 유서에 차에 관한 항목이 들어 있음은 물론이다.

1) 이수광李睟光(1563~1628)의 『지봉유설芝峰類說』

이수광은 조선 중기의 문신으로 실학의 선구자라고 일컬어진다. 경기도 장단長湍 출신으로 본관은 전주全州, 태종의 7세손으로 병조판서 희검希

지봉유설 백과사전류의 선구라 볼 수 있는 저술이다. 식물부에 차에 관한 내용이 있다.

儵의 아들이다. 자는 윤경潤卿, 호는 지봉芝峰이다. 1582년(선조 15) 진사가 되고 1585년 문과에 급제한 후 여러 관직을 거쳤으며, 1623년 인조반정으로 도승지에 임명되었다. 인조 2년 (1624) 이괄의 난이 일어나자 공주公州로 왕을 모셨고, 정묘호란 때에는 왕을 강화도로 모시고 몽진을 갔다. 명나라에 사신으로 왕래하면서 마테오리치의 『천주실의』 등 여러 서양 서적을 통하여 새로운 학문을 연구하고 개척하였다. 다양한 지식을 분류하여 『지봉유설』을 편찬하였다.

『지봉유설』 권19 「식물부」에 차와 관련된 내용이 실려 있다.

옛 사람이 말하는 우전차雨前茶라는 것은 대개 3월중 곡우穀雨 전의 차인데, 처음 나온 잎을 따서 만드는 것이 가장 좋다고 한다. 혹은 말하기를 이것은 정월 중 우수雨水 전의 것이라고 한다. 이제현李齊賢의 시詩에, "향기가 맑아 일찍이 한식전寒食前의 봄을 따네"라고 했다. 상고하건대, 화전火前이란 한식寒食날 불을 금하기 전에 따서 만든다는 말이다. 신라 흥덕왕興德王 때 사신이 당唐나라에서 돌아오면서 차의 종자를 얻어 가지고 왔다. 이것을 명하여 지리산智異山에 심게 했다. 지금 남쪽 지방 여러 고을에서 나는 차는 곧 그때에 심은 것이라고 한다.

차는 곡우 전에 딴 찻잎으로 만든 우전차가 가장 좋다고 하였다. 우전의 뜻이 우수雨水(2월 18일 경)의 전인가, 곡우穀雨(4월 20일 경)의 전인가를 고찰하였고, 이제현의 시를 인용하여 한식(4월 5일 경) 전에 찻잎을 따서 만든다고 하였다. 차종자의 전파경로에 관한 내용으로는 흥덕왕 때 당나라에 갔던 사신이 차씨를 가져와 지리산에 심게 했는데 지금 남쪽지방에서 나는 차가 그 때에 심은 것이라고 하였다.

2) 김육金堉(1580~1658)의 『유원총보類苑叢寶』

김육은 사마시에 합격하여 성균관에 들어갔지만, 당시의
상황을 위기로 파악하고 안민책의 실시를 통해 극복하고자
하여 여러 가지 개혁안을 제시하였다. 현물을 바치게 되어
있어 폐해가 많았던 공납을 쌀로 대신 내게 하자는 대동법
을 시행할 것과 화폐를 사용할 것을 주장하였다. 그 밖에도
수차의 사용과 시헌력이라는 역법을 사용하는 개혁을 주장
하기도 하였다.

유원총보 김육이 지은
백과사전이다. 음식문에 차
에 관한 내용이 들어 있다.

『유원총보』는 김육이 인조 21년(1643) 저술한 것으로 46권 30책으로 구
성되어 있다. 그는 우리나라에는 중국에 못지않게 많은 서적이 있었으나
임진왜란, 정묘호란 등 계속된 병란으로 없어진 서적이 많아 시일이 지나
면 이런 유서의 편찬이 더욱 어려울 것이라는 취지를 밝히면서 『예문유취
藝文類聚』, 『운부군옥韻府群玉』 등의 중국 책을 참조하여 유서를 편찬한다고
하였다.

『유원총보』의 「음식문飮食門」에 '차茶' 자字의 명칭, 차의 역사, 차세, 차
의 효능, 찻잎 따는 시기, 차 세금 등에 관한 기록이 있다. 특히 『다경茶經』
과 『이아爾雅』를 인용하여 차의 명칭을 기록하였다. 『다보茶譜』에 나타나
는 차이름으로는 촉주에 작설雀舌(참새 혀)·조자鳥觜(새부리. 계원필경과 점필
재집에서는 鳥觜라 하여 까마귀 부리로도 표기되어 있음)·맥과麥顆(보리 낱알) 그리
고 편갑片甲이 있는데 편갑은 이른 봄에 어린잎을 딴 것이고 선익蟬翼은
잎이 매미 날개처럼 연하고 얇은 것이라고 하였다. 차에 대한 그의 지식
은 넓고 깊어서, 차에 매기는 세금이 너무 과해서 백성들이 차나무를 베
기도 하였고, 육우는 차 마시는 병이 걸렸다는 등의 다사를 소개하기도
하였다.

3) 이익李瀷(1681~1763)의 『성호사설星湖僿說』

이익은 중농학파 실학자인 유형원柳馨遠(1622~1673)의 학풍을 계승한 실학의 대가로 호는 성호星湖이다. 그는 안정복·신경준·정약용 등 걸출한 제자를 많이 길렀는데, 이를 성호학파라 한다. 『성호사설』은 평소 학문을 하면서 생각나고 의심나는 것을 적어두었던 것과 제자들의 질문에 답변한 내용을 기록해둔 것들을 1740년경에 집안 조카들이 정리한 것이다.

권6 「만물문萬物門」 다식茶食 조, 권12 「인사문人事門」 다시茶時 조에 차에 관한 기록이 있다.

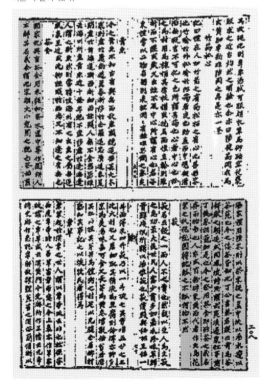

성호사설 다식조 다식이 중국의 용봉단차에서 유래했다는 것과 제사 때 쓰는 말차가 일본차와 같다는 구절이 있다.

『성호사설』 만물문萬物門 다식茶食 조

우리나라 사전祀典에는 다식이라는 게 있다. 쌀가루를 꿀에다 섞어서 나무통 속에 넣고 짓이겨 동그란 떡으로 만드는데, 사람들은 이 다식이란 이름과 그 뜻을 아는 이가 없다. 나는, "다식이란 것은 송 나라 때 대소용단大小龍團이란 떡차가 잘못 전해진 것이라"고 생각한다. 이 차란 것은 맨 처음 생겼을 때는 물에 끓여서 먹었다. 「가례家禮」에서 쓰는 점다點茶는 차를 가루로 만들어서 잔속에 넣고 끓는 물로 축인 다음, 솔筅로 휘젓는 것인데, 지금 일본의 차가 이와 같다. …(중략)… 지금 제사에 다식을 쓰는 것은 바로 점다라는 뜻인데, 그 이름만 남아 있고 실물은 바꾸어진 것이다.

『성호사설』 만물문萬物門 다시茶時 조

성상소감찰다시城上所監察茶時라는 말을 비록 사람마다 외어 말하지만,
그 뜻이 무엇인지를 모른다. 성상소란 것은 옛 궁궐의 성장城墻 위라는
뜻인데, 그 당시 대원臺員들의 회의하는 처소로서 간관諫官 중에 행공行
公할 사람이 없으면 여러 감찰들이 교대로 모여서 회의를 마치는 것이
고, 다시라는 말은 그들이 모여서 차나 한 잔 마시고 헤어진다는 뜻이
다. …(중략)… 또 그 당시 야다시라는 말이 있었는데 이 야다시란 재
상 이하 누구든지 간사하거나 범람하여 불법을 저지른 자가 있으면 여
러 감찰들이 야다시를 틈타 그 근처에 가서 그의 죄악 사실을 흰 판자
에 써서 그 판자를 문 위에 걸고 가시나무로써 다시 그 문을 봉한 뒤에
서명하고 흩어진다.

그가 소개한 야다시제도는 조선초기의 다시茶時제도가 변질된 것으로
보인다. 감찰기관이 중요한 결정을 내릴 때 신중을 기하기 위해서 차를
마시고 마음을 가다듬었던 풍습이 다시제도인데, 후기에 오면서 비교적
개인적인 감찰을 하게 된 것이다. 이 제도는 당쟁이 심하던 시절에 상대
당의 인물을 비방하거나 제거하기 위한 목적으로 잘못 사용되기도 했다.

4) 안정복安鼎福(1712~1791)의 『잡동산이雜同散異』

조선 후기 실학자 안정복의 본관은 광주廣州이며 제천提川 출신이다. 자
는 백순百順, 호는 순암順菴이다. 이익의 학문을 계승하였으며 성호학파의
학자들과 교유하며 『동사강목東史綱目』을 지어 역사의 정통성과 독자성을
내세워 훗날 민족사관 형성의 기초를 제공했다. 『잡동산이』는 유서類書로
우리나라와 중국의 역사・제도・명물名物・여항閭巷・패설稗說 등에 관한
책이다. 정약용과는 달리 천주교에 대해서는 비판적인 태도를 취하였다.

『잡동산이』에는 혼례 절차 중 신랑집에서 신부집에 혼인을 청하고 신부의 생년월일을 묻는 납채문명納采問名 시에 차를 마시는 의례가 있었음을 다음과 같이 기록하고 있다.

> 일찍 일어나 납채서를 가지고 사당에 고한다. 남녀는 서립하고 행다례에 참여하는 예의에 따른다. …(중략)… 주인은 문 밖에 나가 빈을 청하기를 무릇 세 번 한다. 주인이 먼저 동쪽계단으로 오르면 빈은 서쪽계단으로 오른다. 당에 올라 동서에서 서로 읍한다. 집사는 납채서를 대청위에 놓고 예물을 마당에 늘어놓는다. 빈과 주인은 자리에 앉아 차를 받들어 마신다. 빈이 일어나면 주인 또한 일어나고 집사가 납채를 빈에게 주면 빈은 주인에게 준다.

혼례시에 차를 사용하는 경우는 중국이나 금나라 등에서 흔히 찾아볼 수 있다. 차를 청혼의 표시로 사용하거나, 청혼이 받아들여지면 같이 차를 마시는 등의 풍속이 있다. 잡동산이에서도 납채에서 차를 마시는 풍속을 설명하였다. 그 외에도 신부가 혼수함에 차씨나 봉지차를 가져가기도 했는데, 이는 차나무처럼 한집에 뿌리를 내리고 살겠다는 서약의 의미가 있다고 한다.

이상에서 소개한 백과사전류에 나타난 차에 관한 기록은 중국의 농서나 다서, 그리고 우리나라 농서에서 실용성 있는 유익한 부분을 발췌하여 기록함으로써 우리나라에 맞는 선진 영농기술을 백성들에게 알리고자 하는 노력의 일환이었다. 따라서 앞서 나온 기록을 재편집하는 과정에서 내용이 중복되기도 하는 등 문제가 있기도 했으나. 새로운 지식을 집대성했다는 데 의의가 있다.

2. 중인시사의 결성

1) 홍세태의 『해동유주海東遺珠』

　18세기 들면서 중인층이 새로운 문화의 주체로 등장하였다. 서얼이나 군반, 역관 층에 속했던 중인들은 양반에 눌려 빛을 보지 못하다가 실학 분위기와 함께 실력으로 세상에 모습을 드러냈다. 특히 역관층은 중국과 일본에 사신행렬에 참여하여 선진문물을 받아들이는 주체이기도 했다. 그들이 여항閻巷[1] 시사詩社를 결성하고 술과 차를 마시며 시문창수詩文唱酬를 한 기록에서 차문화의 새로운 단면을 볼 수 있다.

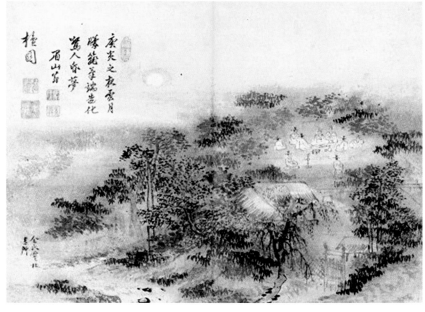

송석원시사야연도
1791년 6월 15일 밤 중인들이 송석원 시사를 열었는데, 이때 이인문이 그린 그림이다. 오주석, 『강산무진도』, 신구문화사, 2006.

1　여항閻巷은 원래 중인층이 모여 사는 좁고 누추한 골목길을 뜻하는 말인데 중인층을 나타내는 상징어로 쓰이게 되었다.

1682년 통신사 서기로 일본을 다녀온 홍세태는 이전에 중국 사신에 접반하는 시를 지은 적이 있고, 김창협金昌協, 김창흡金昌翕 형제 등 사대부士大夫들과 수창교유酬唱交遊하는 사이였다. 일본에서의 시문창수로 한껏 고무된 홍세태는 사대부층의 낙송시사를 모방하여 중인층의 낙하시사洛下詩社를 결성하였다. 이 모임은 천수경千壽慶의 집 송석원에서 모였다고 하여 송석원시사松石園詩社 또는 장소가 인왕산 아래 옥류동이라 하여 옥계시사玉溪詩社라고 한다.[2]

중인中人층의 결사는 1712년 시집 『해동유주海東遺珠』를 편찬하는 성과를 올렸다. 그러나 『해동유주』는 "시에는 귀하고 천하고가 없이 하나같다."라는 서문에서 보듯이 신분을 초월한 '유주遺珠(잃어버린 구슬)'을 모았다는 데 의의가 있다. 또한 대제학 김창협이 이 시집을 내도록 적극 추천하였다는 것도 의미있는 일이다.

2) 신유한의 차茶생활

1719년 통신사 제술관으로 일본에 가게 된 신유한(1681~1752)은 중인출신으로, 문재文才가 있으나 국내에서 인정받지 못했던 한을 일본에서 충분히 풀 수 있었다. 마치 신라 말 6두품 출신으로 국내에서 능력을 인정받지 못한 최치원이 당에 유학하여 문위文威를 떨친 것과 비슷한 모습이다. 신유한은 봉상시奉常寺 첨정僉正과 부안현감扶安縣監을 지냈고, 1749년 고향인 고령에 경운재景雲齋를 지어 은둔하였다. 그는 최치원崔致遠을 최고의 문사文士로 경모하였고, '가야초수伽倻樵叟'라는 호를 쓰며 가야의 촌 늙은이로 살았다. 거기에서 그는 연다硏茶(차맷돌)와 다로茶爐를 준비해서 풍류

2 정후수, 『조선후기중인문학연구』, 깊은 샘, 2007, 259쪽.

생활을 즐기면서 책을 읽었다. 그렇게 도도한 문장을 남긴 신유한이었지만 마지막에는 최치원처럼 고향에 은거하여 차를 벗 삼아 살려고 한 것은 신분적 한계 때문이었을 것이다.

신유한이 시회詩會를 즐겼던 장면을 보여주는 시가 있다. 최성대崔成大가 충청도 장연長延 현감으로 있을 때 방문하여 지은 시인데, 지기知己를 만나 밤새워 술과 차를 마시며 시를 짓던 모습을 볼 수 있다.

술 깨고 차 마시고 나니 시초만 남았고	酒醒茶罷唯詩草
흰 구름 푸른 산 속에 관아만 보이네.	雲白山靑是縣衙
불빛에 천하의 일을 보니 쓸쓸함만 더하고	寥落一燈天下事
전부터 걸어온 나의 길에는 연기만 자욱하네	古來吾道在烟霞

또한 1742년 경기도 연천현감漣川縣監으로 재직 중 경기 관찰사 홍경보洪景輔와 양천현감陽川縣監 정선鄭歚과 함께 적벽강에 배를 띄우고 노닐며 시문을 나눈 모습도 보인다. 이때에 신유한은 부賦를, 정선은 그림을, 홍경보는 시문詩文을 남겼다고 한다.[3]

3) 시회詩會에서의 차茶의 비중

중인출신 문사文士들은 귀국 후에도 중인끼리는 물론 양반층과 시문을 통해 폭넓게 교류하였다. 그들이 결성한 시사는 술과 차를 나누면서 시문을 주고받는 모임으로 18세기 이후 더욱 활성화되었다. 시회에 차가 중요한 역할을 했다는 사실을 증명해 주는 시가 장혼張混(1759~1828)의 〈옥경산

---

3 박정희, 『17~18세기 통신사에 대한 일본의 의식다례』, 민속원, 2010.

벽오사소집도 1861년 중인문학동인 벽오사 회원 6명이 모여 시회를 즐긴 내용을 유숙이 그렸다. 서울대박물관

방다회玉磬山房茶會〉이다. 시회의 이름을 '다회茶會'라고 쓰고 있고, 천수경 등 송석원시사의 벗들과 찻상을 차려놓고 즐기는 장면을 읊은 시이다. 시사의 이름이 다회로 명명된 것을 보면 그 모임에서 차가 차지하는 비중이 높았다는 것을 읽을 수 있다. 이 시의 제작 연대를 정확히 알 수는 없으나, 장혼의 문집 『이이엄집而已广集』에 시詩 배열순서로 보아 1813년 또는 1814년으로 비정해 볼 수 있다.

초의와 가까웠던 조희룡(1789~1866)은 조선후기의 유명한 중인 서화가이다. 그는 유최진(1791~1858)의 집 벽오당碧梧堂에서 이기복(1791~ ?)과 전기(1825~1854), 유숙(1827~1873), 나기(1828~ ?), 유재소(1829~1911) 등과 함께 벽오사碧梧社라는 중인들의 시회를 결성했다. 당시 벽오사의 모임을 그린 유숙의 그림이 남아있다.

　유최진의 문집 『병음시초病吟詩艸』의 「정미집丁未集」에는 "병 때문에 친구들의 모임에 참석하지 못하고, 친구들이 자신의 집에 모였다가, 옛 사람들이 시사詩社를 결성했던 뜻에 따라 벽오사를 결성하였다"고 하였고, "옛 사람들의 진솔한 뜻을 본받아 몇 가지 조약을 정한다"고 하면서 다음과 같은 벽오사의 사약社約을 밝혀두었다.

> 사철 아름다운 날을 가려 모인다. 밥은 소채를 넘지 않고, 술은 세 순배를 넘기지 않으며, 안주는 세 가지를 넘지 않는다. 차는 계산에 넣지 않는다. 마음대로 책을 읽고, 흥이 나는 대로 시를 읊으며, 한계를 두지 않는다.

　중인들의 시사에서 차가 차지하는 비중을 읽을 수 있는 약속이다. 이외에도 일섭원시사日涉園詩社, 직하시사稷下詩社, 육교시사六橋詩社 등 중인 중심으로 결성된 시사가 있다.

　통신사행에서도 중인의 활약이 빛났다. 원래 통신사 일행을 위한 연향에서 대미大尾를 장식하는 행사가 시문창수였다. 시문창수는 양국의 우의를 다지고 학문의 교류를 이루는데 중요한 역할을 하였다. 특히 후반기 사행에서 중인中人 출신 문사文士들이 시문창수에 적극 참여하여 일본에서 문재文才를 유감없이 발휘하였다. 중인 출신 문사들은 일본에서 떨친 문위文威를 국내에서도 유지해 보려고 힘써 노력하였다. 그 노력의 일환으로 나타난 것이 중인층을 중심으로 한 시사 또는 시회였다. 더구나 시대적 분위기에 편승하여 양반층도 아우르는 시사를 결성하여 풍류를 즐기는 모습도 심심찮게 관찰된다. 또한 신문화 수용과 박학博學을 이상으로 내세우는 중인층의 시사는 백과사전류의 편찬에까지 이어져서 18세기 문예부흥을 이루는 원동력이 되었다.

3. 여성의 차문화

1) 영수합 서씨令壽閤徐氏(1753~1823)

영수합 서씨의 본관은 달성達城. 관찰사 서형수徐迥修의 딸이며, 승지 홍인모洪仁謨의 부인이다. 세 아들과 두 딸을 낳았는데 석주奭周·길주吉周·현주顯周 등 세 아들은 당대의 문장가로 유명하고, 딸 유한당幽閑堂 원주原周는 시인이 되었다. 『영수합고令壽閤稿』와 남편의 홍인모의 문집에 다시가 10여 수 있다. 영수합 서씨의 가족은 남편 홍인모를 비롯하여 아들 석주, 길주, 현주, 딸 유한당 홍씨, 며느리 숙선옹주 등 전 가족이 모두 차를 좋아하고, 문장도 뛰어났다.

〈고요한 밤 차를 달이며靜夜烹茶〉

여러 해 동안 은근한 불로 화로에 차를 끓였으니	幾年文火小茶爐
신기하고 영묘한 공덕이 조금은 틀림없이 없지 않으리	一點神功定有無
차 한 잔을 마신 뒤 거문고를 어루만지니	啜罷清琴還自撫
밝은 달님이 나와서 누군가를 부른다네	看來好月更誰呼
봄날 차반의 푸른 잔에 옥로차를 올리노라니	春盤碧椀添玉露
오래된 벽에 그을음이 앉아 얼룩진 그림이 되었네	古壁煙籠作粉圖
잔에 가득 찬 것이 어찌 술이어야만 하리	滿酌何須持旨酒
답청 가는 내일은 다호를 가져가리	踏青明日更携壺

영수합 서씨는 화창한 봄날 저녁 은근한 불로 화로에 차를 끓여 마시는 모습을 통해 차 끓이는데 중요한 불 조절文武火候을 이미 터득하고 있었음을 알 수 있다. '달님께 푸른 잔에 옥로차로 헌다한다.'고 하였다. 물론 자신이 평소에 즐겨 마시는 차 중에서도 가장 좋은 차를 헌다용으로 준비하

여 달님께 드렸을 것이다.

위의 시에서 나오는 답청踏青은 삼월 삼짇날을 멋스럽게 부르는 말로서 여성의 사회적 활동이 엄격하게 제한된 조선시대에도 이 날만은 여성의 바깥출입이 자유로웠다. 답청 가는 날은 선비들은 곡수연曲水宴이라 하여 물이 굽이치는 곳에 술잔을 띄워 놓고

화전놀이 재현 행사
삼월삼짇날 전통사회 부녀자들이 즐겼던 화전놀이를 안동문화원에서 재현했다.

시를 읊으며 하루를 즐겼고, 여성들은 화전을 부쳐 먹으며 나들이를 즐겼다. 여기에서 〈정야팽다靜夜烹茶〉의 마지막 시구 '답청 가는 내일은 다호를 가져가리다'는 들차용으로 가져갈 다호 등의 다기를 설레는 마음으로 준비하고 있음을 알 수 있다.

영수합 가족은 모여서 다연을 베풀면서 다담을 나누고 연작시를 남기기도 했다. 이렇게 가족의 차 생활이 바탕이 되어 있었으므로, 홍현주가 초의에게 『동다송』을 지어줄 것을 요청하게 된 것이다.

〈연구聯句〉

비 개인 뒤 갓 돋은 달은 밝으니   (족수당)

흐르는 그림자 성긴 발에 어리네   (영수합)

먼데서 오신 손님은 흥도 많으셔   (영수합)

밝은 빛은 모두 싫어하지 않는 구나   (석 주)

…(중략)…

서로 보며 환소 하고   (족수당)

둥글게 모여 앉아 술에 취한다	(영수합)
붓을 휘둘러 시를 지으니	(영수합)
이루지 못하면 벌주로 술잔을 기울이네	(석　주)
빙 돌아 서 있는 아름다운 나무들	(석　주)
반찬과 소금 갖추어 공양하고	(길　주)
차는 익어 시정에 젖어드니	(길　주)
거문고 맑은 소리 고운 손에 울린다	(원　주)

영수합 서씨가 가족과 환담할 때 차와 술을 아울러 즐겼다는 사실이 위의 시에서 잘 그려져 있다. 이 연구聯句는 1809년 작으로 추측되는데 족수당, 영수합, 홍석주, 홍길주, 홍현주 그리고 유한당이 공동 창작한 시이다. 즉 이 연구는 한 가족이 모여서 시회를 통해 귀하게 얻어진 작품인 것이다. 시와 술, 차 그리고 거문고가 어우러진 화목한 사대부 가정의 모습이 그림처럼 그려져 있다.

2) 유한당 홍씨幽閒堂 洪氏(1791~ ?)

홍인모와 영수합의 장녀인 홍원주는 유한당 홍씨라고 불린다. 그는 어머니의 일상생활을 보면서 자연스럽게 시를 짓고 차생활을 하며 자랐다. 결혼한 뒤에도 친정을 그리워하며 어머니를 향한 애틋한 다시茶詩를 남겼다. 그 5편의 다시 중에 가족의 차생활과 관련이 있는 시가 『유한당시고집幽閒堂詩稿集』에 전한다.

〈꿈속에 간 고향집夢歸〉

내 마음 길손과 같은데	心似爲遠客
누가 말하는가 고향에 돌아가라고	誰云歸故鄕

눈길은 늘 구름 끝에 머물고	目斷隴西雲
잠깐 꿈에서나마 어머님께 찾아 가네	片夢歸萱堂
…(중략)…	
형과 아우들이 서로 웃으면서	下有兄弟笑
다정하게 한 덩이 되었네	怡怡成一行
은촛대에 켠 불은 그림벽을 밝히는데	銀燭畵壁明
차와 술은 향기로워라	寶茶金尊香

유한당 홍씨가 16세(1806) 되던 해에 지은 작품이다. 시집살이하면서 마음대로 외출을 할 수 없었던 조선시대 여성들이 꿈에라도 친정에 달려가고픈 마음이 절절이 그려져 있다. 특히 친정어머니 영수합 서씨와 동생들과 차를 마시며 시를 읊던 기억이 가장 절실하게 떠올랐던 모양이다. 눈앞의 다향을 통해 친정의 그리운 가족과 다연석의 즐거움을 아름답게 표현하고 있다.

3) 기타

영수합과 유한당 외에도 허난설헌許蘭雪軒과 홍현주의 부인 숙선옹주淑先翁主도 차와 관련된 시를 남겼다. 양반가의 소실이었던 부용당 김씨, 죽서당 박씨, 금원당 김씨 등도 다시를 남겼고, 그 내용을 보면 차를 이미 생활화하고 살았음을 알게 해 준다.

4. 서민들의 차생활

1) 서민들의 차생활 모습

조선 후기에 서민들도 차를 마셨다는 사실은 의약서와 의례서를 비롯한 서적이나 민요를 통해서 알 수 있다.

석전 박한영의 논설 「옥보대하에 다풍이 크게 무너지다玉寶臺下茶風大壞」에 "하동의 악양, 화개 등지에는 촌민이지만 아침저녁 식사 후 차를 마시지 않는 집이 없다"고 한 기록에서 실생활에서 음료로 차를 마셨음을 알 수 있다.

부산시 동래구 온천동에서 채집된 민요에도 차가 이미 서민들의 생활에 크게 자리 잡고 있었음을 보여준다.

> 동지섣달 긴긴밤에
> 작설없어 못살겠네
> 삼사월의 긴긴해에
> 작설따는 그재미는
> 차밭골이 제일이네

경남 밀양시 표충사 주변에서 채집된 민요에도 비슷한 내용이 있다.

> 지리산 신선 작설이나 마셔
> 백년장수나 하여보세
> 우리인생 사는 방법
> 작설줄로 풀어보세

여기에서는 작설(차)이 일상 음료로 쓰였음을 표현하고 있다. 더구나 차

를 따는 재미를 느꼈다는 것은 차를 몹시 애용하였으리라 짐작하게 하는
내용이다.

2) 의례용으로 쓰인 차

조선시대 서민들은 관혼상제의 가례에도 차를 이용하였다. 기제사가
아닌 간략한 제사에 밥과 국 대신에 차와 과일 등 간단한 음식으로 차례
를 지냈다. 차가 나지 않는 곳에서는 차 대신 물이나 술을 사용하기도 하
고, 다식으로 차의 의미를 대신하기도 했다. 1632년 한글로 간행된『가례
언해家禮諺解』에는 삭망차례 중 "삭일(1일)에는 술과 과일을 쓰고, 망일(15
일)에는 차를 쓰라"고 하였고, 일이 있어 사당에 고할 때도 삭일같이 하되
차와 술을 올려라"고 하여 서민도 제례에 차를 쓸 것을 계도하였다.

『잡동산이』에도 신랑이 신부집에 가서 신부의 생년월일을 묻는 납채문
명納采問名의례 때 사당에 차례를 올렸
다. 사당례에는 주부가 점다하여 차를
바치는 것이 상례였다. 혼례 때도 봉
채집 속에 차씨를 넣어가면서 일부종
사一夫從事를 맹세하였다. 또한 차씨를
가져가면 아들을 낳는다는 속설이 전
해져 오기도 했으니, 다음 민요에서
그것을 알 수 있다.

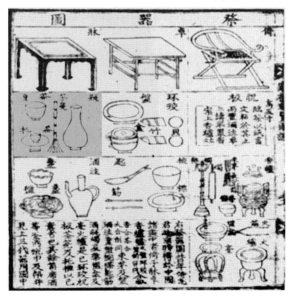

가례집람도설 예학자
김장생이 그림과 함께 설
명한 의례집으로 제기도
에 다선과 찻잔 등이 그
려져 있다.

영축산록 자장골에
자장율사 따라왔던
자장암의 금개구리
차씨한알 토해주소

우리딸년 시집갈 때
봉채집에 넣어주어
떡판같은 아들낳게
비나이다 비나이다

상례에도 차를 썼던 기록이 있다. 왕실의 상례에서는 강신할 때 술로써 뇌주醊酒하지 않고 차로써 뇌다醊茶하였다. 강신한 후에도 시호를 영전에 바칠 때나 관을 내기 위해 빈소를 열 때, 발인 전에 영결을 고하는 조전의 祖奠儀나 노제路祭를 시작할 때 상주가 되는 왕이나 현관이 차를 부어 강신을 빌고 이어 술을 올렸다.[4]

조선 초기 왕실의 상례에 뇌다하고 술을 따르는 풍속은 조선후기에는 사가에도 전파되었다. 1764년 통신사로 갔던 중 죽음을 당한 최천종의 장례에도 뇌다하고 술을 따랐다는 기록이 보인다.

3) 공양물로 바친 차

화개면 근처의 민요에 차를 스님에게 공양물로 바친 내용이 있다.

아자방亞字房의 스님네요
한잔 먹고 깨치소서
두잔 먹고 도통하소
석잔 먹고 신선되소
자나깨나 정진하소

4   李肯翊, 『練藜室記述』 별집 1권, 「紀典典故 薦新」.

이 민요를 보면 서민들이 정성껏 만든 차를 스님에게 공양하면서, 차가 정진에 보탬이 되기를 염원하였음을 알 수 있다.

김해시 다전동 근처에서 채집된 민요에도 비슷한 내용이 있다.

제사장님 다한 정성
김해그릇 큰사발로
천접만접 우려내어
장군차로 올릴까요
죽로차로 올릴까요
바리바리 차립니다
나라세운 수로왕님
십왕자의 허황후님
가락국가 세운은혜
이차한잔 올립니다
김해사람 복받으소
잘못한일 점지하소

이 민요에서 보면 가락국을 세운 시조 수로왕과 허황후에게 장군차나 죽로차를 올리면서 비는 장면이 보인다. 특히 김해의 명물 찻사발에 차를 우려내어 김해사람 복 받고 잘못한 일은 깨우쳐 주기를 축원하는 장면은 다른 지역에서 볼 수 없는 모습이다.[5]

5 조인숙, 「조선시대 서민의 차생활에 관한 연구」, 원광대학교 석사학위논문, 2005.

4) 약용으로 쓰인 차

인류가 최초로 차를 사용한 것은 약용으로서였다. 육우의 『다경』에도 "열이 있어 갈증이 나거나 번민이 있거나 머리가 아프거나 눈이 껄끄럽거나 팔다리가 나른하거나 뼈마디가 잘 펴지지 않을 때 차를 너댓 잔을 마시면 신선의 약인 제호나 감로에 못지않은 효능이 있다."고 하여 약효를 강조하였다.

『조선왕조실록』에는 왕에게 올린 탕약에 차가 들어간 처방을 여러 군데서 찾을 수 있다. 임진왜란 이후의 의서인 『동의보감東醫寶鑑』에도 "작설차인 고차苦茶는 기운을 내리게 하고 체한 것을 소화시켜 주며 머리를 맑게 해 주고 소변을 잘 통하게 하며 사람으로 하여금 잠을 적게 해주며 불에 데인 화상을 해독시켜 준다."고 하여 차의 약성을 강조하였다. 민간의 약방문을 집대성한 『향약집성방鄕藥集成方』에도 차를 이용한 처방이 많이 나온다.

최근 발견된 『기다記茶(=東茶記)』에도 차가 약용으로 쓰인 사례가 있다. "계해년(1743년, 영조 19) 봄에 상고당尙古堂 김광수金光遂(1696~1770)의 집에 들러 중국차를 맛보았다. 이 때 주인이 감기 든 늙은 하인에게 차가 특효약이라며 몇 잔 마시게 하는 것을 보았다. 차 파는 배가 들어왔을 때 우리나라 사람은 설사약으로 차를 먹었다. 내가 직접 딴 차로 시험해보니, 감기와 식체食滯, 주육독酒肉毒, 흉복통胸腹痛에 모두 효과가 있었다. 이질 설사와 학질, 염병까지도 모두 효험이 있었다."에서 보면 차는 감기, 배앓이, 주독, 식체 등에 효과가 있다고 하였다.

범해각안梵海覺岸(1820~1896)의 「다약설茶藥說」에 이질로 사경을 헤매다 도반이 갖다 준 차를 끓여 마시고 거뜬히 살아났다는 때를 설명하면서 "차를 끓여서 사용하니 한잔을 마시매 마음이 조금 편안해지고 두 잔째는 정신이 상쾌하여지고 서너 잔째에는 몸 전신에 땀이 흐르고 맑은 바람이 뼈 속에서 불고 쾌연快然하더라."라고 한 것은 차의 약효를 강조한 것이다.

구례 화엄사 근처에서 불리던 민요에서도 차 효능에 대한 부분이 몇 군데 보인다.

〈작설 낳게 봄바람아 불지마라〉

잘못 먹어 보챈 애기 작설 먹여 잠을 재고

큰아기가 몸살나면 작설 먹여 놀게 하고

엄살 많은 시애비는 작설 올려 효도하고

시샘 많은 시어머니 꿀을 드려 달래놓고

혼자 사는 청산이는 밤늦도록 작설 먹고

근심없이 잠을 잔다.

바람 바람 봄바람아 작설 낳게 불지마라

이슬 먹는 작설 낳게

한 잎 두 잎 따서 모아

인적 기도 멀리한 날 앞뒤 당산 산신님께

비나이다 비나이다. 바람할매 비나이다.

작설은 잘못 먹은 애기나 몸살 난 큰아이에게 약으로 쓰였다. 시아버지, 시어머니, 혼자 사는 청산(청상과부를 뜻하는 듯)에게도 작설은 문제를 해결해 주는 또 다른 약이었다.

한국차문화의 중흥

1. 유서類書에 보이는 차 (Ⅱ)

1) 서유구徐有榘(1764~1845)의 『임원십육지林園十六志』

『임원십육지』는 서유구가 편찬한 백과사전적 농서로『임원경제지林園經濟志』라고도 한다. 농사일반과 영농을 중심으로 한 의식주, 보건생활 및 사대부의 취미생활 등 생활전반에 대한 내용을 16부문으로 분류하여 각각을 총론과 각론으로 나누어 서술하였다. 편찬연대가 정확히 명기되어 있지는 않으나 1827년경으로 추정하고 있다.

서유구는 조선시대 실학기 농서『농가집성』·『산림경제』·『증보산림경제』와 『농정전서』등 중국의 농서를 수용하였고 만년에는 전원에 묻혀 몸소 농사를 지으며『임원십육지』를 저술하였다. 여러 농서 등을 과학적으로 체계화한 본서는 이후의 『농정신편』·『농정촬요』·『농정회요』등 여러 농서에 영향을 끼쳤다.

『임원십육지』에는 「만학지晩學志」 잡식雜植과 「이운지怡雲志」 형필포치衡泌鋪置 다료茶寮, 산재청공山齋淸供 상上에 차에

임원경제지 서유구가 전 시대에 나온 농업관계 지식을 총망라하여 편찬한 백과사전이다.

다식판 임원경제지에 다식판의 재질, 크기 등이 상세하게 소개되어 있다.

관한 방대한 내용을 기록하고 있다. 「만학지」에는 차茶, 죽竹, 연초煙草 등 13종에 대한 내용을 포함하고 있으며, 차에 관해서는 명품名品, 토의土宜, 시후時候, 종예種藝, 수채收採, 증배蒸焙, 수장收藏, 장종藏種에 관해 방대한 양을 서술하고 있다. 즉 유명한 차의 종류, 차를 기르는 데 적당한 토양이나 기후, 만드는 법, 보관하는 법, 종자를 갈무리하는 법 등 자세한 내용까지 담고 있다.

여기에는 차와 함께 마시는 다식에 관한 언급과 함께 다식판에 대한 내용도 있다. 다식판을 만들기 좋은 나무의 종류, 다식판의 규격 등 자세한 사항까지 소개하고 있다. 『임원경제지』에 소개된 다식판은 "황양목을 써서 만든 것이 아름답고, 길이는 1자가 넘고, 너비는 2치이며…… 그 다음으로는 수壽자와 복福자를 새기고, 칠보로 꽃과 새 모양을 만든다用黃楊木造者佳長尺餘廣二寸厚一寸 …… 次刻壽福二字七寶花鳥之型."고 설명하고 있어 지금 남아 있는 다식판과 거의 같음을 알 수 있다. 참고로 『증보산림경제增補山林經濟』에서 '목판인출木板印出'이라 하여 다식판이 처음으로 소개되었다.

2) 최한기崔漢綺(1803~1877)의 『농정회요農政會要』

최한기는 19세기 경험주의 철학자이자 실학자이며, 과학사상가이다. 전통적인 유학사상을 실증적이고 과학적으로 새롭게 발전시킨 조선 후기 실학의 대표적 학자로 천문·지리·정치·농정·수리水利·수학 등 다방면에 걸쳐 식견이 높았다. 수많은 저작을 통해 경험주의적 인식론을 확립하여 일체의 선험적 이론이나 학설을 배격하고 사물을 실증적으로 파악할 것을 주장하여 한국 사상사에 근대적 합리주의를 싹트게 하였다. 그는 이러한 기초 위에서 진보적 역사관을 수립하고 현실 문제를 비판하였으며 과감한 개혁과 외국과의 대등한 교류를 주장하였다.

『농정회요』는 10책 22권으로 구성되어 있으며, 현재 전해지고 있는 것은 일본 교토京都대학에 소장된 반흘림체의 필사본이 유일본으로 전하고 있다. 1830년경에 저술된 것으로 6책 권13 농여農餘·잡식雜植에 차에 관한 내용이 실려 있다.

3) 조재삼趙在三(1808~1866)의 『송남잡지松南雜識』

『송남잡지』는 조선후기의 재야 학자 조재삼의 저서로 1855년 초고본이 이루어지고 이후 계속 수정 보안되었을 것으로 추정된다. 자서自序에서 "만물에 대하여 보고서도 그 상象을 기록하지 않고 듣고서도 그 형形을 기록하지 않으면, 가위 등하불명燈下不明이요 첩상불견睫上不見이라 할 것"이라고 하였다. 필사본으로 14책으로 구성되어 있다. 일종의 백과사전으로 천문天文·인사人事를 비롯한 동·식물 등의 33개 부문으로 나누어 국어학·역사학·철학·동물학·복식사·음악사 다양한 분야의 지식을 모아 서술하였다.

차에 관해서는 차茶, 황차黃茶, 황매차黃梅茶, 선장차僊掌茶, 작설차雀舌茶에 관한 내용을 단편적으로 기록하고 있다. 『다경』 일지원一之源·『국사보國史補』·『박물지博物志』 등을 인용하였고, 황차에서 "해남에는 옛날에 황차가 있었는데 세상에 아는 자 없고 오직 정약용이 알기에 정차丁茶라 이름하고 또 남차南茶라 이름 한다"고 하였다. 작설차에 관해서는 두목杜牧의 시를 인용하였고 선장차(일명 仙人掌茶)에 관한 기록은 『유원총보』의 기록과 일부 흡사하다. 황차의 경우 당시 한국 차에 관한 기록으로 귀중한 자료이다.[1]

4) 이유원李裕元(1814~1888)의 『임하필기林下筆記』

『임하필기』는 이유원의 저술로 39권 33책의 필사본이다. 평소 보고 들은 사실을 메모해 두었다가 1884년 경기도 남양주 가곡리에 은거할 때 완성한 것으로 알려져 있다. 저서에 『귤산문고』·『가오고략』·『임하필기』 등이 있다. 『임하필기』 권32 호남사종湖南四種에 차에 관한 내용은 다음과 같다.

> 강진 보림사의 죽전차竹田茶는 정약용이 절의 승려에게 아홉 번 찌고 아홉 번 말리는 방법을 가르쳐 주었다. 그 품질은 보이차보다 못하지 않으며 곡우穀雨 전에 딴 것을 더욱 귀하게 여긴다. 이는 우전차雨前茶로 이름이 가하다 …(중략)… 또 황차를 취하는데 연경에서 나는 것보다는 못하지만 상당히 괜찮다.

죽전차는 대나무밭에서 나는 차로 구증구포의 방법으로 제다한 곡우전에 딴 차잎을 가지고 만들었으며, 이를 우전차라고도 하였음을 알 수 있다. 또한 「도다변증설」에 근세의 차품평에서 보이차가 제일이라고 하였으나 『임하필기』에서는 죽전차의 품질이 보이차보다 좋고 특히 곡우전의 차는 상품이라고 하며 우리 차의 우수성을 기록하고 있다.
　그는 『가오고략嘉梧藁略』에서 「죽로차竹露茶」라는 제목으로 보림사의 차를 찬양하고 있다.

1　김희자, 「조선시대 백과사전류에 나타난 차에 관한 연구」, 『차문화학』 제2권 2호, 국제차문화학회, 2006.

심양 시장 보이차普茶는 그 값이 가장 비싸
한 봉지에 비단 한 필 맞바꿔야 산다 하지.
계주 북쪽 낙장酪漿과 기름진 어즙魚汁은
차를 일러 종을 삼고 함께 차려 권한다네.
가장 좋긴 우리나라 전라도의 보림사니
운각雲脚에 유면乳面이 모여듦 걱정 없네.
번열煩熱과 기름기 없애 세상에 꼭 필요하니
보림차면 충분하여 보이차가 안 부럽네.

중국 심양의 차 시장에서 보이차 한 봉지에 비단 한 필과 바꿀 만큼 비싸다는 것을 설명하였다. 그는 차의 효능에 대해서도 박식하여 차가 기름기를 없애는데 효과가 있다고 했다. 그렇게 우수한 보이차도 보림사의 차를 따라가지 못한다고 하며 보림차를 한껏 칭찬하였다.

고종 때 영의정을 지냈던 이유원은 만년에 고향에 다옥茶屋을 짓고 은거하여 차를 벗 삼아 지냈다. 「가곡다옥기嘉谷茶屋記」에 차를 애호하는 자신의 습관과 자신의 다옥에 대한 설명이 있다.

내 성품이 평소에 차를 좋아한다. 사방의 이름난 차를 얻으면, 문득 산수가 좋은 곳으로 달려가 끓여 마신다. 한강 가에 살 때는 작은 집을 지어 '춘풍철명지대春風啜茗之臺'라고 하였다. 글씨는 수옹邃翁 섭동경葉東卿이 써서 주었다. 후에 가오곡嘉梧谷으로 이사해서는 퇴사담退士潭을 파서 좋은 물을 얻어, 호남의 보림차와 제주의 귤화차橘花茶를 끓여 마셨다. 근자에 연경에서 돌아온 주자암周自菴이 진짜 용정차와 우전차를 주므로 못물을 길어다가 함께 달였다. 솔 그늘과 대 그림자 사이에 솥과 사발을 늘어놓고 날이 저무는 줄도 몰랐다. 하지만 손을 대고서 찻물을 따라도 오히려 티끌이나 모래 등이 날려드는 것은 어쩔 수 없었다. 이에 나무를 세워 시렁을 만들고, 위에는 판자로 덮었다. 집 모서리에다 이를 세우니, 간데없이 하나의 집이 되었다. 길이는 다섯 자 남짓 되고, 너비는 두 자가 넘었다. 가운데에는 화로를 고일 틀이 있었다. 구리줄로 다관茶罐에 드리워 고리에 매달았다. 수탄獸炭을 화로 구덩이에 넣고 부채로 바람을 일으키면 바람이 스스스 불어 솔가지가 바람에 울부짖는 소리를 낸다. 해안蟹眼의 상태가 막 지나고 나면 어안魚眼이 또 생겨난다. 듣고 있노라면 정신이 아득해졌다가, 차를 마시면 정신이 깨어나곤 했다. 소동파가 간직해두었다는 밀운룡密雲龍 차가 어찌 내가 얻은 용정차나 우전차가 아닌 줄 알겠는가? 다만 네 학사를 후대해 줄 기약이 없음이 안타깝다. 물건의 신품神品은 언제나 있지만, 마음을 알아주는 사람은 늘상 있는 것이 아니다. 그러니 내 다옥茶屋을 나 홀로 좋아할 밖에.

이 글에서 그는 다양한 차의 종류, 차 우리는 법, 차의 효능, 다사 등 차에 관한 지식을 마음껏 뽐내고 있다. 명차는 좋은 풍광이 있는 곳에서 마셔야 한다는 지론을 갖고 있었다. 그래서 풍광이 좋은 곳에 스스로 다옥을 지었는데, 일본의 다성 센리큐가 만들었다는 다이안待庵보다 더 작은 공간이었다. 화로에 불을 지펴 못물을 떠다가 물을 끓이면 『다경』의 서술대로 게눈, 물고기 눈과 같이 끓는 물방울이 생기는 것을 자세히 관찰하였다. 소동파가 친구들과 다회를 열었던 것을 상기하며 찾아오는 이 없음을 자탄하였다. 이 글은 19세기말 당시의 다옥을 연구하는데 귀한 자료가 되고 있다.

2. 다산茶山·초의草衣·추사秋史의 만남

19세기는 한국 차문화의 중흥기이다. 임진왜란 이후 전국토가 황폐화

되고 차의 생산이 거의 중단되다시피 했다. 따라서 고려 이후 찬란했던 차문화는 침체되고, 가례에서조차 차의 사용이 어려워진 위기를 겪기도 했다. 19세기를 여는 첫 해 1801년 신유박해로 인해 다산정약용이 강진으로 유배오면서 아암 혜장兒菴 惠藏(1772~1811)과의 만남을 통해 한국의 차문화는 중흥의 기운을 맞게 되었다. 여기에 초의 의순草衣 意恂(1786~1866)과 추사 김정희金正喜(1786~1856)와의 교류는 한국 차문화의 중흥을 넘어 차문화의 격조까지 높여주는 결과를 낳았다.

1) 다산 정약용茶山 丁若鏞(1762~1836)

정약용은 경기도 광주 출신으로 호는 다산茶山, 삼미三眉, 여유당與猶堂 등이다. 그는 1783년 회시會試에 합격하고 어전에서 『중용中庸』을 강의하였다. 수원성을 설계하였고, 서양식 거중기를 만들어 성곽을 쌓는데 사용하였다. 그는 정조의 총애를 한 몸에 받는 당대 최고의 유학자였으며, 정치, 경제, 지리, 법률 등 미치지 않는 분야가 없을 정도의 전문가였다.

정조가 돌아가고 순조가 즉위하자 노론벽파들은 천주교를 믿는 남인시파에 대한 공격을 가하게 된다. 천주교를 믿던 다산도 신유박해에 연루되어 장기로 귀양갔으나, 황서영 백서사건이 터지자 다시 강진으로 귀양을 가게 되었다. 다산은 처음 머물던 주막의 골방에 '사의재四宜齋'라는 이름을 붙였다. 학문이 뛰어난 정약용이 강진에 와서 산다는 소문을 듣고 아암 혜장이 만나고 싶다고 해서 만덕사萬德寺(白蓮社)에서 둘은 만남을

정약용 초상 초의가 19세기 말 그린 것으로 상단에 '정씨열수노인의 초상'이라고 쓰여 있다. 한국천주교순교자박물관

백련사의 동백나무 숲길 다산과 혜장이 걸으며 토론을 했다는 이 길에는 지금도 동백나무가 빽빽하다.

갖게 된다. 다산보다 열 살 연하인 혜장은 다산과 함께 백련사와 다산초당 사이의 동백나무 숲길을 오가며 서로 인간적인 대화를 나누고, 학문적인 토론을 하였다. 유배 중이었던 다산에게 혜장과의 만남은 주역과 경서를 논할 수 있는 학문적 벗을 얻은 것이며, 차를 통한 우정을 경험하게 한 중요한 사건이었다. 다음 다산의 시에 그런 정황이 잘 드러나 있다.

〈봄날 백련사에 유람가다〉

구름조각이 닦아냈는지 바다하늘 활짝 맑고	片片晴雲拭瘴天
냉이밭에 나비들도 하얗게 훨훨 나는데	薺田蝴蝶白翩翩
우연히 집 뒤의 나무꾼 길을 따라	偶從屋後樵蘇路
드디어 들 머리 보리밭을 지나왔네	遂過原頭橫麥田
바다끝에서 봄 만나니 나도 이제 늙나보다	窮海逢春知老至

다산초당(좌) 1808년 다산은 귤동마을의 윤규로의 산간 정자에 해배될 때까지 머물게 된다. 당시는 초가지붕이었는데, 1958년, 1974년 다산유적보존회가 지금의 모습으로 복원하였다.

정석(우) 정석, 약천, 연지석가산 연못, 다조를 다산4경이라 부른다. 정석은 다산이 직접 쪼아서 새긴 글씨이다.

외진 마을 벗이 없어 중이 좋은 걸 알았다네	荒村無友覺僧賢
때로 먼 산 바라보던 도연명 생각이 나서	且尋陶令流觀意
한두 편 산경을 놓고 중과 함께 얘기했네	與說山經一二篇[2]

　　다산은 혜장의 주선으로 대흥사의 말사인 보은산 아래 고성사로 거처를 옮기고 '보은산방'이라 하였다. 보은산방이라는 이곳에서 혜장은 다산에게 경학을 배우고, 혜장은 다산에게 차를 권유하여 다도에 더욱 심취하게 하였다. 다산은 보은산방을 거쳐 제자 이학래의 집에서 머물다가, 서쪽 다산茶山으로 거소를 옮기게 되었다. 그곳에서 정약용은 '다산'이라는 호를 쓰게 되었고 해배될 때까지 그곳에 머물렀다. 1809년 이곳에서 혜장의

2　『茶山詩文集』第五卷　詩「春日游白蓮寺」.

여유당 경기도 남양주 북한 강변에 자리한 다산 정약용의 생가가 여유당이다. 그 뒤편에 다산의 묘지가 있다. 해배되고 나서 이곳에서 『여유당전서』를 편찬했다.

소개로 초의 의순草衣 意恂을 만나게 되어 또 다른 인연이 시작되었다. 역사적인 만남이 있었던 이곳에 1958년 다산초당茶山草堂을 복원하여 그날의 감동을 전하고 있다.

1818년 18년간의 귀양살이에서 풀려나 고향인 경기도 광주 마현리 여유당으로 가서 그간의 업적을 『여유당전서』 책으로 정리하였다. 거기에는 『목민심서牧民心書』, 『경세유표經世遺表』, 『흠흠신서欽欽新書』를 비롯한 500 여권의 저술이 들어있다. 그는 차문화와 관련하여 「각다고榷茶考」에서 차 전매제도를 주장하였고, 차를 법제하는 방법도 잘 알고 있었다. 그가 만든 정차丁茶(해남황차), 만불차, 금릉월산차가 유명하며, 다산은 그 제다법을 제자들에게 가르쳐 주었다.

다산이 해배되어 고향으로 떠나기 전 18명의 제자들과 「다신계절목茶神契節目」을 만들어 계를 조직하였다. 그 내용은 제자들이 해마다 어린 찻잎을 따서 잎차를 만들고, 쇤 잎을 따서 떡차를 만들어 다산에게 보내면서 그간 지은 시를 첨부해서 보내기로 했다. 다산은 북쪽에서 차를 구하기 어려운 점을 해결하고 대신 제자들에게 시에 대한 첨삭지도를 해 주려 했던 것이다. 이 다신계는 적어도 100년 이상 계속 유지되었던 것 같다. 1931년 아유카이가 여유당을 방문했을 때 다산의 현손이 강진에서 온 차를 직접 보여준 것이 바로 다신계절목이 그때까지 지켜졌다는 증거이다.

2) 초의 의순草衣 意恂(1786~1866)

초의草衣는 전남 무안군 삼향면 왕산리에서 태어났으며 속성은 장張씨이며 이름은 의순意恂이다. 16세에 나주 운홍사에 들어가 승려가 되었고, 19세에 해남 대둔사大芚寺에서 완호玩虎 윤우倫佑로부터 구족계具足戒를 받았다. 초의艸衣라는 호는 출가 후 스승 완호玩虎로부터 받은 호이다.

초의는 그림을 잘 그려서 소치小痴 허련許鍊이 그의 문하에서 그림을 배울 정도였다. 39세에 대흥사 뒷편에 일지암一枝庵을 중건하고 이곳에서 수양생활을 하였다.

초의는 1809년 백련사의 혜장을 찾아갔다가 처음으로 다산을 만났다. 첫 만남에서 초의는 다산의 높고 깊은 학문과 인품에 머리를 숙였다. 다산 역시 초의의 법도와 시심詩心과 다도茶道에 대한 식견에 찬탄을 보냈다. 스물네 살의 나이 차이는 물론 승속僧俗까지 초월한 다산과 초의의 만남은 훗날 유배에서 풀린 이후까지 이어졌다. 또 다산이 별세하고 난 이후 아들 학연學淵·학유學遊와의 교유로도 이어졌다. 다산 부

초의 초상 신분과 이념을 넘어 여러 벗들과 차를 즐겼던 삶을 말해주듯이, 초상의 왼편에 찻주전자가 놓여 있다. 아모레퍼시픽미술관

칠불암 아자방 하동 쌍계사에서 더 깊숙한 쪽으로 들어가면 허황옥의 일곱 아들이 수행했다는 칠불암이 있다. 아자방은 초의가 『다신전』을 등초했던 곳이다.

자와의 교유 이후로 초의는 한양에서 신위申緯·홍석주洪奭周·홍현주洪顯周 등 당대 경화거족京華巨族과 교유했다.

초의는 1828년 43세에는 지리산 칠불암七佛庵 아자방亞字房에서 「다신전」을 등초하였고 45세에 이를 정서하였다. 다신전은 중국의 백과사전격인 『만보전서萬寶全書』의 한 부분을 옮겨 쓴 것이다. 본래의 원전은 장원張源이 쓴 『다록茶錄』이다. 1837년 52세에는 일지암에서 한국의 「다경」이라고 할 수 있는 「동다송」을 저술하였다.

초의가 다산을 만나러 한강변에 와서 청량산방에 묵으며 지내고 있을 때 쓴 시가 있다.

〈돌샘물로 차를 끓이다石泉煎茶〉

하늘빛은 물과 같고 물은 연기와 같으니 　　　　　　天光如水水如烟

이곳에 와서 노닌지 이미 반년이라 此地來遊已半年

밝은 달과 함께 잠든 밤 그 얼마든가 良夜幾同明月臥

맑은 강은 조는 백구를 짝했네 清江今對白鷗眠

마음속엔 본래 미워함도 시기함도 없었거니 嫌猜元不留心內

어찌 헐뜯고 칭찬함이 귓전에 들리리 毀譽何曾到耳邊

소매 속에 아직 경뇌소가 남았으니 袖裏尙餘驚雷笑

구름따라 두릉천으로 또 차를 끓이네 倚雲更試杜陵泉

1830년 가을, 한양에 온 초의는 수종사에 여장을 풀고 다산 부자와 추사, 해거도인 등 경화거족과 사귀면서 반년을 지냈다. 이 해 겨울 초의는 여기에서 석옥화상의 시에 차운하여 '수종사차석옥화상운水鍾寺次石屋和尙韻' 12수를 남겼다. 그 무렵 수종사로 초의를 찾아온 정학연 형제와 광산 박종유는 폭설 때문에 돌아가지 못하고 밤새 승경에 빠져 아회雅會를 즐겼다고 한다. 설경을 감상하며 지은 이들의 시는 그 중 일부만이 전해진다.

이어 정학연 형제들과 여러 사백詞伯들이 두릉의 다산 집에 모여서 시회를 열었다. 두릉은 남양주 능내 일대를 말하며 다산의 5대조부터 이곳에 자리하여 살고 있었다. 초의는 이

수종사 사적기(상) 수종사의 역사를 요약하고, 1830년 초의와 정약용의 아들 등이 아집을 했던 이곳의 역사사실을 비석에 간추려 담아두었다.

수종사 다실(하) 수종사에 마련된 다실인데, 두물머리의 경치를 내려다보면서 스스로 차를 우려 마실 수 있다.

시회를 '두릉시사杜陵詩社'라 하였는데, 두릉시사는 다산이 해배되어 마재에 정착한 이후 다산과 큰아들 정학연을 중심으로 결성한 모임이다. 그들은 주로 두릉과 홍현주의 집, 수종사와 청량산방 등에서 시모임을 가졌다. 정약용·정학연 부자, 홍현주, 윤정진, 홍희인·홍성모 부자, 신위, 박영보, 박종림·박종유 형제, 이만용, 이재의, 김매순, 구행원 등이 구성원이었다. 초의를 초대한 이날 시사詩社에 모인 인사는 초의, 정학연·정학유 형제, 진재 박종림, 광산 박종유, 경당 윤정진, 동번 이만용, 저원 홍희인, 약인 홍성모였다. 초의의 〈두릉시사여제사백동부杜陵詩社與諸詞伯同賦〉는 바로 여기에서 지은 시이다.

구름 따라 여기에 와 그윽한 곳 사랑하니	雲蹤到此愛幽居
언덕에 끌린 정, 아직 끊지 못한 것이 우습구나.	邱壑情緣笑未除
곱디고운 초승달 맑게 갠 저녁에 떠오르고	細月涓涓新霽夕
엷은 안개 서린 언덕엔 석양 노을 비친다.	斜陽艷艷澹煙墟
뜻 높은 선비야 누가 오겠나	安貧達士誰能致
자리가 높아지고 좋을 땐 소원해지기 쉬운 것	高尙明時易見疎
강 가까이 숲이 깊어 찾는 이가 드무니	江近林深人跡少
이 중에 좋은 벗, 반은 물고기와 새이라	此中友樂反禽魚

다산은 초전의 집 앞에 작은 정자를 짓고 고사를 따서 채화정菜花亭이라 했다. 채화는 집 앞 텃밭에 가꾸는 채소에 핀 꽃을 뜻한다. 그해 채화정에서 또 아회雅集를 열었는데, 초의, 정학연·정학유 형제, 박종림·박종유 형제가 참석하였다.

구름과 시냇물 한적한 속에 묻혀 살며	水雲鄕裏久藏身
시와 술로 환대하니 번거로움도 싫지 않네.	詩酒相歡不厭頻

도연명기의 선객이 아니라	不是淵明記裏客
정작 마힐의 그림 속 인물이라오.	應爲摩詰畵中人
안개는 예스런 법도를 빚어내고	烟霞釀作容儀古
비바람이나 싯귀는 새로워라.	風雨물傾句法新
옳거니 선비란 원래 삼갈 줄 아나니	好是士常眞戒在
수레타고 가난타 마시게.	請車帶索不言貧

호계虎溪는 중국의 여산廬山에 있는 계곡으로 '호계삼소虎溪三笑'라는 고사를 낳은 곳이다. 여산의 동림사東林寺에 은거하던 고승 혜원慧遠은 수행중 절대로 호계교를 넘어 밖으로 나가지 않으리라는 규칙을 정해두었다. 어느날 유가의 시인 도연명과 도교의 도사 육수정이 혜원을 찾아왔다가 돌아가는데, 배웅을 하며 나누던 청담에 취하여 그만 호계교를 넘고 말았다는 것이다. 초의는 그날 함께 한 선비들을 죽림칠현에, 자신을 혜원스님에 비유하여 아집의 고담준론을 찬양하였다.

초의의 서울행은 스승 완호의 탑을 이루어놓고 그 탑명을 부탁하고자 하는 데 목적이 있었다. 1831년 정월 중순 초의는 홍현주에게 탑명을 부탁하였고, 이에 홍현주는 신위에게 탑서塔序를 부탁해 주었다. 동대문 밖 금파錦波가 주석하고 있던 청량사清涼寺의 산방山房에서 홍현주는 초의를 초청하여 시회

를 열었다. 그날 청량산방에 모인 사람은 홍현주, 경당 윤정진, 동번 이만용, 유산 정학연, 저원 홍의인, 약인 홍성모와 초의 7명이었다. 이들은 승속을 떠나서 승려가 쓰는 범어를 사용하지 않고 시를 짓기로 했다. 이는 천 년 전의 서원西園 아집雅集과 비슷한 모임이었다. 서원아집이란 북송의 부마도위駙馬都尉 왕선王詵이 자신의 서원에서 소동파와 황정견, 미불, 이공린 등 당대 쟁쟁한 문인화가들과 일본 승려 원통대사圓通大師를 만나 함께 노닌 일을 말한다. 홍현주 자신이 부마도위인데다 승려인 초의가 합석한 자리였으므로 이런 비유를 한 것이다.

홍현주가 어느날 휘경동에 있던 휘경원의 친제를 마치고 청량산방을 들르려고 가는 도중 역시 청량사로 가고 있던 초의를 만났다는 사실로 보아, 청량산방은 동대문 밖 지금의 홍릉 자리에 위치한 청량사였을 것이다.

1938년 초의는 스승 완호의 「사리탑기舍利塔記」를 받기 위해 다시 상경했다. 그리고 금강산 유람에서 돌아와 홍현주의 집 마장병사瑪莊丙舍에 머물렀다. 그의 별서別墅는 지금의 한양대학교 근처 마장동에 있었다.

이와 같이 초의는 한양에 올라와서 수종사, 다산의 집 두릉, 청량사, 추사의 정자 용호백로정蓉湖白鷺亭, 홍현주의 집 마장병사에 머물며 경화거족과의 시사에 적극 참여했다.

3) 추사秋史 김정희金正喜(1786~1856)

추사 김정희는 조선후기 문신이며, 서화가이다. 호는 완당阮堂, 추사秋史, 승설학인勝雪學人 등 여러 개가 있다.

추사는 1815년 30세에 다산의 아들 학연의 소개로 동년배로서 초의를 만나 차를 통한 우정을 나누었다. 추사와 초의가 교분이 두터웠던 이유는 둘 다 유·불·선의

완당 초상 제주도 유배 시 제자 허유가 그린 그림이다. 소동파가 유배 당시 삿갓을 쓰고 나막신을 신었다는 고사를 토대로 스승의 유배살이를 표현했다. 아모레퍼시픽미술관

阮堂先生澥天一笠像

許小痴筆

小浪漁堂幷

어느 종교에 편협하게 집착하지 않
았고, 시·서·화에 대한 조예가 깊
어서 예술적인 교감을 나눌 수 있었
기 때문이다.

수차에 걸친 걸명소乞茗疎를 통해
확인할 수 있듯이 차를 통한 인연도
그에 못지않게 중요한 작용을 했을
것이다. 추사가 제주에 유배되었을

추사적거지(상) 제주도
대정면에 추사가 유배되
어 살았던 곳에 추사를
기리는 기념관이 세워져
있다.

추사를 찾아온 초의(하)
적거지 안에 추사를 찾아
와 문상하고 반년을 같이
지냈던 초의의 모습을 표
현해 놓았다.

때에 초의는 소치 허유小痴 許維를 통해 시와 차를 보냈다. 추사의 제자
소치는 제주도 대정에서 초의로부터 그림을 배우기도 했으며, 초의의 초
상을 그려주기도 했다. 그 뒤에도 초의는 5번이나 추사를 위문했고, 그
중 1843년 한 번은 그와 반년을 함께 지내면서 서로를 위로하였다.

서광다원 추사적거지에서 멀지 않은 곳에 장원산업이 조성한 넓은 차밭이 펼쳐져 있다.

　추사가 유배되어 지내던 집은 현재 추사적거지로 지정되어 명소가 되었다. 그곳에서 얼마 멀지 않은 곳에 장원산업이 1970년대 조성한 차밭이 넓게 자리 잡고 있다. 서광다원과 도순다원이 바로 그것이다. 또 그 주변에는 오설록이라는 차문화 관련 박물관이 들어서 있다.

　차 소식이 없고, 있는 차마저 동이 나게 되자 추사는 초의에게 걸명소를 보냈다. 멀리 떨어진 벗이라 생각조차 않는구나 하고 봉으로 삼십대를 치겠다고 협박을 하기도 했다.

나는 그대를 보고 싶지도 않고 또한 그대의 편지도 보고 싶지 않으나
다만 차의 인연만은 차마 끊어 버리지도 못하고 쉽사리 부수어 버리지
도 못하여 또 차를 재촉하니, 편지도 보낼 필요 없고 다만 두해의 쌓인

오설록 서광다원 안에 장원산업이 개설한 차 전문 박물관이 들어서 있다.

빚을 한꺼번에 챙겨 보내되 다시 지체하거나 빗나감이 없도록 하는 게 좋을거요.

추사는 차와의 인연만은 끊을 수 없다고 하면서 2년 동안이나 못 받은 채 밀린 차를 보내주어야 마땅할 것이라고 독촉하고 애걸한다. 후에 추사 는 초의가 보내준 차에 대한 보답으로 '명선茗禪'이라는 명필 글씨를 선물 하였다. 최근 이 글씨가 추사의 친필이 아니라는 주장이 강우방, 이영재 와 이용수 등에 의해 제기되기도 했다. 그런데 다산의 제자 황상黃裳(1788~ ?)이 초의에게 보낸 걸명시에 '명선'이 추사가 초의에게 붙여준 호라는 사 실이 들어 있다. 또 박동춘 동아시아차문화연구소 소장이 최근 소개한 황 상의 「초의행艸衣行 병소서幷小序」에 1849년 황상이 일지암을 찾아가 '명선

제10장 | 한국차문화의 중흥 **213**

茗禪'글씨를 보았다는 내용이 들어 있다. 이 글씨는 진위 논란에 휩싸이기는 했지만, 초의와 추사의 우정을 상징하기에 충분하다.

용호백로정蓉湖白鷺亭은 용산의 산언덕에 있던 추사의 정자로 백로白鷺가 한강위에 오락가락 나는 모습을 볼 수가 있어서 백로정이라는 이름을 지었다. 용호蓉湖란 서울 용산의 옛 이름이다. 추사와 초의는 이곳에서 자연과 더불어 "방외청교方外清交"를 나누었다. 두 사람의 우정은 사후에도 계속되었으니, 추사가 세상을 먼저 떠나자 초의는 그의 비명을 써 주기도 했다.

명선 차를 보내준 초의에게 보답하기 위해 한나라 때 백석신군비의 필법으로 '茗禪'글씨를 써 주었다. 간송미술관

3. 조선후기의 다가茶家

1) 자하紫霞 신위申緯(1769~1847)

신위는 조선 후기의 문신·서예가·화가로서 자는 한수漢叟, 호는 자하紫霞·경수당警修堂, 본관은 평산이다. 자하는 시흥 자하동(지금의 서울대 관악캠퍼스 일대)에서 자랐는데 어려서부터 신동이라 불렸고, 14살 때 정조의 부름을 받고 궁궐에 가서 재기를 드러내 총애를 받았다. 31세 때 알성시에 급제하여 도승지, 이조참판을 두루 지냈다.

1811년 서장관으로 북경에 갔다가 옹방강 등과 교유하여 문장을 떨쳤고, 시에 있어서는 김택영이 조선 제일의 대가라고 칭할 만큼 뛰어났다. 19세기 전반에 시詩·서書·화畵의 3절三絕로 이름을 떨쳤다.

만년에 고향으로 돌아가 '자하연' 연못을 갖춘 별장에 은거하며 차를 즐겼는데, 강진 유배에서 돌아온 정약용과 아들 학연과 사귀어 많은 시사에 참석하였다.

제자 박영보가 이산중에게 받은 차를 나눠주어 마셔본 후 초의차를 찬

양하는 글을 썼다. 박영보의 '남
다병서'가 바로 그것인데 신위는 이
에 화답해서 '남다시병서'를 썼다.

남차는 호남과 영남에서 나는
것이다. 신라 사람들이 중국에
서 차 씨를 가져와 산과 골짜기
에 파종하여 종종 차 싹이 돋았
지만, 후인들은 쑥대라 여겨
(차의) 참과 거짓을 구별하지
못했다. 요즘 들어 차 산지의 사람들이 차를 따다가 만들어 마시는데
(이것이) 곧 차이다. 초의는 몸소 차를 만들어 당대의 명사에게 보냈는
데 이산중이 (차를)얻어 박영보에게 나누어 주었다. 그가 나를 위해(차
를)달여 주어 맛보게 했다. (그가) 남다가를 지어 나에게 보이니 나도
그의 뜻에 화답한다.
南茶湖嶺間所産也 勝國時人 以中州茶種播諸山谷之間 種種有萌芽者 然
後之人以蓬蒿之屬 視之 不能辨其眞贗 近爲土人採之 蒸而飮之 乃茶也
草衣親自蒸焙 以遺一時名士 李山中得之分 于錦舲 錦舲爲我煎嘗 因以
南茶歌示余 余亦和其意焉.

내 삶은 담박하지만 차에 대해서는 벽이 있어서	吾生澹味癖於茶
차를 마시면 (차는) 사람의 정신을 환하게 한다네	飮啜令人神氣華
용단봉차는 모두 가품이라	龍團鳳尾揔佳品
화려한 그릇에 낙장은 너무 사치스럽다	酪漿金盤空太奢
한 잔의 차를 빌어 기름진 음식 씻어내고	假此一甌洗粱肉
겨드랑이 바람 인다는 것은 옥천자가 경험했네	風腋來從玉川家

강남 아득히 육우를 떠올리며	江南迢遞憶桑苧
홀로 다경을 품고 은밀히 베끼네	獨抱遺經書密斜
초금 주인이 저녁에 나를 맞아	笘錦主人夕邀我
(초금관은 금령 박영보의 집이다.)	(笘錦館 錦舲室名)
질화로 먼저 내와 엷은 안개 일어난다	先將土銼生澹霞
이르기를 이 차씨 영호남에 파종해	爲言此種種湖嶺
푸른 산에서 천년동안 쓸모없이 꽃피고 지네	碧山千年空結花
스님들 이리저리 이끼처럼 밟고 다니고	雲衲踏盡等莓苔
나무꾼은 (차나무를) 베고 또 쪼개내네	樵童芟去兼枒杈
아는 사람 없는 골짜기 난향처럼 은근한 향기	無人識得谷蘭馨
초의스님 차 따기에 두 손이 분주하다	草衣捫擷雙手叉
절집에 곡우절 봄비 내리고	僧樓穀雨細飛節
(양완정이 〈사손사원시〉에 "근래에 보낸 차 어린 싹으로 만들었고 절집엔 곡우 비에 막혔네"라는 구절이 있다)	
	(王阮亭謝孫思遠詩 寄茶有燒筍 僧樓穀雨闌)
새 떡차 찌고말려 붉은 비단에 쌌네	新餠蒸焙囊絳紗
(구양수의 〈귀전록〉에 "근래 만든 차 더욱 정미해 붉은 비단으로 차를 쌌다"라고 하였다) (歐陽脩歸田錄 近歲 製作 尤精束茶以締紗)	
부처께 공양하고 남은 차 시벗에게 오니	供佛餘波及詩侶
사모쓴 시객 품격을 높여주네	紗帽籠頭添品嘉
(노동의 〈사맹간의다시〉에 사모 쓰고 손수 차를 달인다는 구절이 있다) (盧仝謝孟簡儀茶詩 有紗帽籠頭手自煎)	
이산중이 얻어서 강옥의 금령에게 보내니	茗士得之寄江屋
(초사는 이산중의 자호)	(茗士李山中自號也)
봉한 백자항아리에는 녹설아라 썼네	白甀封題綠雪芽
(당나라 승려 제이의 시에 "봉하 백자 항아리에 화전이라고 썼다네"	

라고 하였다)　　　　　　　　　　　（唐僧齊已詩 白甀封題記火前）

생강과 계피는 묵을수록 맵고　　　　　　　　　　大勝薑桂老愈辣

삼과 창출 대그릇 안에서 약효가 더해짐보다 낫네　却與蔘朮籠裏加

푸른 하늘 흰 구름이 물결에 흔적 남기고　　　　　沈碧寒雲水生痕

　　（시우산의 다시에 "한 구름 삼나무에 푸른 빛이 더하다"라고 하였
　　다)　　　　　　　　　　　　　　　　（施惠山茶詩 深碧寒雲杉）

화려하게 장식한 옥명, 모름지기 자랑 마라　　　釵頭玉茗須莫誇

　　（옹방강은 "화려하게 장식한 옥명이 세상에서 가장 신묘하다"고 하
　　였다)　　　　　　　　　　　　　　　　（方翁釵頭玉茗天下妙）

차와 먹은 상반되지만 그윽한 향 단단함은 서로 같아서

　　　　　　　　　　　　　　　　　　　　　　德操與墨自相反

　　（온공이 이르기를 "차는 희어지려 하고 먹은 검어지려 한다"고 하였
　　고, 동파는 "기이한 차나 은은한 먹은 모두 향이 있어서 그 덕이 같
　　으며 모두 견고하니 절개가 있다"고 하였다. 온공은 차와 먹은 서로
　　상반된다고 하였다) (溫公曰茶欲白墨欲黑東坡曰奇茶妙墨俱香 是其
　　同德也 皆堅是其同操也 溫公曰 茶墨相反）

끼고 가는 선비들이 여러 번 감탄했었지　　　　抱向高人三歎嗟

건주의 섭씨 해마다 공물이 많아　　　　　　　建州葉氏歲多貢

차를 지고 가는 사람 먼 길까지 이어졌네　　　勞人絡繹途里遐

이 차의 유래야 번거롭게 하는 것이 아니었지만　此品流來不煩力

부쳐서 서울에 도착하니 나비떼 같아라　　　　寄到京華如蝶槎

남쪽은 지금 풍미가 좋을 때니　　　　　　　　南鄉到今好風味

이른 구루지역에서 단사가 나오는 격이지　　　便是句漏生丹砂

몸소 차를 포장하던 일 떠올리니　　　　　　　記得親包社前筍

제이가 만든 묘한 차처럼 향이 잇 사이로 피어나네 齊已妙製香生牙

이월에 주룩주룩 소나기 오는데	春陰蚓鳴驟雨來
누룩수레 만나도 넘치게 마시지 못해 침만 흘리네	未啜流涎逢麯車
시정이 뜻에 맞는 건 차 맛봄과 부합하니	詩情賴有合得嘗
금령이 있는 강의루가 곧 추관아라	江意樓是麤官衙

(설농의 〈사다〉 시에 추관이 "진발에게 부친 것은 도리어 시정에 합
치됨을 맛봄에 있다"고 하였다. 당나라 사람들의 구속에는 대성출
령과 군절진을 거치지 않는 자를 추관이라 한다)(薛能謝茶詩麤官寄
與眞抛却賴有詩情合得嘗唐人舊俗以不歷臺省出領兼軍節鎭者爲麤官)

자하의 귀한 시문을 공개한 박동춘 동아시아차연구소 소장은 초의차의
맛이 당시 서울의 경화거족들에게 대단한 선풍을 일으켰다고 강조했다.
특히 "남쪽은 지금 풍미가 좋을 때이니 이는 구루에서 단사가 나오는 격
이지"에서 초의 선사가 만든 우리 차의 우수성을 칭송하고 있다. 남쪽에
서 초의가 만든 차는 구루 지역에서 나는 단사(불로장생의 약)처럼 신선의
몸을 만들어 준다는 것이다.

또 독특한 점은 차의 덕성을 먹과 비교하고 있다는 것이다. "차와 먹은
서로 상반되지만 그윽한 향 단단함은 서로 같아 끼고 가는 선비들이 여러
번 감탄했었지." "내 삶은 담박하지만 차에 대해서는 벽이 있어서 차를
마시면 (차는) 사람의 정신을 환하게 한다네"라는 구절에서 신위는 차를
마시면 마음이 맑고 개운해진다는 다도관茶道觀을 드러내기도 했다.

1830년 신위는 홍현주의 청을 받고 초의의 스승 완호의 탑비문을 써
주었다. 이 때 받은 초의차에 반하여 그것을 칭찬하는 시를 지었다. 이때
부터 신위와 홍현주, 다산의 아들 학연 등은 시회를 자주 열어 시와 함께
차를 즐기며 선계仙界를 넘나드는 생활을 했다.

낮잠 자다가 꿈속에서 신선과 놀며 얻은 선게禪偈에

녹음 속 앵무 소리 윤기 흐르고

안개 속 방초 위로 제비 그림자 스쳐가네

짧은 시구詩句 아직도 분명히 기억하는데

깨어보니 차향기 무르익고 비가 내리네

다음 장면은 신위가 홍현주에게 지어 주었다는 운외몽중첩의 얘기와 아주 흡사하다. 해거도인이 꿈속에서 얻은 몽게夢偈 "꿈 깨고도 한 봉우리 청산만은 아련한데, 구름 밖에 구름이요, 꿈속의 꿈이라還有一點靑山麽 雲外雲 夢中夢"를 적어서 보내며 그 나머지 생각나지 않는 구절에 대한 안타까움을 동봉하여, 대구對句를 청했다.

이때 신위가 써준 시는 다음과 같다.

낙엽을 쓸고 있는 두타는 선이 바로 글 쓰는 일이고

구름 속 잠든 도인은 게송이 바로 시라네

꿈에서 깨어나 속세로 돌아오니

한 점 청산만이 연지硯池에 빠져 있네

그야말로 현실과 꿈, 시와 선과 그림과 글씨가 구분되지 않는 세계다. 이들 모두가 참다운 다인이었기에 다성에서 깨달은 멋이었으리라. 그래서 얻은 한마디가 "이승 모두가 꿈이라네此生未必都非夢"라는 구절로, 현실도 꿈이요 꿈속의 꿈도 꿈이라는 도를 체득한 것이다.

2) 우선藕船 이상적李尙迪(1804~1865)

이상적의 자는 혜길惠吉, 윤진允進, 호는 우선藕船, 본관은 우봉牛峰이다.

중인中人 출신의 역관譯官으로서 12차례나 연행燕行하면서 100여명이 넘는 중국 문사들과 폭 넓은 교류를 하여 중국의 음다문화飲茶文化를 체득한 인물이다. 조선후기 차문화가 중흥되던 시기의 인물인 이상적은 『은송당집恩誦堂集』에서 700여 편의 시와 37편의 문장을 남겼다. 그 중 차茶에 관한 시문을 40여 편 이상 남겼던 다가茶家이다.

그는 김정희의 문하로서 신위申緯(1769~1847), 정약용의 아들 학연(1783~1859), 홍현주洪顯周(1793~1865) 등 경화거족과 직접 사귀었고 실학사상에 기초한 사실주의 문학과 금석학金石學, 고증학考證學에 조예가 깊었다. 이 과정에서 국내의 학자들과 청의 학자들 간에 학문과 차문화 교류에 교량적 역할을 담당하기도 했다.

특히 김정희金正喜와의 교유는 「세한도歲寒圖」를 낳게 하였다. 청에 연행燕行하면서 이상적은 김정희에게 서책書冊을 구해 주기도 하였고 청의 인사들에게 안부를 전하기도 하였다. 1844년 제주도 유배지 대정으로 찾아온 이상적의 변함없는 의리에 감격한 추사는 그의 의리를 날씨가 추워진 뒤 제일 늦게 낙엽지는 소나무와 잣나무의 지조에 비유하여 답례로 그려준 것이 바로 세한도이다

그의 다시를 보면 그가 『다경』 등 다서를 섭렵하여 차에 관해 해박한 지식을 가지고 있었음을 알 수 있다. 『은송당집』에 차이름과 차 끓일 물에

세한도 이상적이 유배 생활 동안 변치 않고 추사 자신을 찾아준 의리에 감사하며 그려준 문인화이다. 소나무와 잣나무의 기백을 자신의 꼿꼿한 선비정신에 비유한다는 의미도 있다.

대한 표현과 차 끓일 때의 용어, 불에 관한 표현, 다구茶具에 관한 내용, 화로火爐 등 차에 관련한 다양한 내용을 읊고 있다.

그는 차茶를 통해 선禪의 경지를 터득하고 선을 수행하면서 차의 격조를 살리고자 했다. 시문집의 명칭으로 사용한 『은송당집』의 '은송恩誦'은 헌종이 그의 시를 읊으면서 감탄한 일에 대한 감사의 뜻에서 붙인 것이다. 그와 같이 온 나라에 이름을 드날린 그의 문집이 국내에서 간행되지 않고 먼저 중국에서 그 곳 친구들의 도움으로 출간 되었다는 것은 그의 문명을 말해주기에 충분하다.

또한 차를 통해 중국 및 일본과의 교류를 가졌고, 중국과 일본의 차를 접한 시도 남기고 있다. 열두 차례나 중국을 오갔던 이상적은 중국에서 보내온 귀한 차를 마시며 중국에서의 추억을 되새기는 시를 지었다.

〈접암 비부가 송차를 부쳐오다蝶菴比部寄餉凇茶〉

흰 항아리 봉하여 녹설아라 이름하여	白甄封題綠雪芽
멀리 사신 오는 편에 우편으로 보내왔네.	郵筒迢遞返星槎
곡우 시절 송강 길은 꿈속에 아득한데	夢迥穀雨凇江路
누워서 열수 물가 솔바람 소리 듣네.	臥聽松風洌水涯
일곱 잔 새 차 맛은 감로를 마시는 듯	七盌試新如吸露
한동이 술 꽃가지 꺾어 마시던 때 생각나네.	一樽憶昨共籌花
다시 만날 날이 그 언제이리요	更爲後會知何日
화로의 재 뒤적이며 목과木瓜 시 지을 날이.	撥盡爐灰賦木瓜

중국에서 알게 된 비부比部의 관리가 백자 항아리에 「녹설아綠雪芽」라는 이름을 붙여 송강凇江 특산의 명차를 우편에 부쳐왔다. 그 깊은 우정에 감격하여 서둘러 봉함을 열자, 송강에서 곡우 시절에 햇차 딸 때의 배릿한 향이 꿈결처럼 떠오른다. 한강 가에 누워서 송강차 찻물 끓는 소리를 들

는다. 노동盧仝의 칠완차七椀茶를 연이어 마시자 마치 감로수를 마신 듯 몸과 마음이 개운하다. 끝에서는 언제나 다시 만나 화로의 식은 재를 뒤적이며 그대의 경거瓊琚 같은 작품에 내 투박한 목과木瓜 시로 화답할 날을 가질 수 있겠느냐고 아쉬워했다.[3]

이상적은 그의 문하에 있던 서화가 김석준金奭準(1831~1915)으로부터 받은 '부사산차富士山茶'와 '다호茶壺'가 모두 일본의 물건이라고 하였다. 또한 계란색 사기 다호는 천하일품이라 하며 극찬하였다.[4]

〈김소당이 부사산차와 다호를 보내니 다 일본물건이라

金小棠惠富士山茶及茶壺皆日本物也〉

계란빛 자호는 천하에 으뜸인데　　　　　　卵色瓷壺天下一
　(일본인은 그릇을 정밀하게 잘 만드는 자를 '천하제일'이라고 한다.)
　　　　　　　　　　　　　　　　　　　　（日本人稱製器之精良者曰天下一）
손수 새 차 달여 내니 번뇌가 씻겨지네.　　　手煎新茗滌煩示禁
깊고 깊은 밤중에 송풍 활화를 보고 들으니　　松風花候深深夜
썰물에 바닷물 소리 들리는 듯하여라.　　　　似聽殘潮海上音

소개한 시 이외에도 중국차와 일본차를 소개한 시는 몇 편이 더 있다. 그는 차를 통해 국내외 인사들과의 교류하여 국제적 차문화 교류자로서 커다란 역할을 하였다.

이상적의 『은송당집』에는 민족 고유의 차 백산차白山茶에 관한 기록도 있다.

3　정민, 『새로 쓰는 조선의 차문화』, 김영사, 2011, 593쪽.
4　박정희, 『17~18세기 통신사에 대한 일본의 의식다례』, 민속원, 2010, 291쪽.

〈白山茶歌, 謝朴景路〉

내 중국으로 아홉 번 사신을 갔기에	我曾九泊燕河槎
천하에 이름난 차는 모두 맛을 보았지	嘗盡天下有名茶
열두 거리에 차 박사들 넘쳐나니	十二街頭茶博士
음료 파는 가게보다 차 가게가 더 많다네	賣茶多於賣漿家
집에 돌아와 누워 용육龍肉을 말하며	歸臥敝盧談龍肉
손에 『다경』 잡고 입맛만 다실 뿐,	手把茶經空咨嗟
호남 스님 새로 만든 죽로차 나왔다고	湖僧竹露出新製
지금 사람들이 때때로 별미로 여기지.	時人往往如嗜痂
우리나라 차를 응당 귀하게 여겨야겠지만	秖應所貴吾鄕物
끝내 맛과 향이 치아에 떫네 그려.	終始香味澁齒
불함산차 한 망태기 보내준 그대에게 감사하니	不咸一綱感君惠
찬 날씨 폐병에는 산삼만큼 버금가네.	天寒肺病當三椏
우리 땅에 이런 차가 있는 줄을 뉘라 알리	誰知此土乃有此
비기자면 인재가 벽촌에서 난 것과 같네.	譬如人才出荒遐
다만 중령의 샘물을 얻기야 어렵지만	但恨誰得中泠水
멀리 무이차를 사올 필요 전혀 없네.	無勞遠購武夷芽

(후략)…

불함산이 바로 백두산, 중국측 용어로는 장백산이다. 이곳에서 나는 석
남과에 속하는 뾰족한 잎으로 만든 차가 바로 백산차이다. 이능화의 『조
선불교통사』에 "청 건륭(1736~1795) 때에 차를 따서 바쳐 궁궐에서 어용차
로 쓰도록 하였다."는 기록이나 모로오카諸岡存가 쓴 『조선의 차茶와 선禪』
에 "백산차라 칭하여 장백산의 석남과 식물의 잎을 따서 말려서 차의 대
용으로 쓰던 기록이 이곳저곳에 있다."는 것으로 보아 백산차는 우리 고
유의 명차임에 틀림없다.

이상적은 백산차가 겨울 기침 가라앉히는데 인삼탕만큼 효과가 있다는 것을 강조하며, 이렇게 좋은 토산차가 우리나라에 있을 줄 몰랐다면서 백산차를 극찬했다. 그래서 무이차를 굳이 살 필요가 없다고까지 말하고 있다. 위의 시 중에 나오는 호남스님이 만든 차는 바로 초의가 만든 차를 말하는데, 당시에 많은 사람들이 여기에 열광하고 있다는 것을 그도 들어 알고 있었다. 우리나라 차를 사랑해야 하는 것도 알지만, 중국과 일본의 수많은 명차를 맛본 그에게는 초의의 차가 떫은맛이 많이 나는 탐탁치 못한 차였던 모양이다.

이상적은 흥선대원군 이하응李昰應(1820~1898)이 조상의 무덤을 옮기면서 발견했다는 단차에 대해서도 「기용단승설記龍團勝雪」에서 차 전문가로서 자신의 의견을 밝혔다.

용단차 한 덩이는 한 면에 용의 형상을 만들어, 비늘과 수염이 은은히 일어났다. 옆에는 '승설勝雪'이란 두 글자가 있는데 해서체의 음각문이다. 건초척建初尺으로 가늠해서 사방 한 치이고, 두께는 그 절반이다. 근래 석파 이공李公께서 호서의 덕산현에 묘자리를 살피러 갔다가 고려시대의 옛 탑을 찾아가 소동불小銅佛과 니금경첩泥金經帖, 사리와 침향단沈香檀 및 진주 등과 용단승설龍團勝雪 4덩이를 얻었다. 근래 내가 그 중 하나를 얻어 간직하였다.

龍團一銙, 面作團龍形, 鱗鬣隱起, 側有勝雪二字, 楷體陰文. 度以建初尺,
方一寸厚半之. 近者石坡李公省掃于湖西之德山縣, 訪高麗古塔, 得小銅佛
泥金經帖舍利子沈檀珍珠之屬, 與龍團勝雪四銙焉. 近余獲其一而藏之

이상적은 용단승설차의 외양을 설명하고, 이 물건이 세상에 출현하게 된 과정을 적은 후 옛 기록을 두루 인용하여 제작 연대와 탑에 봉안된 연유를 추정했다. 그러나 떡차의 출현 과정에 대해서는 다소 모호하게 적었다. 홍선대원군이 충청도 덕산현으로 묘자리를 살피러 갔다가 고려 때 세워진 옛탑에서 찾았다고만 했다. 구체적인 절 이름도 없고, 탑에 대한 설명도 따로 없다. 다만 덕산현에 있던 어느 절의 5층 석탑에서 소동불小銅佛과 니금경첩泥金經帖 및 사리와 침향단沈香檀, 그리고 진주가 무려 700년이나 묵은 고려 때 용단승설차 네 덩이와 함께 나왔다고 적었다. 대원군에게서 그 중 하나를 얻게 된 이상적은 여러 문헌을 꼼꼼히 고증하여 이 차의 가치를 밝혔다.

이어 이상적은 송나라 구양수歐陽修의 『귀전록歸田錄』과 명나라 진인석陳仁錫의 『잠확류서潛確類書』, 그리고 고려 때 우리나라에 사신으로 온 서긍의 『고려도경高麗圖經』 등 관련 문헌을 차례로 인용하여, 이 차가 송나라 휘종 선화 2년(1120)에 중국에서 정가간鄭可簡이 만들어 바친 바로 그 용단승설차임을 고증했다. 어떻게 송나라에서 황제께 바친 차가 우리나라 탑 속에 들어가게 되었을까? 당시 중국에 유학했던 의천義天과 지공指空 같은 고승이 중국에서 어렵게 구해 와서 부처님 전에 바치고 석탑 안에 봉안한 것으로 추정했다.[5]

대원군이 경기도 연천에 있던 남연군의 묘 이장 과정에서 단차를 발견했다는 사실은 황현黃玹(1855~1910)의 『매천야록』에도 나온다. 단차가 나왔다는 절은 덕산현의 대덕사大德寺라고 했는데, 충남 덕산현 가야산에 있던 가야사伽倻寺가 맞다. 산소의 이장은 27세 때인 1846년에 이루어졌다.

대원군이 일찍이 이건창李建昌에게 장례 지낼 때의 일을 말해주었다.
"탑을 무너뜨리자, 그 속에 백자 2개와 단차團茶 2병餠, 사리 구슬 3매가 있었네. 구슬은 소두小豆 만했는데, 몹시 밝고 투명했지. 물에 담궈 머금

---

5 정민, 『새로 쓰는 조선의 차문화』, 김영사, 2011, 597~600쪽.

게 하자 푸른 기운이 마치 실낱이 환히 뻗친 것처럼 물을 꿰뚫더군."

大院君嘗於李建昌, 以葬時事曰: "塔旣折, 中有二白磁?團茶二??舍利珠
三枚. 珠如小豆, 甚明瑩. 沈水以呑之, 靑氣貫水, 如縷炯."云.

이 단차에 대한 이야기는 1852년 12월 19일 추사가 초의에게 보낸 편
지에도 나온다.

큰 눈이 왔는데 차가 마침 이르러, 눈을 끓여 차품茶品을 시험하려니 스
님과 함께 하지 못하는 것이 안타까울 뿐이오. 그 사이에 송나라 때 만
든 소룡단小龍團 한 덩이를 얻었다오. 이는 기이한 보물이라오. 이처럼
볼만한 것이 한 둘이 아닌데, 와서 보고 싶지도 않습니까? 시험 삼아
도모해 보시구려. 껄껄. 다 갖추지 않소. 소동파 생일날에 과정果丁이.
大雪來, 而茶適至, 烹雪試品, 恨不與師共耳. 間得宋製小龍團一?, 是奇
寶也. 如此可觀, 非一二, 不欲來見耶. 試圖之. 呵呵. 不多具. 坡辰果丁.

이 편지는 다산의 제자였던 귤동 윤씨 집안에 오래 전해져온 필첩에서
나왔다. 내용은 추사가 초의에게 보낸 것이 분명하지만, 서체의 숙련도로
보아 추사의 친필은 아니라고 한다. 그 내용 중 추사가 어렵게 얻었다는
소룡단 한 덩이는 이상적이 얻은 것을 추사에게 선물한 것이 아닌가 추측
된다.

3) 박영보朴永輔(1808~1972)

남다병서南茶幷序는 금령錦鈴 박영보가 경인년(1830) 11월 15일에 초의의
차를 선물 받고서 장편시 20운韻을 지어 선사에게 보낸 것이다. 박영보는
서문에 화답해 달라고 썼고, 초의는 친구 하자는 뜻을 밝힌 「증교證交」시

두 수를 박영보에게 보냈다. 박영보
도 다시 화답하는 시를 지어 초의에
게 보냈다. 초의가 만든 차로 인해
친교가 맺어진 경우이다.

남차南茶는 호남과 영남에서 생산되
는 차이다. 초의선사가 그곳에서
운유雲遊하면서 다산茶山과 추사秋史
와 문자로 교유했는데 경인년庚寅
(1830) 겨울에 서울을 방문 했을 때 손수 만든 차 한포를 예물로 이산
중李山中이 얻어서 나에게 주었다. 차는 관인官人의 금루옥대金縷玉帶와
같다. 나 또한 그러하다. 맑은 자리에서 한잔 마시고 장편시 20운韻을
지어 선사께 보내니 혜안慧眼으로 바로 잡고 겸하여 화답시를 구합니다.

옛날에 차를 마시던 사람은 신선되어 올라갔고,

하계에서는 잘못 되어도 맑고 어진 사람은 될 수 있네.

쌍정雙井차나 일주日注차는 세상에서 이미 멀어졌고,

우전雨前차나 홍곡紅穀차는 지금도 이름이 전하네.

꽃 무늬청자 찻잔만 보배롭다고 좋아하지 말라.

참다운 맛은 중국에서 이미 경험 하였네.

우리나라에서 생산되는 차는 더욱 좋으니,

차의 싹이 처음 나오니 향기롭고 아름답구나.

옛적에는 중국차가 좋다하고 이제는 우리나라 차가 좋으니,

중국이나 우리나라에 잘 알려진 사실이다.

하찮은 꽃이나 풀도 제각기 족보가 있는데,

우리나라 사람들이 누가 차가 먼저 있는 것을 알았느냐.

신라때 상인이 당나라에 들어갔을 때,

찻씨를 가지고 창해滄海 만리를 배타고 건너 왔네.

강진 해남은 중국 호남 복건성과 같은 적지이니,

한 번 가서 찻씨를 내 버리듯 던져 놓으니(남쪽의 바닷가 산에 차가

많이 있는데 강진 해남이 그 중에서 가장 많이 있다.)

꽃 피는 봄과 잎 지는 가을이 한가로이 지나니

하릴없이 청산에 일천년이 지나 갔네.

울창한 차나무의 기이한 향이 오랜만에 세상에 나타나니,

봄이면 바구니 들고 차를 따는 인연이 생겼네.

하늘나라 월궁에서 작은 용단 봉단차를 만드니,

만드는 방법은 거칠어도 맛은 좋구나.

초의노사草衣老師의 옛 정업淨業은

좋은 차 달여 놓고 참선에 드네.

남은 일이란 한묵翰墨으로 고요히 즐기는 것,

한 때 이름 난 선비들이 모여 들었네.

눈 맞으며 가사袈裟 걸친 스님 천리 밖에서 오고,

법도에 맞춰 아름답게 만든 둥그런 옥같은 단차團茶

친구가 나에게 보내 준 차는 구슬과 짝 하겠네,

풀어서 맷돌에 가니 차 가루가 날리네.

나의 차 마시는 버릇에 수액水厄이 있음인가,

뼈 속에 맺힌 오랜 나쁜 한기가 말끔히 가시네.

밥은 서푼三分쯤 먹고 차는 칠푼七分을 마시니,

법가法家에서 생강과 후추를 먹는 것은 가련한 일이다.

석달동안 빈 찻잔만 들고 있다가,

누워서 찻물 끓는 소리만 들어도 군침이 도네.

오늘 아침에 한잔 들어 장과 위를 씻었고,

방안에 푸른 기운의 운무가 가득히 어리는 구나.

이제는 복사꽃이 늙어 시드는 것도 번거로우니,

부끄럽구나 국화 채소가 없어 낙천樂天에게 술도 못 권하네.

경인년 11월 15일에 금령 박영보가 손을 씻고 화운합니다.

이상은 차가 매개역할을 하여 사대부와 불승의 인연이 맺어지는 좋은 사례이다. 앞에서 소개한 바와 같이 박영보의 '남다병서'를 보고 그의 스승인 자하 신위는 이에 화답해서 '남다시병서'를 썼다.

4) 범해 각안梵海 覺岸(1820~1896)

범해 각안은 완호玩虎 윤우倫右(1758~1826)의 법맥을 이은 호의縞衣 시오始悟(1778~1868)의 법제자다. 『동사열전東師列傳』을 지은 학승이자, 〈다약설茶藥說〉과 〈다가茶歌〉, 〈초의차草衣茶〉, 〈다구명茶具銘〉 및 여러 수의 다시를 남긴 다인이다.

각안은 33세 때인 1852년 가을에 이질에 걸려 사경을 헤매다가 차를 마시고서 병이 나았다. 자신이 몸소 체험한 차의 효능을 이글 한 편에 담았다.

〈다약설茶藥說〉

백약이 비록 좋다고 하나 알지 못하면 쓰지 못하고, 백가지 병으로 고생을 하지만 구제하지 못하면 살아나지 못하니라. 구제치 않아 살아나지 못할 때에는 구제하여 살릴 수 있는 기술이 필요하고, 알지 못해서 쓰지 못하는 가운데는 알아서 사용하는 묘방이 있어야 한다. 사람이 느끼지 않으면 하늘이 응하여 약을 내려 병을 없게 함이 어찌 가능하리요.

동사열전 불교가 전래된 고구려 소수림왕 2년(372)이 후 조선 고종31년(1891)까지 활동하였던 고승 1백97명과 불교인 2명의 행장을 기록한 전기물이다.

내가 임자년 가을에 대흥사 남암에 있을 때 이질로 사지가 쇠잔하여 삼시 때를 잊고 보름이 되었다. 스스로 알기를 그로써 나는 반드시 죽으리라. 하루는 사형 무위無爲스님이 찾아 왔다 친히 오셔서 시중을 드는데 함께 참선하던 아우 부인富仁스님도 따라와 시중을 들었다. 머리를 들어 좌우를 보니 삼태성三台星이 나누어 있다. 스스로 생각하기를 나는 반드시 살 것이다. 잠시 후 형이 말하기를 내가 냉차冷茶로써 어머니를 구했었다 자못 위태로울 때는 급히 차를 달여 쓰면 된다. 아우 (부인)가 말하기를 내가 차를 보관하고 있습니다. 잠시만 기다리십시오. 어찌 어렵겠습니까? 말씀과 같이 차를 끓여서 사용하니 한잔을 마시매 마음이 조금 편안해지고 두잔 째는 정신이 상쾌하여지고 서너잔 째에는 몸 전신에 땀이 흐르고 맑은 바람이 뼈 속에서 불고 쾌연快然하더라. 이제 비로소 병 있는 자와 같더니 이윽고 점차로 음식을 먹고 나날이 좋아져서 곧 6월 달에 이르러서는 어머님의 기제사에 참석코자 70리 밖에 있는 본가에 갔다. 이때가 함풍咸豊 2년(1852) 임자 7월 26일이다. 들은(이 소식을) 사람들은 놀라고 본 사람들은 손가락질 하면서 탄복하였다.

차는 땅에 있고 사람은(목숨) 하늘에 있으니 천지가 응하여 약을 주었다. 형이 병이 났을 때 아우가 있어 형제의 정情을 느끼게 하니 어찌 신이한 효과가 이와 같지 않으리오. 형은 차로써 어머니를 구하고 아우는 차로써 효제孝悌의 도리를 다 했구나. 마음이 상해 병이 심히 무거움을 모르면 어찌 알리요 반드시 죽는다는 것을 정情이 심히 두터웁지 않으면 어찌 알리요 반드시 살수 있다는 것을, 알만하다 그 평생의 정분을 이와 같이 기록하여 보이니 이후에는 구제할 수 있는 도리가 있음을 알고 구제하지 못 한다고 하지 말라.

百藥雖良, 不知不用, 百病爲苦, 不救不生. 不救不生之際, 有救之生之之術, 不知不用之中, 有知之用之之妙, 非人感之天應之, 藥與病, 爲無可奈

何也. 予壬子秋住南庵, 以痢疾委四肢, 忘三時, 奄及旬朔, 自知其必死
矣. 一日同入室號無爲兄, 自恃親而來, 與同禪懺名富仁弟, 自恃師而至.
擧首左右, 三台分位, 自知其必生矣 俄爾兄曰: "我以冷茶救母幾危之際,
急煎用之." 弟曰: "我藏芽茶, 以待不時之需, 何難用之?" 如言煎之, 如
言用之, 一椀腹心小安, 二椀精神爽塏, 三四椀渾身流汗, 淸風吹骨快然,
若未始有病者矣. 由是食飮漸進, 振作日勝, 直至六月, 往參母氏忌祭 於
七十里本家. 時乃淸咸豊二年壬子七月二十六日也. 聞者驚之, 見者指之.
吁! 茶在地, 人在天, 天地應歟! 藥在兄, 病在弟, 兄弟感歟! 何神效之如
此. 以茶救母, 以茶活弟, 孝悌之道盡矣. 傷心哉! 病不甚重, 何知必死.
情不甚厚, 何知必生哉. 可知其平生情分之如何. 而記示其後來有可救之
道, 而不可救之流.

　　보름 가까이 이질을 앓아 사지가 축 늘어지고, 아무 것도 먹지 못해 거
의 죽을 지경이었다. 그저 죽는 수밖에 없겠구나 싶었다. 그때 동문의 형
제들이 간직해 둔 아차芽茶를 달여 그에게 마시게 했다. 차를 마시자 금새
약효가 나타났다. 첫 잔에 부글부글 끓던 배가 진정되었다. 두 잔을 마시
자 혼미하던 정신이 상쾌해졌다. 석 잔 넉 잔을 마시니 막혔던 땀구멍이
뚫리면서 온 몸이 땀으로 흠뻑 젖었다. 맑은 바람이 뼛속까지 불어오는
듯 상쾌했다. 언제 아팠던가 싶을 정도였다. 이때부터 다시 먹고 마실 수
있게 되어, 얼마 후에는 70리 떨어진 본가로 가서 어머니의 기제사에 참
석할 수 있을 정도였다. 모두들 차의 약효에 놀랐고, 보는 사람마다 나를
가리키며 차 마시고 병 나은 이야기를 하곤 했다. 차는 무위無爲 스님의
어머니를 거의 죽을 위태로운 상태에서 구해냈고, 이질로 생사를 넘나들
던 각안 스님을 낫게 했다. 그 효용이 얼마나 대단한가?
　　한편 이 이야기는 당시 대둔사에서 뜻밖에 차가 그다지 널리 보편화된
상태가 아니었음을 증언한다. 1830년 초의가 서울로 보림백모寶林白茅 떡

차를 가져가 전다박사의 호칭을 들으며 초의차 신드롬을 일으켰던 것이 23년 전의 일인데도, 당시 33세였던 대둔사 승려 각안은 차의 효능에 대해 전혀 알지 못했다. 무위無爲나 부인富仁 같은 승려들이 비록 차의 약효를 알고는 있었으나, 상음常飮 목적이 아닌 약용으로 소량 보관하고 있었다. 또 차를 마시고 병이 나은 것을 보고 사람들이 모두 놀랐다고 한 것을 보면 당시까지만 해도 대둔사에서 차는 일부 승려들이 비상약으로 소량 보관했을 정도이지, 음료로 마실 만큼 일상화된 것은 아니었다.[6]

이 일을 계기로 각안은 차에 대해 깊은 관심을 갖게 되었다. 이후 그는 문집에 차에 관한 시를 적지 않게 남겼다. 각안의 대표적인 작품 〈다가茶歌〉는 두륜산 대흥사 만일암挽日庵에서 쓴 시이다. 우리나라에서는 이 다가 말고는 아직까지 발견이 되지 않아서 현재로서는 유일한 것이다. 중국에 노동盧仝의 다가가 있다면 우리나라에는 범해의 다가가 있다는 것이다.

〈다가茶歌〉

책을 펴 놓고 오래 앉아 있으니 정신이 흐려지고,	攤書久坐精神小
차 마시고 싶은 마음 일어 견디기 어렵구나.	茶情暴發勢難禁
꽃이 샘가에 피니 물맛이 따뜻하고 달콤하여,	花發井面溫且甘
물 길어 화로 안고 끓는 소리 기다린다.	㪺罐擁爐取湯音
일비 이비 삼비에 맑은 향기 떠오르고,	一二三沸淸香浮
사 오 육잔을 마시니 땀방울이 맑아지네.	四五六椀微汗泚
육우의 다경은 이제야 비로소 깨달겠고,	桑苧茶經覺今是
노동의 다가茶歌는 그 대체만을 알겠네.	玉泉茶歌知大體
보림사寶林寺의 작설차는 관청에 바치고,	寶林禽舌輸營府

6   정민, 『새로 쓰는 조선의 차문화』, 김영사, 2011, 636~638쪽.

화개동花開洞의 진품은 궁궐에 공납했네.	花開珍品貢殿陛
함평 무안의 토산품은 남방의 기물이요.	咸務土産南方奇
강진 해남에서 만든 차는 서울까지 알려졌네.	康海製作北京啓
마음의 찌꺼기는 일시에 닳아지고,	心累消磨一時盡
개운한 정신 맑고 밝아서 반나절이 가든하다.	新光淨明半日增
졸음과 싸워 물리치니 눈앞이 환해지고,	睡魔戰退起眼花
음식 기운 쑥 내리고 가슴 훤히 열렸네.	食氣放下開心膺
괴론 설사 딱 멈춤은 일찍이 경험 했고,	苦利停除曾經驗
감기 낫고 독도 푸는 것 더더욱 신통하다.	寒感解毒又通明
공자님 사당에 참신參神하여 잔 올리고	孔夫子廟參神酌
부처님 전에도 정성스레 공양을 했네.	釋迦氏堂供養精
서석산瑞石山 어린차는 부인富仁 통해 시험했고,	瑞石槍旗因仁試
백양사 작설雀舌 조취鳥嘴 신神을 좇아 기울였지.	白羊舌嘴從神傾
덕용산 용단차龍團茶는 절교絶交조차 시원하고,	德龍龍團絶交闊
월출산에서 나는 차도 세상에서 믿고 있네.	月出出來阻信輕
초의 스님 살던 옛터(일지암)는 이미 빈터만 남았고,	中孚舊居已成丘
리봉 스님 계신 곳은 물 긷기 편안하구나.	离峯樓山方安餠
법도 맞춰 차 만드는 일 무위無爲 스님 몫이고,	調和如法無爲室
옛 법 따라 잘 보존함 예암禮庵의 휘장일세.	穩藏依古禮庵帒
좋고 나쁨 따지잖음 남파南坡스님 따랐고,	無論好否南坡癖
많고 적음 사양 않는 것 영호靈湖스님 뜻일세.	不讓多寡靈湖情
세속를 보니 차 즐기는 사람들 많아,	細看流俗嗜者多
당송唐宋 성현들에게 뒤질 것 없네.	不下唐宋諸聖賢
선종禪宗의 유풍은 조주 선사의 화두요,	禪家遺風趙老話
참다운 맛 얻어 봄은 제산霽山스님이 먼저요.	見得眞味霽山先
만일암 중수重修 마쳐 달구경 하던 밤에	挽日工了玩月夜

차 올리고 피리 불며 차를 달여 이끌었지.	茗供吹籥煎相牽
언질彦銍이 알맞은 상자에다 납일臘日에 취해 오니	正筒彦銍臘日取
성학聖學스님 물 길면서 태연 스님 부르네.	聖學汲泉呼太蓮
만가지 병 천가지 수심 모두 사라지니,	萬病千愁都消遣
성품 맡겨 소요하니 부처와 같구나.	任性逍遙如金仙
차 달이며 기록하고 찬송을 하는 동안,	經湯譜記及論頌
가없이 넓은 하늘 별똥 별이 지나간다.	一星燒送無邊天
어찌하여 기이하고 좋은 서적 나에게 전해 주는가.	如何奇正力書與我傳

다가의 내용은 차를 끓여 마시는 법을 간단하게 읊은 후, 우리나라 유명한 차를 소개하고, 차의 효능, 차의 쓰임새를 노래했다. 이어서 차를 만드는 법, 저장하는 법을 소개했다. 초의 이후로 차의 맥을 잇고 있는 선사들을 그들의 특징과 함께 나열했다.

다가의 첫 부분은 차를 마시게 되는 동기와 차 끓이는 방법을 설명했다. 오래 책을 보니 정신이 희미해져 차 생각이 간절하다는 각안 자신의 고백이다. 성질이 따뜻하고 단 샘물을 두레박으로 길어 화로에서 끓인다. 물이 끓는 단계를 일비一沸 이비二沸 삼비三沸로 관찰하고, 차를 달여서 몇 잔을 마시자 전신에 땀이 배이면서 기분이 상쾌해지는 것을 느낀다. 차 끓이고 마시면서 육우의 『다경』과 노동의 「다가茶歌」에 적힌 내용에 전적으로 동의를 한다.

우리나라 각 지방의 유명한 차로 보림 금설禽舌, 화개 진품, 함평 무안의 토산차, 강진 해남의 남차 등을 예찬했다. 다음으로 차의 효능과 쓰임새를 노래했다. 이어서 차를 마시면 마음에 답답함이 사라지고 마음에 환해진다. 졸음이 가시고, 소화가 잘 되어 속이 시원해진다. 설사도 멈추게 하고 감기를 낫게 하며, 독성을 해독해 준다는 등 차의 효능을 설명했다. 이렇게 좋은 차로 유가에서는 공자의 사당에 다례茶禮를 올리고, 불가에서는 부처님 전에 차공양을 올린다는 쓰임새도 소개했다.

이어서 무등산에서 나는 일창일기一槍一旗 차, 백양사의 작설·조취차, 덕룡산 불회사의 용단차, 월출산 백운동에서 나는 차 등 유명한 차를 소개한다. 다시 초의 이후에 차를 즐기는 대둔사 승려 10명 중부中孚(艸衣)·리봉离峯·무위無爲·예암禮庵·남파南坡·영호靈湖·제산霽山·언질彥銍·성학聖學·태연太蓮의 이름을 꼽으면서 그들이 유명한 이유를 소개한다. 이러한 승려들의 영향으로 세속의 인사 중 차를 즐기는 이들이 당송 제현들만큼이나 늘어났다고 했다.

각안은 차를 끓이는 동안 기록을 하고 찬송을 하는 자신을 돌아보며 이 일을 해야 하는 사명을 다시 깨닫는다. 다가는 조선 후기 차문화의 중흥을 면면히 이어온 많은 승려들과 각안의 중요한 역할과 그 당시 유명세를 타게 된 우리나라 차를 소개한 중요한 기록이다.

각안은 〈다구명茶具銘〉에서도 자신의 차생활을 소개했다. 여기에는 당시 다구를 어떻게 배치하여 차를 마셨는지도 설명하고 있어 현재의 행다법 보정에도 큰 역할을 한다.

생애도 청한해라	生涯淸閒
차싹 몇 말일세.	數斗茶芽
힘들게 삐뚠 화로 앉혀놓고	設苦瓵爐
문무文武 불을 피워낸다.	載文武火
오지 다관은 오른편에	瓦罐列右
도자기잔은 왼편에.	瓷盌在左
오직 차에만 힘 쏟으니	惟茶是務
무슨 물건이 날 유혹하리.	何物誘我

몇 말 차싹으로 수행하며 살아가는 청한한 삶을 노래했다. 한쪽 귀가

떨어져 나간 낡은 화로를 어렵게 꺼내, 숯불을 피워 문무화文武火를 조절한다. 오지로 만든 다관과 도자기 찻잔을 양편에 차려놓고 차 마시는 일에만 몰두하면, 그밖에 어떤 물건도 다 소용없다는 내용이다.

〈초의차草衣茶〉라는 시에는 초의가 만든 차에 대해 구체적으로 설명하고 있다. 각안은 1852년 자신이 직접 차의 약효를 체험한 이후, 초의차에 대해 각별한 관심을 가지게 된 것 같다.

곡우에 막 날이 개어도	穀雨初晴日
노란 싹 잎은 아직 펴지 않았네.	黃芽葉未開
빈 솥에 세심하게 잘 볶아내어	空鐺精炒細
밀실에서 아주 잘 말리었구나.	密室好乾來
잣나무 틀에 둥근모양 네모모양 찍어내어서	栢斗方圓印
대껍질로 재단하여 포장한다네.	竹皮苞裹裁
잘 간수해 바깥 기운 단단히 막아	嚴藏防外氣
한 사발에 향기 가득 떠도는구나.	一椀滿香回

곡우 전 미처 잎이 펴지지 않은 어린잎을 골라 따서 돌솥에서 세심하게 잘 볶아낸 다음 밀실에서 잘 건조해 낸다. 바싹 마른 뒤에 잣나무 틀에 넣어 네모지게 혹은 둥근 모양으로 찍어내어 대나무 껍질로 싸서 포장한다. 외부의 습기가 스며들지 않도록 잘 감싸서 건조한 곳에 보관해 두고, 이를 꺼내 끓여 마시면 한 잔 차에 맑은 향기가 온통 가득 감돈다고 했다.

이 시는 초의가 세상을 뜬지 12년이 지난 1878년에 지은 작품이다. 현재 초의차의 연구에 귀중한 자료가 되고 있다. 초의차가 떡차였고, 잣나무 틀에 넣어 여러 모양으로 만들었으며, 대나무 껍질을 이용해서 포장하고 보관했다는 것이 분명히 적혀있다.

67세 때인 1888년에 지은 〈무자년 봄에 다시 보련각에 들어再入寶運閣戊

子春)에서 오랜만에 보련각을 찾았다가 온돌방에 차화로를 앞에 놓고 무상한 감회에 젖어 차에 대한 애정을 노래하였다.

보련각에 다시금 들어서려니	再入寶運閣
열 아홉 번 봄날이 지나갔구나	騁過十九春
세월은 변함없이 그대로인데	光陰依舊在
물색은 이제 와서 티끌 되었네.	物色到今塵
대나무는 사람 맞아 기뻐하건만	竹樹迎人喜
향등香燈은 늙은이 보며 낯 찌푸린다.	香燈見老嚬
차 화로 온돌에 앉았노라니	茶爐溫堗坐
그 누가 내 살림 가난타 하리.	誰謂我家貧

차로 인해 이질에서 치료를 받은 각안에게 차는 생명수 같은 것이었다. 앞에서 소개한 다시를 통해 차를 찬양하고 초의차를 그대로 법제해서 다구를 올바르게 갖춰 놓고 차를 마시는 그를 상상해 볼 수 있다. 그는 차를 마실 수 있으면 충분히 만족했던 구도자의 삶을 누리고 살았던 다인이다.[7]

---

7 정민, 『새로 쓰는 조선의 차문화』, 김영사, 2011, 635~648쪽.

제11장

새로 발견된 차 관련 자료

1. 『기다記茶』

1) 『기다』의 발굴

『기다』는 그동안 『동다기東茶記』로 알려져 있었으며 저자에 대한 여러
논란이 있었다. 『동다송』에 "중국 육안차는 맛이 뛰어나고 몽산차는 약
효가 뛰어나다고 했는데 고인古人은 (우리 동국의 차가) 양쪽을 겸했다고
높이 평판했다東國所産元相同色香氣味論一功陸安之味蒙山藥古人高判兼兩宗."라는 구
절의 원주原註에 "『동다기』에서 말하기를 어떤 사람은 우리나라 차의 효
과가 중국 남쪽 지방에서...."이라고 주를 붙였다.

이것을 이능화가 1918년 간행한 『조선불교통사』에서 처음으로 『동다
기』가 정약용의 저술이라고 언급하였고, 이후로 『동다기』 정약용 창작설
은 최남선과 문일평에 의해 반복되었다. 최근까지 모든 사람들은 의심할
여지없이 그대로 믿어 왔다.

석용운 외 역주 『한글대장경 초의집』에는 "동다기는 다산 정약용선생
의 저서라고 전해졌으나 전의全義 李□□이라는 사람의 저서로서"라는
내용이 있다. 석용운은 1891년 법진 스님이 대흥사에서 필사한 『동다기』

를 발굴함으로써 전의 이소의 李가 저자임이 확인하였다고 하고 그 내용을 다담지 1991년 12월호에 소개하였으며, 1992년 1월호부터 10월호에 걸쳐 그 내용을 번역하여 실었다.

2006년 9월 정민 한양대 교수는 강진군 성전면 백운동의 이효천씨 댁에서 이덕리李德履(1728~ ?)의 시문 묶음집『강심江心』중에 들어 있는『기다記茶』를 발굴하고 이것을 동다기의 원문으로 보았다. 이것은 다산의 강진 유배시절 제자인 이시헌李時憲(1803~1860)이 필사한 것이다. 다산의 제자 이시헌이 필사한 것이라서 다산의 저술로 오해하게 된 것 같다.『강심』은 이덕리가 1785년 전후 진도 유배시절에 지은 것으로 책을 필사한 이시헌은 말미에 "『강심』에 적힌 사辭와 문文, 그리고 시詩는 바로 이덕리가 옥주沃州(지금의 진도)에서 귀양살이 할 때 지은 것이다."라고 기록하였다.

이덕리는 본관이 전의全義이고, 자는 수지綏之이다. 무인이면서 문장에도 조예가 있어 박지원, 이덕무 등과 같이 시문선집『병세집幷世集』에 오를 정도였다. 최고 무인 장한상張漢相의 외손이며, 병조판서에 오른 이삼李森의 처조카였던 것으로 보아 무인으로서 최고의 집안 출신이다. 1763년 통신부사 이인배李仁培의 자제군관으로 일본에 통신사행을 다녀왔다. 1772년 정3품 당상관 절충장군에 올랐으며, 1774년에는 도성의 경비를 맡은 종2품 창경위장昌慶衛將까지 올랐다.

1776년 49세 때 정조가 즉위하면서 사도세자 복권 움직임과 관련하여 일어난 상소에 연루되어 진도로 귀양을 가게 되었다. 1785년『기다』를 저술하였고, 1793년 국방에 관한 제안을 담은『상두지桑土志』를 저술하였다. 이덕리는 죄인 신분이었기 때문에 두 저술을 하면서 자신의 이름을 밝히지 않았다.

그가 차에 대한 관심을 가진 것은 1743년 16세 때 골동품 수집가 김광수金光遂(1699~1770)의 집 상고당에서 차를 맛본 뒤였다. 또한 「부풍향다보」를 지은 이운해의 동생 이중해와 잘 알고 지냈던 것으로 보아 1755년 경 「부풍향다보」도 보았을 것으로 보인다. 또 자제군관으로 일본에 가서 일본의 발달된 차문화를 두루 관찰하였기 때문에 차에 대한 이해가 남달랐을 것이다. 1760년에는 전라도 해안에 표류해온 중국 선박에서 많은 차를 구해 10년 동안 마셨다는 이야기가 본문에도 나온다. 이처럼 다양한 지식을 습득하고 있었기 때문에 이덕리는 차에 관한 논설을 쓸 수 있었던 것이다.

2) 『기다記茶』의 내용

이 저술은 서설, 본문, 다조茶條의 3부로 구성된다.

(1) 서설

① 차는 국가에 보탬이 되고 민생을 넉넉하게 할 수 있어 금은주옥金銀珠玉 보다 소중한 자원이다.

② 차는 그 연원이 오래고, 위진魏晉에서 시작해서 당송唐宋때 성행했다. 북로北虜는 차가 생산되지 않는 곳이지만 육식으로 인해 배열병背熱病을 앓기 때문에 차를 몹시 즐긴다. 중국 역대 왕조도 차를 미끼로 북방 민족을 제어했다.

③ 우리나라는 차 산지가 영남과 호남 지방에 산재해 있다. 하지만 우리는 작설차로 약용에 쓸 뿐 마실 줄 모른다. 경진년(1760년, 영조 36) 차파는 중국 배가 표류해 와 온 나라가 비로소 차에 대해 알게 되었고, 그후 10년간 그 차를 마셨다. 하지만 차는 우리에게 그다지 긴요한 물건이 아니어서 이후로도 차를 만들어 마실 줄 몰랐다. 차를 만들어 중국의 은이나 말, 또는 비단과 교역을 하면 국용國用이 넉넉해지고, 민력民力이 펴

지니, 국가에 보탬이 되고 민생을 넉넉하게 해 줄 수 있다.

④ 예전 중국의 여러 나라에서는 모두 그 타고난 환경을 이용해 부국의 기틀을 다졌다.

⑤ 중국차는 아득히 만리 밖에서 생산되는 데도 이를 취해 부국의 바탕으로 삼아왔다. 하지만 우리나라 차는 바로 울타리 가나 섬돌 옆에서 나는 데도 사람들이 아무도 거들떠보지 않는다. 그래서 이 글을 지어 당국자들이 베풀어 시행해 볼 것을 건의한다.

* 서설의 내용은 자신이 이글을 쓰게 된 동기라고 볼 수도 있는데, 차를 부국강병의 원천으로 삼자는 내용이다. 특히 중국이 티벳과 다마무역을 하는 것이 나라 부강에 큰 보탬이 된다는 것을 강조했다. 마지막 부분에는 우리나라 사람들이 울타리나 섬돌 옆에 차가 있어도 거들떠보지 않는다는 실정을 소개하면서 정부가 나서서 차를 산업자원으로 삼을 것을 주장하였다.

(2) 본문

① 차는 따는 시기에 따라 우전차雨前茶와 우후차雨後茶가 있다. 차 따는 시기는 동지에서 곡우 전까지와 곡우 후에서 망종까지로 구분된다. 잎의 크기로 진짜 가짜를 구별하는 것은 말 관상 잘 보는 구방고九方皐가 말을 살피는 것처럼 어렵다.

② 차에는 일창一槍과 일기一旗의 구별이 있다. 잎의 크기만 가지고 따질 수는 없다. 일창은 처음 싹터 나온 한 가지이고, 일기는 한 가지에 달린 잎을 말한다. 그 뒤에 가지 위에 다시 가지가 나면 그 잎은 못쓴다.

③ 차는 고구사苦□師니 만감후晩甘侯니 하는 별칭이 있다. 차는 맛이 달아 감초甘草라고도 하는데 혀로 핥으면 단맛이 난다. 달여서 고약처럼 만드는 것은 겨울잎을 따도 괜찮을 듯하다. 우리나라 사람이 만든 차의 진

액은 멋대로 만들어, 맛이 쓰고 약용으로 밖에 못 쓴다. 일본 사람이 만든 향다고香茶빱만 못하다.

* 차를 고약처럼 만드는 데는 겨울 찻잎도 좋다고 했다. 이런저런 약재와 함께 향차를 만들고 있지만 너무 써서 일본의 향다고보다 못하다고 했다. 일본에서 절정의 차문화를 보고 온 이덕리가 일본과 조선의 향차를 비교하고 있다.

④ 차 빛깔이 흰 것은 떡차에 향약香藥을 넣어 만든 것이다. 송나라 때 문인들이 노래한 것은 모두 떡차다. 옥천자玉川子 노동盧소의 칠완다가七椀茶歌는 엽차를 노래한 것이다. 떡차는 맛과 향이 좋은 뿐이니 중국의 방법을 본떠 만들 필요가 있다.

⑤ 떡차는 향약을 넣어 절구에 빻아 물에 넣고 끓인 것이다. 중국차는 다른 것으로 가미하지 않았다. 차에 꿀을 타서 마시는 경우도 있는데 촌티를 벗지 못한 것이다.

* 서울 경화세족 집안의 잔치자리에 중국에서 가져온 차를 꿀에 타서 내놓은 적이 있다. 참석했던 사람들이 입으로는 칭송했지만 정작 마실 수가 없었다. 이덕리는 이 상황을 촌티 나는 일이라고 하면서 차를 마실 줄 모르는 세태를 개탄했다.

⑥ 우리나라 차는 색과 향, 기운과 맛에서 중국 것과 조금도 차이가 없다. 중국의 육우나 이찬황 같은 사람도 내 말을 인정할 것이다.

* 이 구절이 『동다송』에 인용된 부분이다.

이인문의 산정일장

'山靜日長'은 송대 나대
경의 시로 산속에 한적함
을 즐긴다는 의미이다. 8
폭 그림 중 제5폭에 동자
가 끓여주는 차를 마시며
글을 쓰는 선비의 모습이
그려져 있다. 경기도박물
관, 『차 즐거움을 마시다』

⑦ 계해년(1743년, 영조 19) 봄에 상고당尙古堂 김광수金光遂(1696~1770)의 집에 들러 중국 차를 맛보았다. 이 때 주인이 감기 든 늙은 하인에게 차가 특효약이라며 몇 잔 마시게 하는 것을 보았다. 차 파는 배가 들어왔을 때 우리나라 사람은 설사약으로 차를 먹었다. 내가 직접 딴 차로 시험해 보니, 감기와 식체食滯, 주육독酒肉毒, 흉복통胸腹痛에 모두 효과가 있었다. 이질 설사와 학질, 염병까지도 모두 효험이 있었다.

* 상고당에서 꽃피는 봄에 모여서 중국에서 구해온 차를 마시는 고회가 열렸는데, 이덕리가 거기에 참석한 것이다. 당시 경화세족들은 꽃피는 봄에 모여 고회를 즐겼는데, 여기에서는 그림을 그리거나 글씨를 쓰는 사람, 악기를 연주하는 사람, 차를 달이는 사람, 골동품을 감상하는 사람 등이 있었다.

이 집에서는 차를 감기약으로 복용하고 있는 사실을 보았고, 이덕리 자신도 차가 식체, 흉복통, 이질, 설사, 염병까지 효험이 있다고 차의 약용을 설명했다.

⑧ 냉차를 마시면 가래가 끓는다. 하지만 표류해 온 사람들과 역관 서종망徐宗望의 경우를 보면 뜨거운 음식을 먹은 뒤에는 냉차를 마셔도 문제가 없는 듯하다.

⑨ 차는 잠을 적게 하므로 공부하는 사람이나 길쌈하는 아낙, 또 선정禪定에 든 스님네들에게 꼭 필요하다.

⑩ 차는 산 속 바위 많은 곳에서 난다. 대숲 사이에서 나는 차가 특히 좋다. 해가 들지 않아 대숲의 차는 늦게까지 딸 수 있다.

⑪ 동복同福은 작은 고을인데, 한 원님이 여덟 말의 작설을 따서 이를 달여 고膏를 만들려 한 일이 있다. 이 엄청난 양을 따서 차로 만들면 수천 근은 될 테고, 이것을 따는 노력으로 수천 근의 차를 찌고 덖을 수도 있는데, 나라에 보탬이 되도록 쓸 줄 모르니 안타깝기 짝이 없다.

* 동복현은 지금의 화순일대를 말하는데, 이곳은 『세종실록』「지리지」에 다소茶所로 파악되었던 주요 차산지이다. 이곳에 부임한 현감이 여덟 말의 작설을 따서 고를 만들었다. 이덕리는 차가 중요한 자산인데 이 정도의 양만 하면 수천 근의 잎차를 만들 수 있고, 이것은 국가에 보탬이 될 수 있다면서 안타까워했다.

⑫ 차는 비온 뒤에 따는 것이 가장 좋다. 깨끗하기 때문이다. 소동파의 시에도 그런 말이 있다.

⑬ 『문헌통고文獻通考』를 보면 차를 딸 때 고을 관리가 몸소 산에 들어가서 백성들을 독려해서 차를 따게 한다고 했다. 좋은 것은 공차貢茶로 하고, 그 다음은 관차官茶로 하며, 나머지는 백성들이 취해 쓰게 허용한다. 차가 나라에 막대한 이익을 가져다줌이 이와 같다.

⑭ 차에 편갑片甲이란 것이 있다. 이른 봄의 황차黃茶를 가리킨다. 차배가 들어 왔을 때 온 나라 사람들이 황차라고 불렀다. 하지만 살펴보니 이른 봄에 딴 것이 아니었다. 정유년(1777, 정조 1) 겨울 흑산도에서 온 사람에게 물어보니 표류해 온 중국인이 아차兒茶, 즉 황매黃梅를 보고 황차라고 했다고 한다. 황매는 생강 맛을 띠고 있는데 이것을 달여 고약으로 만들어 차에 섞어 마시면 감기와 여러 질병에 신효가 있다. 일종의 별차다.

* 다서茶書에는 이른 봄에 딴 황차黃茶를 편갑片甲이라 하였는데, 중국 배가 표류해 왔을 때 말한 황차는 황매黃梅를 말하는 것이다. 이는 생강 맛을 띠는 향초인데 차와 섞어 마시는 별차에 대해 설명하였다. 이는 「부풍향다보」의 내용과 일말 통하는 점이 있다.

(3) 다조茶條

① 주사籌司 즉, 비변사備邊司에서는 전기前期에 호남. 영남의 여러 고을에 관문關文을 보내 차의 유무를 보고하게 하고, 차가 나는 고을은 수령으로 하여금 가난해서 땅이 없는 사람과 땅이 있어도 면적이 십원十員이 못 되는 사람, 그리고 군역세를 중복해서 내는 사람을 가려 뽑아 대기하게 한다.

② 비변사는 전기에 낭청첩郎廳帖 100여 장을 내서 서울 약국 사람 중에 일처리 잘 하는 사람을 가려 뽑아 말과 마부, 초료草料를 지급하여 차가 있는 고장으로 나눠 보내, 곡우가 지나기를 기다려 해당 고을에서 뽑아 대기시킨 사람들을 이끌고 산에 들어가 차를 따서, 찌고 덖는 법을 가르친다. 차 한 근에 50문씩 쳐 주어, 첫 해는 5천량으로 제한해서 1만근의 차를 취한다. 일본 종이를 사서 봉지에 담아 서울로 나눠 보내고, 관가의 배로 서북 개시開市로 보낸다. 낭청 가운데 한 사람을 압해관押解官으로 임명해 납고納庫케 하고 수고비를 준다.

③ 중국차 배에 붙은 차 가격은 은 2전이고, 봉지에 담은 차는 1냥이었다. 압록강에서 북경까지 수천 리이고, 두만강에서 심양까지도 또 수천 리이니, 한 봉지에 2전이라면 값이 너무 싸다. 한 봉지에 2전으로 값을 치면 1만근의 찻값은 은으로 3만 2천 냥이 되고, 돈으로 환산하면 9만 6천 냥이 된다. 해마다 생산량을 늘려 1백만 근을 생산하면 비용이 50만이 될 것이니 국가의 경비로 써서 백성의 힘을 덜어준다면 큰 이익이 아닐 수 없다.

④ 어떤 이는 우리나라에 차가 나는 것을 알게 되면 중국에서 반드시 차를 공물로 바치라 할 것이니, 새로운 폐단을 만드는 것이라 한다. 하지

만 만약 수백 근의 차를 중국에 보내 천하로 하여금 우리나라에서 차가 생산되는 것을 알게 하면 연나라 남쪽 조나라 북쪽의 상인들이 수레를 몰고 책문을 넘어 우리나라로 몰려 올 것이다.

⑤ 차 시장을 열면 감시어사監市御史와 경역관京譯官 및 압해관押解官을 선발하여 이 일을 맡긴다. 수행 인원은 일 맡은 차의 재량으로 정한다. 다만 만인灣人만 시장에 올 수 있게 한다. 차 시장이 파하면 상급賞給을 좋게 주어 장려한다.

* 다조는 차무역을 구체적으로 제시한 부분으로 이덕리 주장의 결론에 해당한다. 이덕리는 비변사를 주무관서로 하여 차를 따는 것부터 만들어진 차를 이동하여 차무역을 체계적으로 진행해야 한다고 하였다. 서북개시에 상인이 몰려들면 재정이 튼튼해질 것이라고 했다.

차로 인해 재원이 마련되면 중국과 국경을 맞대고 있는 서북지방에 성읍을 수리하고 건물을 짓고, 서울에서 변경까지 도로망을 구축해야 한다고 주장했다. 변경에 가족과 함께 군대를 주둔시키고, 상시로 군사훈련을 하여 국방에 힘써야 한다고 둔전병제와 유사한 군사제도를 제시했다.[1]

3) 『기다記茶』의 차문화사적 의의

동다송(1837년)보다 50년 쯤 전에 나온 전문적인 다서茶書라는 데 의의가 있다. 정약용의 저서로만 구전되어 오던 것이 '이덕리'라는 확실한 저자가 밝혀진 것도 자료의 가치를 높이는 것이다.

차의 역사에서부터 차의 약효, 차의 산업적 중요성 등을 밝히고 있어,

---

1 정민, 『새로 쓰는 조선의 차문화』, 김영사, 2011, 71~84쪽.

당시 차에 대한 지식의 수준을 가늠할 수 있다. 중국에서 차가 정치적·경제적으로 그 효용가치가 크게 쓰임을 알고 있었으며, 차를 마심으로써 얻을 수 있는 정신적·신체적 이로움을 체험을 통해 알고 있었다. 또한 차의 이익이 크기 때문에 국가가 관여해야 한다고 주장하였다.

'고구사苦口師'와 '만감후晩甘候'같은 차의 별명, 황차와 황매차, 향차 또는 향다고 등 차에 관한 새로운 사실이 많이 소개되었다.

중국 배가 들어와서 우리 차문화에 미친 영향을 언급하였고, 통신사로 일본에 갔다 온 경험을 토대로 일본차와 비교한 내용도 보여 이덕리가 차에 관해 국제적 안목을 갖춘 사람임을 알게 해 준다.

2. 「부풍향다보扶風鄕茶譜」

1) 「부풍향다보」의 발굴

차茶에 대한 전문 저작인 부풍향다보(1755년 또는 1756년)가 발굴됐다. 정민 한양대 교수(한국 한문학 전공)에 따르면 부풍향다보는 부안현감으로 있던

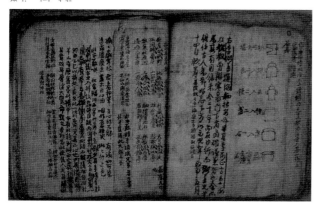

부풍향다보 황윤석의 『이재난고』 속에 있는 두 장의 기록. 향다고 만드는 법이 그림과 함께 소개되어 있다. 『차의 세계』

이운해李運海(1710~ ?)가 고창 선운사 일원의 차를 따서 약효에 따라 7종의 향약을 가미해 만든 약용차의 제조법을 기술한 문서이다.

정민 교수는 "부풍향다보는 황윤석의 『이재난고』의 제1책 172쪽과 173쪽에 실려 있다"면서 "정신문화연구원이 10년 전 공개했지만 아무도 주목하지 않고 있다

선운사 고창 도솔산 선운사는 신라 진흥왕 때 처음 세워진 고찰이다. 무장현이 다소로 꼽혔던 만큼, 지금도 주변의 야생차밭에서는 차가 많이 자라고 있다.

가 이제야 빛을 보게 된 것"이라고 말했다.

황윤석이 자신의 책에 이 문서를 포함시킨 것은 자신의 고장 고창의 일을 구해서 일기형식의 메모를 해두는 습관 때문일 것이다. 황윤석은 19년 뒤 1776년 저자 이운해에 대해서도 다소 조사를 해서 부기를 했다. 이운해의 자는 자용子用, 본관은 전주, 증광시에 급제하여 전적典籍, 경상도사慶尙都事, 정언正言, 1754년부터 부안현감 등을 지냈다. 나중에 심해心海로 개명했다.

2) 「부풍향다보」의 내용

부풍향다보는 모두 2쪽 분량으로 다본茶本, 다명茶名, 제법製法, 다구茶具 등 네 개 항목에 걸쳐 차의 특징과 성질, 증세에 따른 향차 처방, 향차 제조법, 향차 음다법을 차례대로 조목조목 설명하고 있다. 그는 서문을 통해 선운사에서 좋은 차가 생산됨에도 불구하고 주민들이 차에 무지, 보통 잡목처럼 여기고 땔감으로 쓰는 상황이 안타깝다며 저술 동기를 적었다.

> 부풍扶風(전북全北 부안扶安의 옛이름)은 무장茂長과 3사지舍地 떨어져있다. 들으니 무장의 선운사禪雲寺에는 이름난 차가 있다는데 관민官民이 채취採取하여 마실 줄을 몰라 보통 풀처럼 천하게 여겨 부목副木으로나 쓰니 몹시 애석哀惜하였다. 관아官衙의 하인下人을 보내서 이를 채취해오게 하였다. 때마침 새말 종숙께서도 오셔서 함께 참여하였다. 바야흐로 새 차를 만드는데 제각기 주된 효능效能이 있어 7종류의 상차常茶를 만들었다. 또 지명地名을 인하여 부풍보扶風譜라 하였다. 10월부터 11월과 12월에 잇달아 채취하는데, 일찍 채취한 것이 좋다.

고창은 『세종실록』「지리지」에도 무장현에 다소茶所가 있었다는 것으로 보아 고려시대부터 계속 차 산지로 유명한 곳이었다. 따라서 야생차가 많이 나는 곳이었을 것인데, 이운해가 부임한 무렵에는 사람들이 차에 대한 상식이 부족하여 잡목으로 치부되고 있었다는 것이다. '부풍보'라는 이름은 지명에서 나온 것이고, 늦가을에서 겨울까지 차를 채취했으며 일찍 딸수록 좋다는 것 등을 설명하고 있다.

이어서 〈다본茶本〉의 내용이 계속된다.

> 고차苦茶, 즉 쓴 차는 일명 작설雀舌이라고 한다. 조금 찬 성질이 있지만 독성은 없다. 나무가 작아 치자梔子와 비슷하다. 겨울에 잎이 난다. 일찍 따는 것을 '차茶'라 하고, 늦게 따는 것은 '명茗'이 된다. 차茶와 가檟, 설蔎, 명茗과 천荈 등은 채취 시기의 빠르고 늦음을 가지고 이름 붙인다. 납차臘茶, 즉 섣달차는 맥과차麥顆茶라 한다. 어린 싹을 따서 짓찧어

떡을 만들고 불에 굽는다. 잎이 쇤 것은 천荈이라 한다. 뜨겁게 마시는 것이 좋다. 차가우면 가래가 끓는다. 오래 먹으면 기름기를 없애 사람을 마르게 한다.

〈다본茶本〉은 차에 대한 원론을 다룬 부분이므로 차에 대한 일반 상식을 서술하였다. 그 내용은 『다경』을 비롯한 여러 다서의 내용을 참고했을 것으로 보이는데, 특히 1610년대 나온 『동의보감東醫寶鑑』의 내용과 비슷한 부분이 많아서 이 책을 상당히 많이 참조한 것으로 보인다. 특히 고차라는 작설, 차 따는 시기에 따른 차의 별칭 '명茗, 가檟, 설葭, 명茗과 천荈', 어린잎으로 만든다는 납차臘茶, 맥과차麥顆茶 등의 용어, '많이 먹으면 기름기를 없애 사람을 마르게 한다沅腹去人脂 令人瘦'는 차의 폐해 부분은 거의 일치한다. 다른 약초와 함께 차를 마시려고 생각한 이운해는 당연하게 의서에 관심을 많이 가졌을 것이다.

〈다명茶名〉에서는 병의 증세와 함께 약초藥草나 향초香草의 이름이 나온다.

風(풍 맞았을 때) : 감국甘菊, 창이자蒼耳子
寒(추울 때) : 계피桂皮, 회향茴香
署(더울 때) : 백단향白檀香, 오매烏梅
熱(열날 때) : 황련黃蓮, 용뇌龍腦
感(감기 들었을 때) : 향유香薷, 곽향藿香
嗽(기침할 때) : 상백피桑白皮, 귤피橘皮
滯(체했을 때) : 자단향紫檀香, 산사육山査肉
표점 찍은 글자를 취해 칠향차七香茶로 삼으니 각각 주치主治가 있다.

내용을 보면 풍風, 한寒, 서署, 열熱, 감感, 수嗽, 체滯 등의 7자에 각각 두 가지씩의 약초명을 적었는데 앞의 낱글자는 뒤에 나오는 차를 마셔야 할 증세症勢다. 서문에서 말한 각각 주치主治가 있다는 것이 이 뜻이며, 끝에서 표점標點을 찍은 글자를 취해 칠향차七香茶로 삼는다고 했다. 원본을 보면 국菊, 계桂, 매梅, 황련黃連, 유薷, 귤橘, 사苴 자字 위에 표점이 찍혀 있는 것을 볼 수 있다.

〈다구茶具〉 항목에는 차 끓일 때 물의 분량이나 차의 양은 정확히 얼마나 되는지를 상세히 적었다. 이어서 각종 다구의 이름과 생김새와 용량容量을 따로 표시해 두었다.

> 차 6냥과 위 재료 각 1돈錢(3.75g)을 물 2잔을 따라 반쯤 달인다. 차와 섞어 불에 쬐어 말린 후 포대에 넣고 건조한 곳에 둔다. 깨끗한 물 2종鍾을 다관 안에서 먼저 끓인다. 물이 몇 차례 끓은 뒤 찻그릇缶에 따른다. 차 1돈을 넣고, 반드시 진하게 우려내어 아주 뜨겁게 마신다.

> 다로茶爐는 다관茶罐을 앉힐 수 있어야 한다.
> 다관茶罐은 2부缶가 들어간다.
> 다부茶缶는 2종鍾이 들어간다.
> 다종茶鍾은 2잔盞이 들어간다.
> 다잔茶盞은 1홉合이 들어간다.
> 다반茶盤은 다부와 다종, 다잔을 놓을 수 있다.

차를 끓이는 데 소용되는 다구는 다로茶爐, 다관茶罐, 다부茶缶, 다종茶鍾, 다잔茶盞, 다반茶盤 등 모두 6종류이다. 화로火爐는 다관을 앉힐 수 있어야 한다. 중간에 숯불을 넣는 구멍이 있고, 위쪽에 다관이 얹히는 구멍이 있다.

다관은 꼭지가 달린 뚜껑이 있고, 양 옆에 손잡이가 달린 그릇으로 다관 하나의 용량은 2부缶 들이다. 다부는 다관에서 끓인 물을 부어 차를 우려내는 도구로 다관과 생김새가 비슷하나 다만 크기가 그 반 만하여 체형이 조금 날씬하다. 다종은 다부의 절반 들이로 1부에는 2종이 들어가며, 손잡이가 한쪽만 달린 큰 컵이다. 다잔은 한 홉들이 용량의 개인 잔으로 2잔이 1종이다. 그러므로 1다부로 4잔의 차를 만들 수 있으며, 한 번 다관에 물을 끓일 때 2부의 물을 붓기 때문에 두 차례 우려내면 모두 8잔의 차가 된다. 그리고 다반은 다로와 다관을 제외한 나머지 다부, 다종, 다잔 등을 함께 올려놓을 수 있는 크기의 찻상이다.[2]

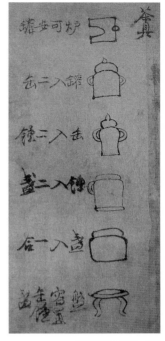

부풍향다보 다구 그림으로 다구의 모양과 크기를 표현해 두어서 당시 차문화의 실상을 알아보는 데 도움이 된다. 경기도박물관, 『차 즐거움을 마시다』

3) 「부풍향다보」의 차문화사적 의의

부풍향다보는 조선 후기 중요한 다서茶書로 알려진 이덕리의 '동다기東茶記(1785)'나 초의선사의 '동다송東茶頌(1837)'보다 30~80년 앞선 것이어서 우리나라 차문화사의 편년을 한층 앞당긴 중요한 사료이다.

우리나라 최초로 작설차를 주재료로 하고, 병의 증상에 따라 7가지 약재를 조제해서 만든 기능성 향차를 소개하였다. 특히 상용常用하기 위해서 향차를 만들었다는 것으로 보아 당시 사람들 중 일부는 차를 약용으로 인식하고 있다는 사실도 알려준다. 이 자료는 앞으로 향차 연구에 중요한 역할을 하게 될 것이다.

각종 다구茶具의 이름과 실물을 그림으로 밝힌 것은 물론 용량까지 적시하고 있어 18세기 조선시대 음다풍의 실상을 구체화 했다는데 큰 의의가 있다. 도자기 연구에 있어서 당시 다구의 크기를 가늠하는데 중요한

2　정민, 「최고의 차기록 '부풍향차보'」, 『차의 세계』 2008년 4월호.

자료가 된다.

이 자료는 조선전기에 중요한 차산지로 조사되었던 무장현에 조선후기에도 야생차가 많이 자라고 있었다는 실증을 해 주었다. 찻잎의 채취시기를 이른 봄이 아닌 늦가을 또는 겨울로 잡고 있는 것은 현대의 떡차나 향차 개발에 중요한 시사점을 주고 있다.

3. 『□다암서첩□茶庵書帖』

1) 『□다암서첩』의 발굴

일산 원각사 주지 정각이 2008년 7월 몇 달 전 입수한 『□다암서첩』을 불교신문에 공개했다. 『□다암서첩』의 내용은 조선후기 호의縞衣·초의草衣스님과 유학자들의 교류 내용이 실린 간찰簡札(편지) 16편을 모은 책이다. 서첩의 앞 글자는 불에 타 어떤 글씨인지 알 수 없어서 □로 표시하였다. 이 중 추사의 것으로 추정되는 4점의 간찰은 지난 2006년 서울 예술의 전당에서 열린 '추사 김정희 서거150주기 기념 서예특별전'에 출품되었고, 서첩의 나머지 편지 12점은 이번에 처음 공개된 것이다.

□다암서첩 일산 원각사 정각스님이 2008년 7월 공개한 간찰 16편이다. 편지의 내용은 조선후기 호의·초의와 유학자들의 교류한 내용이다. 『차의 세계』

2) 『□다암서첩』의 내용

차문화와 관련이 깊은 승려 호의, 초의, 각안과 김정희, 정약용의 아들 학연, 김정희의 질서姪婿 조면호 등의 편지가 수록되어 있다. 각안은 초의의 제다법을 이어받은 제자로 역대 고승들의 전기집인 『동사열전』을 지은 인물이다. 서첩에 담긴 편지들은 당시 승려와 유학자들의 각별한 교류 상황을 구체적으로 보여 주는 내용이 다수 포함돼 있다.

(1) 추사가 호의스님에게

추사가 제주에 유배중인 1845년 11월 호의스님에게 보낸 서한으로 호의스님에 대한 추사의 각별한 마음이 느껴지는 글이다. 추사는 "돌아갈 기약이 점차 늦어져 아마 정월 그믐이나 이월 초쯤 돌아갈 것 같은데, 대신할 학원學元도 기다릴 수 없어 고민 됩니다"고 본인의 심경을 전하고 있다. 이는 호의스님과 추사가 서로 마음을 터놓고 지낼 만큼 각별한 사이였음을 보여준다.

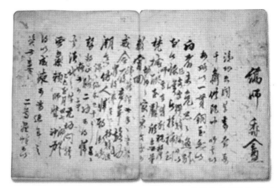

추사가 호의에게 추사가 유배지에서 돌아갈 날을 기다리는 자신의 심경을 호의에게 보냈다. 『차의 세계』

(2) 추사가 초의스님에게

추사가 일지암에 머물고 있는 초의스님에게 반야심경이 담긴 첩帖을 보내면서 쓴 편지로 추정된다. 추사는 "선사께서 날로 무량수경無量壽經을 외우며 축원祝釐 (축리)해 주시는 힘을 입어 편안히 추수 있으니 기쁘고 고맙습니다. 다만 나그네의 회포는 한곳에 오래 머물러 있음에 더욱 괴로울 뿐입니다"는 심경을 드러내고 있다.

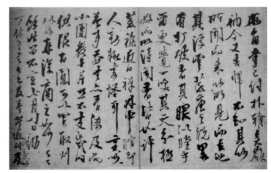

추사가 초의에게 추사가 일지암에 머물고 있는 초의에게 반야심경이 담긴 첩을 보내면서 쓴 편지로 추정된다. 『차의 세계』

(3) 추사가 호의·초의스님 두 분께

1846년 1월(음력)에 호의스님과 초의스님에게 보낸 편지로, 간략하지만 두 스님과 추사의 가까운 관계를 보여주는 내용이 있다. "스님들 축원에 힘입어 몸과 뜻 모두가 맑은 복 얻게 되어 기쁘고 기쁩니다. 다만 나그네의 회포에 번민의 고통이 있습니다. 돌아갈 기약은 늦봄이나 될 듯합니다."

(4) 추사가 호의 · 초의스님에게

앞서 편지와 비슷한 시기에 보낸 것으로 추정된다. 추사는 "저를 위해 제불諸佛 부처님과 관음보살 준제보살 앞에 등을 사르고 무량수경을 외우며 멀리서나마 축원하고 발원해 주시면 어떻겠습니까. 생각건대 응당 가까운 시일에 석장錫杖을 떨치고 왕림해 주시기를 바라고 바랍니다"고 당부하고 있다.

(5) 조면호(1803~1887)가 호의노사에게

이당怡堂 조면호趙冕鎬는 추사의 척질戚姪이며 제자로 서예의 백미를 이룬 인물이다. 편지가 쓰인 1851년은 호의스님의 세수는 74세, 조면호는 49세였다. 당시 차문화의 일단과 유생들도 부처님께 공양을 올렸음을 알 수 있는 내용이 있다. "보내주신 다섯 포包의 차茶는 감로甘露를 마신 듯 심장과 허파가 모두 향기로워지고 상쾌해져 이는 바로 법비法雨가 적셔주고 불일佛日이 따뜻하게 비쳐준 것임을 알겠으니, 보통의 물건과는 다른 것입니다. 보답으로 향고香膏 2촉燭을 보내오니, 세존世尊께 공양供養하여 공경을 닦도록 해주시겠습니까"

(6) 조면호가 호의스님에게

때는 1851년 12월 2일. 조면호는 "날씨가 추워짐에 그리운 생각 더욱 일어 마음이 배로 수고롭더니, 곧 패향貝香과 함께 보내주신 편지를 받고서, 지극한 추위 속에 선을 닦는 생활이 청정하고 은은하며 기력이 점점 왕성해짐을 알았고, 이로 인해 도道가 있는 사람은 이와 같다는 것을 알았으니, 매우 위로되고 기쁩니다"며 고마움을 전하고 있다.

(7) 조면호가 호의스님에게

조면호는 이 편지에서도 "해마다 이처럼 귀한 차를 보내주시어 이미
매우 감사하게 여겼는데, 더구나 지금 만들어 온 제품은 그 품질이 매우
좋은 것 같습니다"라며 차를 보내준 호의스님에게 고마움을 전하고 있다.

(8) 정학연이 각안산인覺岸山人에 답함

1859년 3월 다산 정약용의 아들 정학연이 각안스님에게 보낸 것이다.
이때 스님은 40세, 정학연은 77세였다. 편지에서 정학연은 "머리털만 새
어 귀신같은 몰골이 되어갈 뿐 … 신발 신고 가서 더불어 놀 마음이 굴뚝
같으나, 집안 마당에도 나가지 못하니…"라며 투병 사실을 밝히고 있다.
또한 각안스님이 정학연에게 20폭의 죽간을 선물했고, 정학연이 시 한 수
를 적은 쥘부채로 답례했음을 알 수 있다.

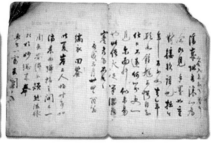

학연이 각안에게 학연이
만년에 병마에 시달리며 각
안에게 쓴 편지이다. 각안이
학연에게 20폭의 죽간을 선
물했고, 정학연이 시 한 수를
적은 쥘부채로 답례했다.
『차의 세계』

(9) 정학유가 각안스님에게

정학유는 정약용의 둘째 아들로서 '농가월령가'를 지은 인물이며 편지
를 보낸 1850년의 나이는 65세였다. 이 무렵 각안스님 세수는 31세. 정학
연은 "한 해가 다 되어도 소식이 없어 매우 걱정하다가, 이제야 그대의

편지를 받으니 마치 거듭 만나 이야기를 나누는 듯하다"면서 자신의 모습을 한탄하고 있다.

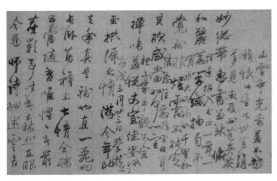

학유가 초의에게 정학유는 차가 병세를 호전시켰다고 하면서 더 많은 차를 보내줄 것을 당부하고 있다. 경기도박물관, 『차 즐거움을 마시다』

(10) 정학유가 호의스님에게

초의스님의 안부를 묻는 내용도 있다. 마지막에 쓴 종말宗末은 자신을 아랫사람으로 자처하며 상대를 높이는 말이다. 1850년 3월에 쓴 편지에서 정학유는 "지난 여름 각안스님께서 산사로 돌아가실 때의 일이 새벽의 일인 듯한데, 손가락 튕길만한 잠깐 사이에 벌써 1년이 되었으니, 흐르는 그리움 어찌 눈에 선하지 않겠습니까"라며 돈독한 정을 보이고 있다.

　* 이 서첩에는 그 외에도 유상維桑이라는 현감이 각안에게, 또한 정약용의 손자라고 추측되는 연도인蓮道人, 연사蓮史 등이 각안에게 보낸 편지 등이 들어 있다.

　* 그 외에도 학유가 초의에게 보낸 편지도 있는데, 차가 자신의 병세를 호전시켰다면서 더 많은 차를 보내 줄 것을 당부하고 있다.[3]

3) 『□다암서첩』의 차문화사적 의의

19세기 당시 차문화 상황을 살필 수 있다는 점에서 귀중한 자료로 평가

3　『차의 세계』 2008년 8월호.

받고 있다. 또한 다산 집안의 자제들이 대를 이어가면서 대흥사 스님들과 교분을 나눈 사실을 확인할 수 있는 자료이기도 하다.

최근 이외에도 『일지암시고一支菴詩攷』, 영남대학교 동빈문고 소장 『유산일문기대둔사제선사간찰첩酉山一門寄大芚寺諸禪師簡札帖』등의 자료에서 초의의 시와 함께 정학연, 정학유의 시와 편지가 소개되었다. 이를 통해 정약용의 아들, 손자와 대흥사의 초의는 물론 호의縞衣・안익安益・각안覺岸 등의 승려가 교유를 했다는 사실을 확인할 수 있다.

초의차와 함께 호의의 차도 유명했던 모양으로 그 차를 장춘차長春茶, 두륜진차頭輪眞茶라고 불렀다는 사실도 확인되었다.

천식을 앓고 있던 정학유는 호의가 보낸 두륜진차가 병세를 호전시켰다고 했다. 그러면서 그가 소비하는 차가 일 년에 수십 근은 된다고 했다. 초의와 호의, 안익이 두릉으로 보내준 차의 양이 상당했는데도, 정학유는 늘 더 보내주기를 바라는 편지를 보냈다. 그 대신 차를 받은 학연과 학유는 글씨와 다호, 부채 등을 보내 고마움을 표했다.

제12장

일제강점기의 차문화

1. 일제강점기 한국차에 대한 연구

1) 한국인의 연구

1918년 나온 이능화의 『조선불교통사朝鮮佛教通史』에 차에 대한 언급을 군데군데 찾아볼 수 있다. 허왕후의 차 전래설을 주장한 그는 차의 종류로 백산차, 죽로차, 귤화차를 소개했다. 그 중 백산차는 백두산 근처에서 나는 풀로 만든 차로서 우리 민족이 예로부터 마셔왔으며 민족정기가 어린 차라는 것이 그의 주장이다. 또 그는 청나라 건륭연간(1736~1795)에는 백산차가 공납되어 어용차로 쓰였다는 설도 제기했다.[1] 조선의 차문화가 쇠퇴한 이유는 물이 맑아 차를 굳이 끓여 마실 필요가 없었기 때문이라고 하였다.

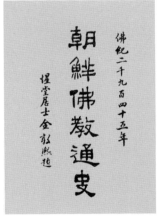

조선불교통사 372~1916
년까지 한국 불교 역사를 담고 있는 불교전집이다. 이능화가 편찬저술하고 최남선이 교열하였다.

---

1 "朝鮮之長白山 山茶名曰白山茶 乾隆時淸入採貢 宮庭爲御用之茶", 李能和, 『朝鮮佛教通史』 下卷, 智異山唐茶.

1924년 이용기李用基는 「조선무쌍신식요리제법朝鮮無雙新式料理製法」을 발간하여 국화차 · 구기자 · 매화차 등 대용차를 다양하게 소개하였고, 차의 음다법과 효능에 대해서도 설명하였다. 그는 차 달이는 방법에 전다煎茶와 점다點茶 두 가지가 있으며, 귤과 생강과 작설차를 섞어 마시면 효과가 좋다고 하였다. 보림차가 보이차와 비슷하다고 하면서 보림사의 돈차를 소개하였는데, 이는 이유원의 『임하필기』의 내용과 비슷하다.

조선일보에 연재된 문일평의 「다고사茶故事」는 한국차에 대한 전문적인 글로 당시로서는 유일한 것이다. 여기에서 그는 한국차의 전래로부터 고려, 조선의 다고사를 소개하였다. 문일평은 이 글의 서문에서 차를 산업화시키지 못한 것에 대해 안타까움을 표시했고, 명明나라 장수 양호楊鎬가 다마무역茶馬貿易을 권한 사실을 싣고 있어 그가 차의 산업화에 얼마나 관심을 가졌는가를 보여준다. 그런데 그의 글 중에 상당 부분은 일본인 아유카이가 쓴 「차 이야기茶の話」의 내용과 비슷한 것이 많아서, 그 글의 영향을 받았다고 하겠다.

2) 일본인의 연구

총독부 시정기념관에 근무하던 가토加藤灌覺는 신라와 고려의 차 문헌을 연구하여 1925년 「조선의 차 문헌에 대하여朝鮮に於ける茶の文獻に就いて」라는 글을 발표하였다. 차의 전래로부터 남행월일기 · 진감국사의 비문 등 신라시대의 차이야기로 시작하여 고려시대의 최승로 · 이인로 · 이규보 · 이제현 등과 관련된 고려시대 다고사茶故事를 싣고, 서긍의 『고려도경高麗圖經』에 대해 자세히 설명하였다.

민속학자 아유카이鮎貝房之進도 1932년 신라, 고려, 조선의 차 문헌을 연구하여 「조선에서의 차에 대하여朝鮮に於ける茶に就いて」라는 글을 발표하여 차 역사 연구에 동참하였다. 한국의 민속과 역사 전반에 대해 많은 연구

를 하였던 그도 역시 차의 전래를 시작으로 신라·고려·조선의 다고사를 설명하고 마지막에 차와 예술과의 관계에 대해 언급하였다. 특히 차와 도자기는 밀접한 관계를 가진다는 인식 아래 『고려도경』에서 언급한 청자와 이후의 백자에 대한 설명이 이어졌다.

미시나三品彰英도 한국의 차 이야기에 동참했다. 그가 발표한 「조선의 차朝鮮の茶」는 1936년에 오사카에서 편찬된 다도전집茶道全集 제1권 『다설 다사茶說茶史』에 실리는 영광을 얻었다. 이 전집은 당대의 차 연구 대가였던 모로오카의 「육우와 다경陸羽と茶經」, 후지와라藤原銀次郎의 「다인의 안목茶人の眼孔」을 비롯한 유수한 학자의 글을 집대성한 책이었기 때문에 여기에 글이 실린 것은 큰 영광이었다. 1936년에 집대성된 다도전집에 「조선의 차朝鮮の茶」가 실린 것만 보아도 이 무렵 일본 본토에서도 조선의 차에 대한 관심이 어느 정도 고조된 상태가 아니었나 판단된다.

이 책은 대렴의 차 전래를 시작으로 고려 의종 때의 다정茶亭에 대한 설명과 함께 서긍의 『고려도경高麗圖經』과 고려자기의 예술성에 대해 시기 구분까지 하면서 자세한 설명을 덧붙였다. 또한 기우자騎牛子 이행李行의 물 이야기, 이규보의 다시茶詩, 이곡의 「동유기東遊記」에 나오는 화랑의 차 유적에 관한 이야기, 최승로 이야기, 이익의 다식茶食 이야기 등에 대해 자세하게 다루었다.

단차團茶 연구에 단서를 제공한 사람은 나카오中尾萬三(1882~1936)박사였다. 그는 약물학자요, 도자기의 대가이며 다인이었다. 1925년 그는 도자기 연구를 위하여 전남 강진군 대구면의 청자 가마터를 방문했다가 근처인 장흥의 죽천리에서 묵게 되었다. 차에 관심이 있었던 그는 그 근처에서 야생차를 발견하였고, 부근의 촌락에서 엽전 모양의 고형차도 발견하였다. 그는 그것을 만든 사람을 찾아가 제조법을 확인한 결과, 육우의 병차餠茶 만드는 법과 거의 같다는 것을 알게 되었다. 다만 마시는 법에서 당대의 병차처럼 구워서 부수지 않고, 굽기만 해서 탕관에 넣어 끓여 마신다는 것을 알았다. 그는 1933년『인화사어실어물목록仁和寺御室御物目錄』에 도자기를 설명하면서 이 차를 만드는 법과 마시는 법을 그림으로 풀어서 설명하였다. 당나라식 병차를 다시 재현해 보인 것이다.

이나바稻葉岩吉도 조선의 돈차 연구에 동참하여 그것이 당나라 시대의 유물로 최초의 것이라고 주장하였다. 조선사편수회 수사관이었던 그는 청태전靑苔錢을 조사하기 위해 1937년 광주 무등산과 장흥 보림사를 방문한 적이 있다. 그는 그 때 방문한 결과를『조선의 차朝鮮のお茶』에 수록하였다.

이에이리家入一雄는 규슈 구마모토 출신으로 한국에 와서 수원고등농림학교를 졸업하고 1925년 임업시험장에 취업하였다. 그가 전남 임업시험장으로 전근해 온 1932년 그는 32세의 젊은 나이였다. 그는 1937년 오자키 이치조尾埼市三가 경영하는 무등산 차밭을 조사한 적이 있다. 그런데, 그 곳에서 덩어리차에 대한 설명을 듣고 그것이 신기하여 모로오카에게 전달하였고, 그로 인해 모로오카가 단차 연구에 매달리게 되는 단서를 제공했다.

1938년 청소년에게 금주금연 강연을 하기 위해 광주에 온 모로오카諸岡存 박사는 나주군 다도면 불회사의 단차를 조사하였다. 모로오카는 규슈 나가사키현 출신으로 의학을 전공하여 영국에 2년간 유학한 적이 있다. 그곳에서 영국인들이 차를 즐기는 모습을 보고, 차문화에 관심을 갖게 되었고, 그 근원이 동양에 있다는 것을 알게 되었다. 귀국한 후 그는 육우의『다경』을 본격적으로 연구하였고,『다경』에 나오는 병차에 특별한 관심을 가지게 되었다. 불회사의 단차를 만드는 비법은 해남 대흥사의 초의로부터 어떤 비구니에게 전수되고, 그것이 다시 이학치 당시 주지에게 전해진 것이라 했다. 한편 불회사에 전해 오는 또 다른 단차로서 벽돌차도 소개하였다. 1930년대 벽돌차는 몽골에 수출된 적이 있다. 지금 몽골에서 수테차를 만들어 마시는 벽돌차가 그 당시 벽돌차의 모습과 비슷할 것이라 생각된다.

1940년 이에이리의 조사를 바탕으로 조선 차의 역사 전반에 대한 글을 엮어 『조선의 차와 선朝鮮の茶と禪』이 출판되었다. 모로오카는 차의 역사 중 특히 단차에 중점을 두어 서술하였고, 차의 분포에서는 사찰을 하나하나 열거하며 차와의 연관성을 자세히 서술하였다. 이 책은 모로오카가 외국인

몽골의 벽돌차 불회사에서 몽골에 보냈던 차와 비슷한 모양의 차가 현재 몽골에서 수테차용으로 팔리고 있다.

이므로 몇몇 군데 사람이름이나 사찰 이름에 오류가 있기도 하고, 역사적 사실의 전후관계나, 논리적인 설명에 다소 무리가 하지만, 이에이리의 답사가 기본이 되었기 때문에 실증적인 연구서로서 가치를 가진다고 할 수 있다.

3) 차 재배법 연구

『농정신편』은 원래 안종수(1849~1896?)가 1881년 신사유람단의 수행원으로 일본에 갔다가 돌아와서 농업전반에 관한 사항을 기록한 책이다. 이 책은 1885년 출판되었는데 6부 경종耕種 중 잎葉부문에 차에 관한 내용이 소개되어 있다.

첫 부분에 차의 종류와 차 따는 시기, 차의 파종과 재배 등에 관한 설명이 있다. 다음 차 만드는 법으로 증제법蒸製法, 자제법煮製法, 전차제법煎茶製法, 당차제법唐茶製法을 소개하였다. 마지막으로 녹차 만드는 법을 덖는 법, 유념하는 법, 체질하여 말리는 법 등의 순서대로 자세히 설명하였다.

1905년 농상공부가 농업을 권장하고 농법을 가르치기 위해 이 책을 재간하여 배포하였고, 당시 사립학교 고등용 교과서로 사용하기도 했다. 이번에는 총독부가 1931년 산미증식계획의 일환으로 이 책을 한글로 번역

하여 전국에 배포하였다. 이 책의 번역본 보급은 농업 전 분야에 도움을 주었으니, 차 재배에도 큰 도움을 주었을 것이다. 그러나 이 책의 내용은 서구나 일본, 중국의 용어를 그대로 쓰고 있어 다소 아쉬운 점이 있다.

1936년 조선총독부는 『직업과 교과서職業科 教授書』를 편찬하였는데, 13 장에 차에 관한 내용이 있다. 먼저 차의 종류를 분류하여 조목조목 설명하였다. 차의 종류에는 녹차, 홍차, 오룡차가 있는데, 녹차에는 다시 전차와 말차가 있다고 설명하였다. 오룡차는 대만에서 제조되는데 꽃을 혼합하여 포종차라고도 한다. 녹차나 홍차를 기와 같이 압착해서 만드는 전차 磚茶(벽돌차)도 소개하였다.

다음은 차 재배에 관한 내용이다. 차 재배에 적당한 기후와 토질에 대해 설명하고, 파종과 번식은 물론 김매기 · 제초 · 물대기 · 비료주기 · 가지치기 등 차나무 재배에 관한 전반적인 사항을 자세하게 설명하였다. 마지막으로 찻잎 따는 시기와 제다법을 자세히 소개하였다. 이 책은 지금까지 나온 차 재배에 관한 책 중 가장 전문적인 책이라 할 수 있다. 끝에 부기된 주의사항에 재배법을 각 지방의 상황에 맞게 조사하라는 것과 제다실습을 하거나 제다공장 견학을 할 것을 권장하였다. 따라서 이 책은 이론과 실제경험을 같이 하라는 것을 강조하는 실질적인 농서라고 할 수 있다.

1941년 전남도청에서는 『다수의 재배茶樹の栽培』라는 농업서를 펴냈다. 마침 1000 정보 다원조성계획을 발표하였던 때였고, 차 재배요령 · 파종 · 비료 · 전지 · 채다 · 병충해 등에 대해 설명하고 있어 실제 차를 재배하는 농가에 도움을 주기 위한 것이었음을 알 수 있다.[2]

2 박정희, 「일제의 한국차 연구사업」, 『차문화학』 제2권 2호, 국제차문화학회, 2006.

2. 일제강점기의 차 생산

1) 전통차 생산

(1) 청태전靑苔錢

청태전은 전라도 남해안 일대에서 만들어져 오랫동안 민간에서 음용된 전차錢茶로 6·25 직전까지 제작된 것으로 보인다. 이 차가 한국과 일본에 알려지게 된 것은 『조선의 차와 선』에 자세히 소개되었기 때문이다. 1938년 11월 31일 이에이리는 장흥 보림사 일대의 청태전을 조사하러 갔다. 이곳은 나카오가 단차를 발견했던 곳이므로 그 흔적을 찾기 위해서 조사를 간 것이다. 그는 단산리의 위경규씨로부터 50여 년 묵은 청태전을 얻었고, 봉덕리의 이석준씨에게서 그해 봄에 만든 청태전을 얻었다. 두 청태전은 모양과 크기도 비슷하고 만드는 방법도 비슷했다. 만들 때 차에 쑥이나 오갈피, 생강 등을 넣는 수도 있다는 것까지 비슷했다.

강진에서도 청태전이 발견되었다는 정보가 있어서 1939년 2월 23일 이에이리는 강진 일대의 답사에 나섰다. 그곳에서 유대의씨가 가지고 있던 묵은 청태전을 볼 수 있었는데, 보림사의 것과는 조금 다른 것이었다. 약간 타원형에 표면은 매끄럽고 뒷면은 거친 것으로 보아 대통竹筒을 짧게 잘라서 거기에 눌러서 차를 만든 것으로 추측되었다. 이곳에서 그는 작설차의 일종인 백운옥판차도 볼 수 있었다.

청태전이 생산되는 곳은 나주·장흥·강진·구

청태전과 약탕기(상) 1930년대 강진과 장흥지방에서 차를 끓여 먹던 약탕기와 청태전. 『차와문화』

고조리(중) 청태전을 찍어내기 위해 대나무를 얇게 잘라 동그랗게 만든 기구. 무명천 위에 고조리를 놓고 찧은 차를 넣었다가 빼면 일정한 모양의 차를 만들 수 있다.

청태전 만드는 도구(하) 청태전을 만들 때 고조리를 사용하기도 하지만, 나무틀, 대나무 마디 위를 자른 틀, 찻잔의 뒷굽, 병두껑 등을 이용하기도 한다.

례・해남 등 전남 해안 일대이며, 단차는 지역에 따라 청태전・단차・병차・관차 또는 그냥 '차' 등으로 불렸다. 크기는 대체로 지름 4~5cm 정도이며, 두께는 1cm 내외, 무게는 한 돈중인 3.75g 내외였다. 50~100개씩 꿰미에 꿰어 처마 밑에 달아두고 감기나 배앓이 등에 약용으로 주로 마셨다.

(2) 백운옥판차

백운옥판차 포장지 1939년 이한영이 차를 시판하기 위해 사용한 포장지. 『조선의 차와 선』

백운옥판차 포장하는 나무틀 차를 포장하기 위해 나무틀을 만들고 그 위에 한지를 깔고 차를 포장했다. 『조선의 차와 선』

백운옥판차는 이한영李漢永(1868~1956)이 1890년 경 한국 최초로 상표를 붙여 판매한 상품화된 차이다. 강진・영암의 월출산 백운동白雲洞의 옥판산玉版山에서 딴 찻잎으로 만든 차여서 백운옥판차라는 이름을 얻은 것이라 했다. 물론 옥판선지玉板宣紙라는 종이에 싸서 판매를 했기 때문에 붙여진 이름이라는 설도 있다. 1939년 이에이리가 강진군 성전면의 백운옥판차를 보고 『조선의 차와 선』에 수록하면서 세상에 알려졌다. 백운봉은 호남의 금강이라 불리는 월출산 남쪽에 위치한 백운봉을, 옥판봉은 월출산 봉우리인 옥판봉을 말한다.

제다법을 살펴보면, 찻잎은 곡우에서 입하까지 딴 것이 가장 좋은데, 아침 일찍부터 낮까지 채다하여, 딴 찻잎은 집으로 가져가 솥에서 덖거나 쪄서 차가 푸른빛을 잃을 때 불을 멈춘다. 살청殺靑한 찻잎은 손으로 조금 비빈 후, 종이를 깐 따뜻한 온돌방에 1시간 정도 말린다.

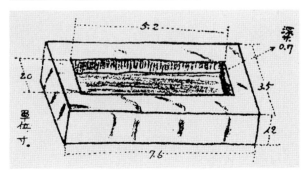

소나무로 만든 틀에 종이를 깔고 산차를 넣어 포장하는데 포장지 앞면에 꽃과 백운옥판차의 글씨가 녹색으로 쓰여 있다. 『조선의 차와 선』에서 이 포장지에 그려진 꽃을 차꽃

이라고 했기 때문에 많은 사람들이 그렇게 믿고 있었는데, 매화꽃이라는 주장이 제기되었다. 차꽃이 잎이 없이 꽃망울만 있을 리가 없다는 것, 그림 옆에 쓰인 화제畵題가 '백운일지白雲一枝 강남춘신江南春信', 풀이하면 '백운동의 매화 한 가지, 강남의 봄소식을 전하네.'인데, 차꽃은 가을에 피기 때문에 봄소식을 전할 수는 없다는 것, 백운동을 상징하는 꽃이 매화라는 것 등의 이유를 들어 차꽃이 아닌 매화라고 한다.[3] 상당히 설득력 있는 이야기이다.

백운동은 행정구역으로는 강진군 성전면 월하리 일대에 해당한다. 차밭이 죽 이어져 있고, 월남사와 무위사가 주변에 있다. 이곳은 원주이씨 이담로李聃老(1627~1701)가 17세기말 처음 조성했다는 백운동 별서정원別墅庭園이 있었던 곳이다.

1812년 백운동 별서의 주인이었던 이덕휘李德輝(1759~1828)가 당시 강진에 귀양 와 있던 다산과 함께 초의를 초대하여 시회를 열었는데 당시에 그들이 남긴 시와 그림이 지금도 남아있다. 다산의 회고를 들어보자.

가경 임신년(1812) 가을, 내가 다산에서부터 백운동으로 놀러가서 하루밤 자고 돌아왔다. 남은 미련이 오래도록 가시지 않아, 승려 의순을 시켜 백운도白雲圖를 그리게 하고, 이를 이어 12승사勝事를 읊어서 주었다. 끝에는 다산도茶山圖를 붙여서 우열을 보인다. 9월 22일.

嘉慶壬申秋, 余自茶山, 游白雲洞, 一宿而反. 餘戀久而未衰, 令僧洵作白雲圖, 續之以十二勝事之詠, 以遺之. 尾附茶山圖, 以見優劣. 九月卄二日.

---

3 김영숙, 『백운옥판차 이야기』, 다지리, 2008.

다산은 초의에게 「백운도」를 그리게 하고 자신이 백운동 12승사 시를 지었다. 당시의 시와 그림은 『백운첩白雲帖』으로 묶여 지금도 전하고 있는데, 앞부분에는 「백운도」, 끝부분에는 역시 초의가 그린 「다산도」를 실으면서 어느 곳이 더 좋은가 우열을 가릴 수가 없다는 표현을 했다. 「다산도」는 당시 다산이 거주하던 다산초당의 실경을 아주 상세히 그린 것이다.

(3) 금릉월산차金陵月山茶

금릉월산차는 다산이 가르쳐 준 제법으로 만들어졌으며, 가로 6cm, 세로 15cm의 종이봉투에 붉은 상표를 찍었다.[4] 이 차도 생산지역의 이름을 따서 금릉월산차라 했다. 금릉은 강진의 옛이름이고 월산은 영암과 강진의 경계인 월출산을 줄인 말이다.

다산이 가르쳐 준 제법으로 만들었다면 1818년 약속한 「다신계절목茶信契節目」에서 이야기하는 떡차일 가능성도 있다. 해배되어 경기도 돌아간 다산은 1830년 아픈 몸을 보전하기 위해 떡차가 필요하다면서 다음과 같은 글을 제자 이시헌李時憲(1803~1860)에게 보낸 바 있다. 다산이 이시헌에게 떡차 제다법을 소개하는 글을 보낸 것이 남아 있다.

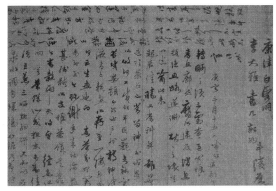

다산이 이시헌에게 보낸 떡차제다법 소개 편지 "곡우 때 딴 찻잎을 쪄서 말리는 세 번의 과정을 거친 후, 가늘게 빻아 돌샘물로 반죽하여 진흙처럼 뭉그러지게 찧어 작은 떡처럼 만들라"고 떡차 제조법을 설명하였다. 이효천 소장

요즘 들어 병으로 체증이 더욱 심해져서 잔약한 몸뚱이를 지탱하는 것은 오

4 鮎具房之進, 「茶の話」, 『朝鮮』 1933年 2月號.

로지 떡차茶餅에 힘입어서일세. 이제 곡우 때가 되었으니, 다시금 이어서 보내 주기 바라네. 다만 지난 번 부친 떡차는 가루가 거칠어 썩 좋지가 않더군. 모름지기 세 번 찌고 세 번 말려 아주 곱게 빻아야 할 걸세. 또 반드시 돌샘물로 고루 반죽해서 진흙처럼 짓이겨 작은 떡으로 만든 뒤라야 찰져서 먹을 수가 있다네. 잘 알아두는 것이 어떻겠는가?

年來病滯益甚, 殘骸所支, 惟茶餅是靠, 今當穀雨之天, 復望續惠. 但向寄茶餅, 似或粗末, 未甚佳. 須三蒸三曬, 極細硏, 又必以石泉水調勻, 爛搗如泥, 乃卽作小餅然後, 稠粘可嚥, 諒之如何?

나는 전처럼 몸이 좋지가 않다네. 근래 들어서는 풍증마저 점차 더해져서 목 부분을 움직일 수가 없으니 더더욱 견딜 수가 없네. 차의 일은 이미 묵은 약속이 있었기에 이번에 다시 일깨워 준다. 좀 많이 보내주면 아주 고맙겠네.

戚記委頓如昨, 近添風漸, 項部不運, 尤不可堪也. 茶事旣有宿約, 玆以提醒. 優惠幸甚.

이글을 통해 보면 1830년대까지 이렇게 다신계절목이 스승제자의 인연과 함께 잘 지켜지고 있었던 것 같다. 그로부터 100년이 지난 1931년 여유당을 방문한 일본인 아유가이鮎貝房之進(1864~1945)의 증언에 따르면 "다산의 현손인 정규영의 집을 방문했을 때 해마다 강진에서 보내온다는 '금릉월산차'를 보여주었는데 차가 아닌 동백잎을 말린 것 같다"고 했다. 과연 동백잎으로 차를 만들었는지, 너무 쇤 잎을 사용하여 그렇게 보였는지 알 수 없다. 다만 다신계절목이 적어도 120년 가량 지켜지고 있었다는 사실이 경이로울 뿐이다.

이 금릉월산차가 몇 대를 이어 만들어져 왔는데, 이한영李漢永(1868~1956)이 이 차를 백운옥판차로 이름을 바꾸었다는 설도 있다. 또는 금릉월산차는 떡차이고 백운옥판차는 잎차이므로 원래부터 다른 차였다는 설도 동시에 주장되고 있다.

2) 일본인이 경영한 다원

일제는 식산흥업의 일환으로 차산업에 관심을 가지고 육성하기 시작하였다. 총독부의 학무국 사회교육과에서는 나카오 사토루中尾覺 등에게 조선의 차에 대한 학술조사와 현지조사를 시켜 전라남도 일대에 대단위 다원의 조성 계획을 세웠다. 특히 황기皇紀 2,600년(1940년)의 기념사업으로 전라남도에 1,000정보에 달하는 다원지 조성을 계획하고 전라남도 산림과에서 주관하여 착수하였다. 1911년 광주 무등산 다원을 시작으로 1913년 정읍 오가와小川다원이 성립되었고 1940년 이후 전남 보성, 나주, 광주 등에 근대적인 차 재배를 하였다.

이외에도 일본 각지에서 차 묘목이나 차 종자를 도입해서 남부 지방에 소규모 다원을 조성하였다. 고흥군 고흥면에 시즈오카현靜岡縣의 차 종자茶種를, 영암군 삼호면에 에히메현愛媛縣으로부터 차 묘목茶苗을 들여와 이식하였다. 나주군 금천면 원곡리, 남평면 남평리, 영산면 삼정리, 영산리, 동수리에는 시즈오카현과 구마모도현熊本縣, 교토京都로부터 들어왔으며, 제주도 서흥리에도 차 종자를 들여와 이식하였다. 그 외에도 구례군 마산면의 차는 1932년부터 우지차宇治茶 제다법으로 제다되었다.

(1) 광주 무등다원

오자키 이치조尾崎市三가 1911년 광주 무등산에 다원을 조성하고 시즈오카식 증제차를 생산하였다. 오자키의 차는 초기에는 원시적인 방법으로 제다했으나 점차 개량되어 기계를 사용하게 되었다. 그 순서를 살펴보면 먼저 채엽한 찻잎을 회전 찜통에 넣고 찐다. 쪄낸 찻잎을 조유기粗柔器

에 넣고 말린 후, 유념기揉捻機에 넣고 비빈다. 재건기再乾器에 넣고 말린 후, 재유념再揉捻 한다. 세 번째 건조한 차는 절단기에 넣고 절단하여 분차紛茶와 선별한다. 마무리 건조 후, 완성된 차는 품질에 따라 한 상자에 1백근(60㎏)씩 넣고 포장한다.

이렇게 만들어진 차는 '無等の里'이라는 상표를 붙여 초엽, 천하일, 옥룡 등 다양한 제품으로 출하되어 서울, 인천, 군산, 광주 등의 차 판매점, 일본인이 경영하는 여관, 기타 실수요자 등에게 판매되었다. 근대 한국 다맥의 양대 산맥을 이룬 의재毅

무등산 다원 춘설헌을 중심으로 차밭이 넓게 분포하고 있다.

齋 허백련許百鍊(1891~1977)이 해방 후 무등다원을 인수하여 '삼애다원三愛茶園'이라 개명하고 춘설차를 만들게 되었다. 처음의 춘설차는 한지에 싸여 판매되었다. 차를 보관할 수 있는 제대로 된 찻통이 없는 시절이었기 때문이다. '춘설차'라는 상표는 목판으로 깎아 판화를 찍듯 찍었다.

(2) 정읍 오가와 다원小川茶園

1913년 전라남도 도청의 산림기사들은 전라북도 정읍에 야생 차나무가 무성한 것을 보고, 토질과 기후가 차 재배에 적합하다는 것을 확인하였다. 이후 천원의 소학교 교사로 재직하던 오가와小川는 정읍 입암면 천원지방의 하부리 일대에 9반보의 다원을 조성하였다. 이곳은 교통의 중심지로 호남선 천원역이 개통된 지역이다. 호남선은 전라도지역에서 생산되는 풍부한 농수산물을 타 지역으로 연결해 주려는 경제적 필요성에 의해 1914년에 개통되었다. 천원리는 바로 호남선 철도공사에 종사했던 일본인들이 정착했던 지역이었기 때문에 주변에 차를 일상 음료로 즐기던 일본인들의 수요가 있었다. 입암면 천원리에서의 차 재배는 가까이에 실수요자가 확실히 있어서 차밭 개간이 쉽게 가능할 수 있었다고 추정된다. 최성림씨가 가지고 있는 천원원川原園 엽서를 보면, 1928~1929년 당시 정읍군 다원茶園의 모습이 보이는데, 차밭의 크기가 엄청나게 컸다는 것을 알 수 있다.

1916년에 개원한 오가와 다원은 처음엔 채산성이 없었지만 점차 나아져 1923년부터는 우수한 품질의 천원차川原茶를 오사카에까지 판매하였다. 천원차는 광주의 무등다원의 차와 함께 상품으로 제품화되어 일본에 수출되는 대표적인 한국차였다. 박윤수씨가 가지고 있는 천원차의 포장지 윗부분에 '각 전람회 품평회 수상'이라는 글씨가 있는데, 이를 보면 차의 품질이 수준급이었음을 알 수 있다.

천원원 엽서 1928-1929년 당시 엄청나게 큰 차밭의 모습을 담은 엽서를 만들었다. 최성림 소장, 『차의 세계』

해방 이후 오가와 다원은 정읍에서 피혁공장을 시작으로 사업에 손을 댄 미원(현 대상그룹)의 임대홍씨에게 팔려 과수원으로 개간되면서 없어졌다.

천원차의 제다법을 보면, 찻잎을 비빈 다음, 10시간 정도 온돌방에서 발효시킨 후 다시 볶고 다시 말려 차약으로 사용했다. 백운옥판차를 온돌방에서 말린 것과 비슷하다. 하지만 2000년 7월 임암면 사무소가 작성한 '입암면 차나무 관련 현황 보고서'(2000)에 따르면 "일제 강점기에 거주했던 일본인들은 천원차를 생산하면서 정읍을 녹차 생산의 최적지로 여겼다. 또한 토질, 자연, 풍광이 차 재배에 알맞은 이 지역에서 일명 하부차가 생산되어 일본으로 반입되어서 호평을 받기도 했다"는 기록으로 보아 천원차는 녹차임을 짐작케 한다. 허호순 할머니는 천원차를 오차葉茶였다고 했는데 녹차인지 부분발효차인지 정확하지 않다.

다음은 진주산업대 김기원교수가 1967년 정읍지방에서 채록한 차 민요이다.

천원차 포장지 천원차의 포장지를 보면 윗부분에 '각 전람회 품평회 수상'라는 글씨가 있다. 박윤수 소장, 『차의 세계』

> 오월이라 단오날에 냇가에 가면
> 겨울 잠깐 물소리가 봄소식에 웃음소리
> 붉게 타던 작설나무 새싹잎이 완연하다.
> 성님성님 사촌성님 배양냇가 물을 길러
> 진나락독 물채우고 지천골로 가기전에
> 차약이나 한사발하세
> 일본놈은 오차먹고 조선놈은 술마시고
> 양반댁은 물마시고 농사꾼은 일좀하고
> 우리애기 엄마젖 먹으니 에헤야 에헤야 상사디이여

내용 중 "일본놈은 차 먹고 조선놈은 술 마신다"는 표현이 정읍지방의 음다 풍속을 잘 말해준다. 조선인들은 일본인이 싫어서 그들이 좋아하는 차를 기피했는지도 모른다.

(3) 보성 대한다원

차 수출을 위해, 그리고 전쟁 물자를 충당하기 위해 일본은 한반도에서 차 재배에 적합한 지역을 찾아나섰다. 1939년 일본의 전문 기술자들에 의해 기후, 지형 등 지리적 조건과 풍부한 노동력 이 있는 전남 보성을 한국 내 홍차재배 최적지로 판단하였다. 이후 계획적이고 정책적인 차 재배농장이 보성군 보성면 봉산리 봉화산 기슭을 중심으로 조성되었다. 1940년

대한다업 1957년 만들어진 대규모 차밭은 현재 차 관광농원으로 운영되고 있다.

아마자키 간사이尼崎關西페인트주식회사의 방계회사인 경성화학공업주
식회사는 30정보에 인도품종 '베니호마레' 종을 심어서 전국 최초로 대
규모 다원을 조성하였다. 1957년 대한다업 장영섭 회장은 6·25전쟁으
로 황폐해진 차 밭을 일대 임야와 함께 인수하여 '대한홍차(대한다업)주식
회사'를 설립하고 활성산 자락 해발 350m, 오선봉 주변의 민둥산에 대
단위 차밭을 조성하였다. 이로써 보성은 한국 최고의 차산지로 꼽히게
되었다.

대한다업(주)은 1959년부터 해발 350m의 보성 황성산 오선봉 주변의
황무지였던 땅을 개간하여 150만평의 녹차밭을 조성하였다. 대한다업(주)
에는 봉산리에 있는 보성다원 제1다원과 회천리에 있는 제2다원이 있으
며, 제1다원은 차 관광농원으로 운영되고 있다.

보성녹차밭은 자연 경관이 대단히 아름다운 곳이어서, 우리가 죽기 전
에 가봐야 할 곳 100선에도 들었고, 미국 CNN 방송에도 나올 만큼 유명
세를 타고 있다.

3. 일제강점기의 다도교육

1) 내선일체의 식민지 교육

일제는 '다도를 통한 내선일체'를 내세우며 일본식 다도교육을 하였다.
전 상공대신 후지와라藤原銀次郎는 『조선의 차와 선朝鮮の茶と禪』 서문에서
조선의 차를 찬양하는 것 같으면서도 조선인에게 나쁜 습관이 있음을 꼬
집고 있다. 이에이리는 조선인이 술을 즐기는 폐단을 차를 즐기는 것으로
바꾸어 보려는 열망에서 이 차를 조사하였다고 증언하였다.

모로오카도 "조선의 훌륭한 풍속의 부활"이라는 측면에서 『조선의 차

와 선』이라는 책을 쓰게 되었다고 했는데, 이 역시 한국인의 나쁜 습관을 개조시켜 보려는 의도가 엿보이는 말이다. 이에이리도 "차를 조선의 가정생활에 보급하는 것은 중요한 일로서 다업생산을 위해 얼마간 힘이 될 수 있다면 다행이겠다."라고 하면서 차를 통해 한국인의 정신을 개조해 보려는 의도를 은연중에 드러냈다.

2) 여학교의 다도교육

이러한 모습은 일제의 본격적인 다도 교육으로 나타났다. 1926년 인천 여학교에서 쓰다 요시에津田よし江에 의해 시작된 다도교육이 이화학교, 숙명학교에서도 행해지게 되었다.[5] 1940년대에는 전국 40여개 여학교에서 일본식 다도교육을 했다.

명원茗園 김미희金美姬는 1937년 무렵 대구여고보(현: 경북여고)를 다니면서 학교에서 일본다도 교육을 받았다고 한다. 그는 굉장히 엄격한 다도교육을 통해 일본식 혼을 주입하려 했던 것 같았다고 회고했다.

재조선在朝鮮 일본인 자제를 교육하던 청화여숙의 숙감塾監으로서 다도를 가르치던 쓰다 세츠코津田節子가 다도 교육을 전국적으로 확대시키는데 큰 역할을 하였다. 세츠코는 내선일체를 주도하던 민간단체 녹기연맹綠旗聯盟의 주도자 쓰다 사카에津田榮의 처인데, 미나미南次郎 총독을 면담하고 '가정으로부터의 황민화皇民化'를 달성해 보겠다는 의지를 표현했다. 그 방법의 하나로 다도교육을 시작한 것이라 하니 일제 다도교육의 목적이 분명해진다.[6] 인천에서 다도교육을 처음 시작했던 요시에는 쓰다 사카에의

---

5   김명배, 『다도학』, 학문사, 1984, 379쪽.
6   정혜경・이승엽, 「일제하 綠旗聯盟의 활동」, 『한국근현대사연구』 제10집, 한국근현대사연구회, 1999, 345쪽.

어머니이고, 다도교육을 전국으로 확산시킨 세츠코는 쓰다 사카에의 처이
니 쓰다 집안 전체가 내선일체 운동에 열성으로 몸 바친 셈이다.[7]

---

7 박정희, 「일제의 한국차 연구사업」, 『차문화학』 제2권 2호, 국제차문화학회, 2006.

제13장

해방 이후의 차문화

1. 한국 현대 다도의 맥락

1) 의재 허백련毅齋 許百鍊(1891~1977)

허백련은 진도 출신의 동양화가로서 본관은 양천陽川, 호는 의재毅齋이
다. 8세 때 한학을 배웠으며 증고조뻘 되는 허련許鍊의 아들 허형許瀅에게
서 묵화의 기본화법을 익혔다. 1908
년 공립 진도보통학교에 입학했으나
일본인 교장의 구타에 항의, 자퇴하
고 서울에 올라가 18세에 스승 정만
근의 권유로 기호학교에 다녔다.

일본으로 건너가 메이지 대학 법과
3년을 수료하고, 1935년부터 1937년
까지 조선전람회에서 수석상을 받았
다. 의재는 남종화의 대가 소치 허
유, 미산 허형을 이어 조선화단의 맥
을 잇는 남종화의 대가로서 대한민

의재 허백련 의재는 허유, 허형의 맥을 잇는 남종화의 대가이며, 차를 대중화시키고 산업화시키는 데 앞장섰다. 『차와문화』

국미술전람회의 심사위원을 지내기도 했다. 또한 광주농업고등기술학교를 세워 후진 양성에도 힘쓰고, 차를 대중화시키고 산업화시키는 데 앞장선 선각자였다.

의재는 고전과 다산의 삶에서 삶의 지혜를 얻어 실천하고자 하였다. 의재는 차문화를 정착시키기 위해 보다 많은 사람들이 차를 마실 수 있는 생활혁명을 펼쳐나갔다. 그는 많은 이들이 차생활을 즐길 수 있도록 생활다기도 제작하였다. 의재는 학교교육을 통한 차산업화, 공교육을 통한 차보급운동을 전개하였다.

효당의 격식을 갖춘 다도와는 달리 의재의 다풍은 딱딱한 격식에서 벗

춘설헌 무등산 다원을 인수받아 삼애다원이라 하고, 다원 안에 춘설헌을 짓고 찾아오는 사람에게 차를 대접하며 청담을 나누었다.

어난 자유롭고 편한 문인의 다도였다. 그는 해방 후 일본인인 오자키가 운영하던 광주 무등산 다원을 인수받아 삼애다원이라 하고, 춘설차를 만들어 보급하였다. 다원 안에 춘설헌을 짓고 그림과 차를 즐겼으며 농업학교를 세우고 단군정신 복원운동을 하였다. 그는 풍류를 아는 옛 선비들의 자리나 조주의 '끽다거喫茶去' 화두처럼, 춘설헌을 찾는 사람에게 차를 대접하며 청담을 나누기를 즐겼다.

의재는 차생활을 보급하기 위해 강연회와 모임을 가지기도 했다. 1969년 4월 광주 전남여고 강당에서 열리는 녹차강연회에 영친왕비英親王妃, 효당, 금랑 노석경과 함께 강사로 초대되어 다도에 대한 강의를 하였다.

의재는 1971년 한갑수, 최범술, 한웅빈, 신운학 등과 함께 '서울 다도회'를 구성했으며, 1976년에는 서울 종로 명륜동에서 '한국 다도인 동호회'의 창립 준비를 하였다. 이 동호회는 회장 허백련, 부회장 김주이고, 회원이 10명쯤 되는 모임이었다. 이후로 서울다도회와 한국 다도인 동호회가 만들어져서 어떤 활동을 했는지는 확인하기 어렵다.

해방 후, 의재는 최흥종과 삼애학원을 설립하여 후진양성에 전력하며, 차생활의 부흥과 차산업을 위한 노력을 아끼지 않았다. 그는 농업고등기술학교를 세워 젊은 인재를 양성했다. 부강한 나라를 만들기 위해서는 경제를 일으켜야 한다는 생각에 남종화 제자들에게도 농사일을 시켰다. 또한 다원을 가꾸어 차를 널리 보급하였다. 의재는 평소 "차를 많이 마시면 마음이 차분해지고 정신이 맑아져 나라가 흥한다."고 강조하면서 생활차 보급운동을 하였다. 식민지시대와 사상의 혼란시대를 겪은 의재는 민족의 구심점, 즉 뿌리를 찾자는 운동에도 앞장섰다. 우리의 민족혼인 단군의 홍익인간弘益人間 사상으로 민족정신의 함양과 민족통일을 이뤄야 한다고 역설했다.

2) 응송應松 박영희朴暎熙(1893~1990)

응송은 대흥사에 출가한 승려이자 독립군 출신으로 신교육을 받은 지식인이다. 응송은 그의 법명이며 호는 일주一舟, 매다옹賣茶翁이고 그의 속명은 박영희이다. 어린시절 완도향교에서 유교서적을 두루 섭렵하였고, 1911년 대흥사로 출가하였다.

1919년 사비寺費 장학생에 선발되어 중앙학림에 입학한 후, 3·1독립운동에 참가했다가 부상을 입기도 하였다. 이어 이시영李始榮(1882~1919)이 만주에 설립한 신흥무관학교에 입학, 독립군으로 활동 중, 만주에서 일본군과의 전투에서 부상을 입고 귀국한다. 1937년 대흥사 주지에 취임하여 20여 년간 주지의 소임을 맡았다. 1977년 3·1독립운동의 공로로 국가독립 유공자에 추서되었다. 1990년 1월10일 광주 극락암에서 열반하고, 대전국립묘지에 묻혔다.

당시 대흥사는 초의와 범해각안이 차문화를 일으켜 차의 본원으로 자리잡고 있었다. 응송은 스스로 초의의 법손法孫이라 하면서 초의의 『동다송』과 『다신전』 필사본을 정리하고 초의차 제다법을 보전하여 오늘에 전달해 주었다. 우리가 초의를 이야기하고 우리 차의 전통을 이야기하게 된 것도 거의 응송의 공로에 힘입은 바 크다.

응송의 차 생활은 극히 소박했고 차를 많이 마셨다. 그래서인지 응송의 나이 아흔이 되는데도 음성은 쩌렁쩌렁하고 원기가 충만하여 세 시간 네 시간의 이야기를 단숨에 이어갔다. 응송은 초의 사상의 영향을 가장 많이 받았으며 한국차의 원형을 가장 순수하게 이어가고 있었다.

응송 박영희 응송은 대흥사에서 출가한 승려이자 독립군 출신의 독립운동가이며, 초의의 『동다송』과 『다신전』 필사본을 정리하고 초의차 제다법을 오늘에 전달해 주었다. 『차와문화』

　응송은 구한말 대흥사의 다도를 이어 현대까지 전승될 수 있는 기틀을 마련하였다. 그는 평생 차를 가까이한 다인이었으며, 차의 정신을 체득하기 위해 노력하였다. 또한 초의의 후인으로서 한국 차의 원형을 복원 계승하는데 일생을 바쳤다. 그에게 차는 철저한 수행의 동반자였다.

　1954년 응송은 대흥사 주지에서 물러나서 광주 장충동의 응송다실과 상무동의 운천사에서 기거하였다. 운천사에서 『동다정통고東茶正統考』라는 우리나라 전통차에 대한 연구서를 초록하였다. 응송이 특히 강조한 것은 다기와 다례, 백산차에 대한 이야기들이었다.

　그의 다법은 수수하고 담담하여 일사불란一絲不亂한 위계位階에서 오는 긴장감은 없다. 자유분방하여 질서가 없는 것 같지만 차 한 잔을 우려내는 데에도 과학적인 치밀성이 요구된다. 간발間髮의 차이에서 현현顯現되는 차의 활발活潑한 기운氣運은 오미五味의 격조보다 높은 다도의 정수精髓

이며, 궁극적인 제다의 완성이다. 제다製茶란 차 잎이 지니고 있는 자연 상태를 그대로 드러내는 동시에 사람에게 유해한 요소를 제거하는 것을 원칙으로 삼는다.

응송의 차 우리는 법은 일탕법一湯法이다. 이는 뜨거운 탕수에 차를 우려 초탕初湯만을 음용하는 것인데 응송은 큰 찻잔을 이용하였다. 이것은 초의의 당시부터 전해진 탕법의 원형으로 여겨진다. 섭씨 95도의 탕수에서 우리는 차는 초탕에서 차의 조미調味를 완벽하게 드러낸다. 이 탕법은 탕수의 온도와 침출 시간, 다구의 선별에 세심한 변별력을 요구하며 종래 다서의 탕법에 근거를 두고 있다.[1]

응송이 다각茶角시절인 1920여 년 무렵 대흥사의 탕법은 끓는 물에 차를 넣어 우리는 방법으로 조선시대 말기의 음다법과 같았다. 따라서 응송은 물식힘 사발이 필요 없이 뜨거운 물을 바로 다관에 붙는 열탕을 선호했다.

현재 우리나라 차계는 우리나라 녹차가 뜨겁게 마시는 보이차 등 중국 차에 비해 사람을 냉하게 한다는 속설에 시달리고 있다. 응송의 열탕법은 이 시대가 필요로 하는 중요한 음다법 중 하나가 될 것이다.

3) 효당孝堂 최범술崔凡述(1904~1979)

최범술은 사천의 다솔사多率寺에서 차를 기르며 반야차般若茶를 만들어 전국의 애호가에게 보급하였다. 일본의 다도에 자극을 받아 일본식의 격식있는 다풍을 우리의 전통다도에 접목하려 한 효당의 다풍을 혹자들은 일본식 다도라며 매도하는가 하면 또 어떤 이는 그래도 우리 차문화의 발

---

1 박동춘, 「응송 박영희의 다도 연구」, 『차문화학』 14, 국제차문화학회, 2009.

전에 일획을 그었다며 공로를 인정하기도 한다.

효당의 다도정신은 몇 가지로 요약된다. 첫째, 참된 차 생활은 범절이 분명한 데서 시작되고 보편적인 일상생활에 절목이 있어야 한다고 하며 범절을 중요시 했다. 범절에는 객관적인 범절과 주관적인 범절로 나눌 수 있으며 이러한 안팎의 범절을 갖추게 하는 데는 차 생활이 가장 좋은 방편이 된다고 효당은 강조했다. 둘째, 차는 음식물의 '불기不器'로 차는 한민족의 불기적인 기호품이며, 불기적인 기호품인 차 생활에서 비롯된 차례는 우리 한 민족 문화사의 대표적 품목이라 했다. 셋째, 사람의 품격을 맛으로 논할 수 있다고 말하고 있다. 이것은 실제적인 차생활이 인격형성에 영향을 미친다는 것으로, 차와 현실과의 직접적인 관계를 반영하는 것이다. 넷째, '茶' 자를 '다'가 아닌 '차'로 발음해야 한다고

효당 최범술(상) 효당은 일본의 다도의 격식있는 다풍을 우리의 전통다도에 접목하려고 애썼다.

사천 다솔사(하) 효당은 다솔사에서 직접 차를 기르며 반야차를 만들어 전국의 애호가에게 보급하였다.

한국의 다도 효당이 수도생활과 병행해 온 차생활을 쉽고 간요하게 서술한 다도의 개론서이다.

강조했다. 다섯째, 효당은 초의스님이 저술한 「동다송東茶頌」을 처음으로 소개하고 전역하여 일반 대중에게 알렸다. 나아가 그는 초의스님을 '한국 근대 차도의 중흥조', '한국의 다성茶聖'이라 일컫고, '동다송'을 한국에 '한국의 다경'이라고 하여 차문화사적 가치를 부여했다. 여섯째, 효당은 "다도무문茶道無門"에 입각한 '다도용심茶道用心'의 중요성을 말했다. '다도무문'이란 글자 그대로 다도에 들어갈 문이 없다는 뜻이다. 문이란 들어갈 수도 있고 나올 수도 있으며 이쪽저쪽 아무 곳에나 어떤 모양으로도 만들 수 있어 가변성을 내포하고 있다. '무문'은 들락날락할 문이 없다는 것으로 본질 그 자체라는 뜻이다. 일곱째, 총체적 인생살이를 차 살림살이로 표현했다. 인생의 천만사가 봄눈처럼 허무하고 수많은 장애와 난관이 있어도 결단코 물러설 수 없으므로, 은혜를 알고 은혜에 보답하려는 기쁨으로 차를 마셔 진리의 생활에 계합하면 온전한 차 생활이 될 것이라고 했다.[2]

효당에 대한 여러 후인들의 평가를 보면 그의 업적을 파악하는데 도움이 될 것이다.

최규용崔圭用은 "선생이 지은 『한국의 다도』는 초의草衣이후 우리 한국 다인茶人에게 큰 보전寶典이 된다. 강호의 노소 다인이 다솔사에 운집해서 차에 대한 문답을 하는 것을 보면 효당 선생은 실로 우리나라의 다보茶寶라고 해도 과언이 아니다. 효당은 대중다도大衆茶道를 위주로 하고 계신 듯하다. 그가 필자를 찾아오면 즉석 차를 주고받는다. 즉석 차를 주고받는다는 것은 서로가 차 한 잔씩을 상대에게 끓여 주는 것을 말한다."라고 하였다.

2 최범술, 『한국의 다도』, 보련각, 1973.

김운학金雲學은 "효당이 초의와 대흥사大興寺 관련 지식을 소개하고 강연하고 또 『독서신문讀書新聞』이나 지상에 발표함으로써 비로소 우리는 우리 차에 대한 관심을 갖게 되었다. 일부에서 효당의 다풍을 일본식이라 비평해 버리는 경향도 있지만 그의 다풍에 설사 그러한 요소가 있다 해도 오늘 우리 차를 이만큼 인식시키게 한 데는 절대적인 공로가 있다."라고 하였다.

윤병상은 "『한국의 다도』는 효당이 오랜 세월 수도생활을 하시며 병행해 온 차 생활이 쉽고도 간요하게 서술되어 있다. 그러면서도 달관의 경지가 넘치는 다도의 개론서이다. 이 『한국의 다도』야 말로 한국 현대사에서 처음으로 나온 다도의 입문서다. 초의 선사를 한국근세 다도의 중흥조라고 한다면, 효당스님을 한국 현대 다도의 중흥조라고 하여도 지나친 말은 아닐 것이다."라고 하였다.

천병식은 "효당은 직접 차를 재배하고 법제하여 보급했다. 효당은 우리나라 차의 역사와 문화를 연구해서 『한국의 다도』를 저술했는데, 이는 한국 다도의 이론 정립에 토대가 되었다. 그는 강연이나 교육을 통해서 차 생활의 대중화에 크게 기여하기도 했다. 따라서 효당은 현대 한국 차도의 발전과 대중화에 기초를 마련했다고 할 수 있다. 초의가 한국 근대 다도의 중흥조라면 효당은 한국 현대 차문화의 중흥조라고 할 수 있다."라고 하였다.

이상의 논평을 보더라도 효당 최범술은 한국 현대 차 문화의 중흥조라 할 수 있다.

4) 명원 김미희金美姬(1920~1981)

명원 김미희는 현대 한국다도계에 큰 획을 그은 여성이다. 일제강점기에 양반가에서 자라면서 한국 고유의 차문화를 알고 있던 그는 대구여고보(현: 경북여고)를 다닐 때 일본다도를 배우면서 우리 전통다도와 비교해

명원 김미희 명원은 해방 이후 어려운 시기에 전통 차문화에 관심을 가지고 다실을 복원하고, 다도구를 연구하고, 차문화를 대중화시키는 데 큰 역할을 했다. 명원문화재단

생활다례정립발표회
1980년 9월 우이동 녹약재에서 명원이 그간 연구해 온 생활다례를 발표하고 전문가와 토론을 통해 정립시켰다. 명원문화재단

보기도 했다. 명원은 우리 민족이 일제 강점기와 해방, 한국 전쟁을 겪던 어려운 시기에 전통 차문화에 관심을 가지고 대중화시키는 데 실로 많은 노력을 기울였다.

남편 김성곤의 사업이 연이어 성공하면서 재정적인 지원이 충분했고, 박정희 대통령 내외와 가까이 지내면서 정치적인 지원도 이끌어 낼 수 있었다. 그의 열정은 전통 차문화는 물론 다른 여러 문화계에서도 드러났다. 조선 시대 이래 사회적으로 약자였던 여성들의 사회적, 정치적 진출을 적극 도왔고, 여러 분야의 여성운동을 지원하면서 여성운동계의 대모로서 큰 역할을 했다.

명원은 우리 차문화의 원형을 찾기 위해 스스로도 노력하고, 전문가들에게 연구를 맡기기도 했다. 차문화를 구성하는 중요 요소로서 다실, 다도구 복원과 창작에도 심혈을 기울였다. 다실의 모델로 자신의 신문로 자택을 개방하고, 우이동에 녹약재라는 한옥을 지어 전통문화와 관련된 여러 행사를 진행했다. 국민대학교에 한규설의 한옥을 옮겨 놓고, 명원민속관으로 이름을 지었고, 주변에 일지암을 복원했다. 변변한 다구가 없어서 곤란을 겪던 중 조선의 마지막 상궁 김명길 상궁으로부터 왕실의 다구 일부를 기증받고, 다른 다구도 여러 번의 실패를 거듭하면서 복원해냈다. 1980년 9월 우이동에서 생활다례정립을 위한 발표회를 열어 전문가의 의견을 수렴하였다. 1980년 12월에는 그 연구 성과를 토대로 연조정사의를 비롯한 사원다례, 사당의 차례들을 차근차근

명원민속관 한말 한규
설 대감의 집을 국민대학
교로 옮겨와서 다도교육
의 터전으로 삼았다.

복원하여 국민에게 실제로 보여주는 '한국의식다례 발표회'를 열었다.

이렇게 복원 정리된 한국 차문화 원형을 교육하는 것이 명원의 다음 목
표였다. 명원 자신이 신문로 자택에서 다도 교육에 직접 나섰다. 가정을
변화시킬 여성들에게 차문화를 교육하기 위함이었다. 자신이 개발한 생
활다도를 대중화시키기 위해 자신의 집과 별장을 많은 사람에게 개방하
였다. 또한 국민대 명원민속관에서 대학생에게 전통 다도 교육을 하기로
했다. 이어서 다도를 대학의 정식 과목으로 채택하도록 힘을 써서 1981년
부터 국민대에서 다도교육을 시작하였고, 다도과목은 오늘날에도 가장 인
기 있는 과목으로 되어 있다. 국민대에 차문화 연구를 위한 연구소도 열

고, 대학생의 자발적인 활동을 지원해 차 관련 써클을 만드는 데 도움을 주기도 했다.

명원은 한국차인회 설립에도 참여하여 부회장을 맡게 되었고, 한국차문화의 성지 일지암을 건립하는데 누구보다 많은 6백만 원 거금을 희사하였다. 이러한 명원의 노력이 1980년대 차문화 대중화에 큰 기여를 하였다. 명원에게 배운 다인들이 새로운 모임을 열거나, 대중에게 차문화를 강의하게 되었다. 1980년대 일간신문에 교양다도 강좌 수강생을 모집하는 광고 횟수가 1982,3년 무렵에 부쩍 증가한 것을 알 수 있다.[3] 정부에서도 1986년 아시안 게임과 1988년 올림픽 때 외국인에게 보여줄 요소로서 전통다도를 지원하게 된 것도 이런 대중화의 물결 때문이다.[4] 1982년 서울 교육위원회가 시범학교를 지정하여 중학교에서 전통다도를 강의하기 시작했고,[5] 다음해에 초등학교로 교육을 확대한 것도 이와 관련이 있다.[6]

2. 차문화 단체의 결성과 활동

1) 차문화단체 결성

효당의 영향으로 1969년 말 김재생, 박종한, 김창문, 최재호 등 지도층 인사들이 앞장서서 효당을 고문으로 모시고 진주차인회를 발족하였다.

3 『중앙일보』에는 이 무렵에 효동원, 성균관 명덕학당, 민화랑, 가예원 등에서 하는 다도강좌가 다수 검색된다.
4 『중앙일보』 1982년 8월 23, 24일자.
5 『중앙일보』 1982년 3월 20일자.
6 박정희, 「한국 다도학 발전에 기여한 명원 김미희의 업적」, 『차문화산업학』 제16집, 국제차문화학회, 2011.

첫 사업으로 '한일 양국의 차 산업 및 다례발전에 관한 연구'를 주제로 국제세미나를 개최하고 일본의 명망 있는 다인들과 교류를 시도했다.

1971년 허백련은 한갑수, 최범술, 한웅빈, 신운학 등과 함께 '서울 다도회'를 구성했다. 1972년 청사 안광석晴斯 安光碩을 중심으로 윤병조, 안준영, 백창성 등이 모여 죽로회竹爐會를 결성한 것이 바탕이 되어 장원호, 김충렬, 김종규가 주축이 된 효동원이 결성되었다. '효동원'에서 모이던 다인들의 모임이 모체가 되어 1977년 1월 15일에 다솔사에서 '한국차도회'가 한국에서 처음으로 창립되고 최범술을 회장으로 옹립하였다. '한국차도회'가 발전하여 1979년 1월 20일에 '한국차인회'가 결성되고 『다원』이라는 차잡지가 창간되었다.

1979년 1월 20일 최범술, 박종한, 김미희, 박태영 등을 발기인으로 하는 '한국차인회'가 서울 무역회관 그릴에서 정식 출범했다. 회장에는 이덕봉, 부회장에는 박종한, 김미희가 피선되었고, 사무국은 정학래를 상임이사로 운영하게 되었다. 최범술, 안광석, 이방자, 박동선는 고문으로 추대되었으니 사회적으로 공인받는 명사들의 회동이요 결의였다.

2) 일지암 복원

한국차인회 결성과 함께 첫 사업으로 해남 대흥사에 일지암을 복원하기로 하였다. 해남차인회와 연계하여 '일지암복원추진위원회'를 구성하고, 전시회와 성금모금을 통해 재원을 마련하면서 일지암 복원에 착수했다.

일지암 복원추진위원회 결성을 위한 일차 모임이 1976년 9월 모일, 서울 오류동의 박동선 회장 댁에서 있었다. 참석자는 박동선, 최범술, 안광석, 박태영, 김미희, 정승연, 박종한, 손상봉, 임경빈, 이영노, 황태섭, 조창도, 김종희, 차재석, 장명식, 김봉호였다. 정식 복원추진위원회 발족은 1976년 10월 5일에 있었고, 위원장에 김봉호, 부위원장에 박종한, 김미희를 선임하였고, 이사에는 김종희, 임경빈, 이영노, 고범중, 정영복, 장명식, 이정애, 박태영, 황태섭, 임광현, 유종선, 도범, 정승연, 차재석이, 상무이사에는 조창도, 사무국장 에는 이광종, 고문으로 최범술, 신형식, 박동선이, 지도위원으로 안광석, 정명수, 이을호, 허건, 김종해, 김운학, 이덕봉 등이 선임되었다.

1976년 9월 20일 '일지암 복원 취지문'을 만들어 발송했다. 그 내용은 다음과 같다.

일지암 복원 취지문

일지암이라 함은 전남 해남군 삼산면 구림리 소재 대흥사(대둔사) 사찰 내에 있었던 한 암자입니다. 지금은 주춧돌과 깨진 기와가 남아 있을 뿐 옛모습은 간 데 없지만 문헌 또는 구전에 의하면 이 암자는 ㄱ자 네 칸의 그 셋째 칸을 차실로 꾸민 조그만 가람을 중심으로 유천乳泉과 연지蓮池와 자죽紫竹으로 둘러싸인 유수한 구조였다 합니다.

이 일지암은 보제존자菩提尊者 초의대종사草衣大宗師가 1826년(순조26)에 결암結庵하였습니다. 초의스님은 전남 무안 삼향에서 출생, 5세 때 나주 남평의 운흥사雲興寺에서 축발하고 19세때 대흥사로 옮겨 대교수학 후 잠시 화순 쌍봉사, 경주 불국사에 머문 적이 있고, 일지암 결암 후에도 금강산 등 명산과 경향각처를 자주 주유하였으나 81세에 입적할 때까지 줄곧 여기에 머물렀습니다. 초의스님은 여기에서 많은 업적을 쌓았습니다. 즉 경經과 선禪에 통달하였으며 시문, 서, 화, 삼절이요, 특히 사라져가는 차례를 바로 세운 차인이었습니다.

한국의 육자우陸子羽, 한국의 소광蘇廣, 혹은 한국의 다선茶仙이라 일컫기에 조금도 손색이 없는, 그리고 차례의 진수를 밝힌 다신전과 동다송을 저술하였으며 멋과 맛을 깊고 넓게 터득한 선비와도 상통했던 초의스님의 일지암을 복원하는 일은 우리나라 차례를 바로 세우는 첩경이라 할 수 있습니다.

이제 우리들은 우리의 전통차를 되찾고 이를 널리 진작할 시기에 이르렀습니다.

차례의 뿌리를 되살리는 일과도 같은 일지암 복원불사에 강호제현江湖諸賢의 협조 있으시기 바라는 바입니다.

1976년 9월 20일

일지암 복원추진위원회

이 취지문에는 일지암의 한국차문화에서 가지는 의미와 초의스님의 훌륭한 점을 특히 부각시켜 많은 사람의 협조를 촉구하는 내용이 들어 있다.

1977년 2월 하순 응송스님을 현장으로 모셔가서 일지암 터를 확정하였다. 박종한, 김제현, 김두만, 조자룡이 동행 입회하였다. 건축설계는 에밀레 박물관장 조자룡에게 맡기기로 결정하였다. 모양은 5.5평의 정사각 초가로 결정하고, 법당 겸 주택은 15.5평 와가로 내정, 공사비 1500만원은 모두 회사로 충당하기로 하고, 서울 진관사 총회에서 일체를 통과시켰다.

공사비는 김미희 600만원, 박동선 500만원, 유광열 100만원, 박종한 70만원, 장명식 50만원, 부산차인회 50만원, 서양원 50만원, 강영모 고순영 50만원, 대구차인회 30만원, 조창도 이광종 13만원, 이덕봉 10만원, 조소수 10만원, 조자룡 10만원, 황태섭 10만원, 김명지 10만원, 정승연 5만원,

일지암 초의가 다도삼매경에 빠졌던 일지암을 1980년 복원하여 한국 차문화의 성지로 만들었다.

일지암 현판 '일지암'은
「한산시」의 "뱁새는 한
마음으로 살기 때문에 나
무 한 가지만 있어도 편
안하다"는 말에서 따왔
으며, 글씨는 강암 선생이
썼다.

고범준 5만원, 차재석 3만원, 여규현 3만원, 최범술 5천원을 출연하여 합계 15,795,000원이 거출되었다. 공사를 진행하면서 모자라는 경비를 충당하기 위해 1979년 6월 27일 서울 예장동 숭의음악당에서 일지암 재건을 위한 모연미술전募緣美術展을 개최하였다. 이 미술전에 남농 허건, 김한영, 신영복, 김승희 등이 출품하여 미술전 개최비용을 제외하고 500만원의 수입을 올렸다.

일지암은 그렇게 하여 80년 4월 15일 복원되었다. 각각 목소리를 달리하던 다회들도 일지암 행사에만은 조건 없이 참석해 일체감을 나누었다. 차운동의 중심지는 일지암 복원을 계기로 진주에서 해남으로 옮겨졌다. 해남차인회의 한학자 김두만, 극작가 김봉호, 대흥사의 석용운 등은 일지암 복원과 더불어 전국 무대의 강단에 서게 되었다.

1980년 9월과 12월에는 명원다회 주최로 궁중차생활, 승가차생활이 우이동 녹약재와 세종문화회관에서 발표되어 주목을 끌었고, 9월에는 한국차인회 주최 '차문화발표회'가 한국정신문화연구원 강당에서 열렸다. 이 두 발표는 유난히 매스콤의 조명을 많이 받아 다례에 관한 기초자료를 일반에게 선보이는 계기가 되었다.[7]

---

7 이기윤, 『한국의 차문화』, 개미, 2000.

3) '차의 날' 제정

1981년 1월 설악산 파크호텔에서 창립 2주년 행사를 갖고 차의 날 선포식을 가질 것과 『삼국사기』홍덕왕조에 있는 대렴공 추원비를 지리산의 차 시배지에 건립하기로 결정하였다. 이에 대해 이기윤은 일지암 복원으로 차운동의 중심지가 호남으로 옮겨감에 따라 상대적으로 위축된 영남의 다인을 위로하는 뜻이 담긴 것이라고 논평했다.

결의에 따라 1981년 5월 25일 하동 쌍계사 입구에서 대렴공 차 시배 추원비 제막식을 가졌고, 이어 행사장을 진주 촉석루로 옮겨 '차의 날' 제정 선포식을 하였다. 이날 전국의 차인들이 모여 전통 차문화의 이해와 건전한 인간성을 배양하기 위

김대렴공차시배추원비
1981년 차인연합회가 하동 쌍계사 입구의 차밭에 추원비를 세웠다.

한 국민운동으로 승화시키는 발판이 될 '차의 날'을 자축하였다. 차의 날을 4월 15일 전후의 우전차 생산 시기로 잡지 않고 5월 25일로 잡은 것은 차의 수확을 웬만큼 끝낸 추수감사의 의미로 정하게 되었다고 한다.

'차의 날' 선언문

깃을 지닌 새들은 날고, 털을 지닌 짐승은 달리고, 사람은 입을 열어 말을 한다. 이 삼자는 다같이 천지간에서 살면서, 물을 마시고 쪼아 먹으므로 살아간다. 마신다는 것은 인간의 기원과 같이 실로 유구하며 물을 데워서 마신다는 것은 문화생활의 시발이라고 할 수 있다. 그러므로 문화 민족에게는 제 나름대로의 독특한 음료가 있다. 우리민족도 예로부터 나뭇잎을 따서 마신 백산차가 있었고, 오곡을 볶아 우려 마시기도 하고, 나무 열매를 달여 마시기도 하였다. 차가 우리나라에 성행하게 된 것은 신라 흥덕왕 때부터였고, 그 후 천년 동안 차는 우리 민족에게 예절바른 생활을 낳게 하였다. 사색을 즐기는 성품을 기르고, 풍류의 멋을 가꾸어 오면서 나라와 겨레의 후생을 두텁게 해왔다.

이와 같은 민족의 차문화 전통을 전승하고, 새로 한국 차문화를 창조하려는 뜻으로, 입춘에서 100일에 즈음하여 햇차가 나오는 5월 25일로 차의 날을 제정하였다. 또 이날을 기하여 신라 견당사 김대렴공의 차 시배지인 지리산 쌍계사 계곡에 공의 유덕을 기리는 추원비를 세우게 되었다.

일찌기 다산은 술 마시기 좋아하는 나라는 망하고 차 마시기 좋아하는 나라는 흥한다고 하여 다신계를 만들어 차 마시기 운동을 편 바 있었다. 그리고 초의대사는 동다송을 지었고 중국차보다 우리나라 차가 뒤질 이유가 없다며 우리나라 차를 찬양한 바 있었다. 이와 같이 선현들이 하신 일들은 모두 술 마시는 습관과 외국차를 좋아하는 폐단을 바로 잡기 위한 성스러운 일들이었다.

오늘날 우리가 차의 날을 제정하여 차 마시는 운동을 추진하는 것도 이와 같은 뜻에서 나온 것이다. 허물어져 가는 예절을 바로 세우고, 혼미해 가는 마음을 사색으로 바로잡고 삭막한 정서를 멋의 향기로 순화하여 쪼들리는 가난을 윤택한 살림으로 만들고자 하는 것은 누구나가 다 바라는 바이다. 이러한 변화는 국민의 생활습관의 개혁에서부터 시작되어야 할 것이므로 차문화의 생활화를 통하여 이같은 소망을 성취할 수 있을 것이다.

오늘 이 차의 날을 기하여, 국민들이 차와 인연을 맺어, 찬란했던 민족의 차문화가 이 땅에 다시 꽃피게 될 것을 확신하면서 5월 25일을 차의 날로 제정, 선언하는 바이다.

1981년 5월 25일
사단법인 한국차인회

3. 차문화 축제의 현황

1) 지역 차문화축제 개요

국·내외적으로 소위 '문화관광' 사업이 각 분야에서 시도되어 일부는 성공을 거두고 있다. 최근에는 지방자치단체가 중심이 되어 차를 주제로 한 문화관광 사업을 시도하고 있다. 농촌관광과 다른 용어로 '농촌 어메니티'라는 것도 시도되고 있다. 어메니티Amenity는 '쾌적함', '기분 좋음'을 뜻하는 단어로 영국의 도시·농촌 계획 생성과 발전에 따라 생겨난 용어이다. 농촌의 경우에는 맑은 강이나 산 등 자연 환경은 물론 특산품이나 토속음식, 지방 고유축제나 문화, 공동체적 사회 규범 등도 농촌 어메니티에 포함될 수 있다. 농촌진흥청 농촌자원개발연구소는 전국의 농촌 공간에 존재하는 자연자원, 문화자원, 사회자원을 발굴하고 지도하는 '농촌 어메니티'를 공식언어로 채택하고 농촌에 이런 취지의 어메니티 사업을 권장하고 있다.

전국적으로 확산되는 문화관광사업 추세 속에 차를 주제로 삼은 지역축제도 이미 시도되었다. 보성의 다향제는 해를 거듭하면서 성공을 거두고 있고, 하동의 야생차문화축제도 괄목할 만한 성과를 올리고 있다. 최근에는 다산 정약용과 청자를 앞세우며 강진도 이 대열에 참여하고 있고, 청태전의 고장 장흥과 천원차의 고장 정읍도 차를 주요 자산으로 내세우며 차문화 축제를 기획하고 나섰다.

2007년도 차를 주제로 한 각종 행사는 총 80 여 건인데, 행사의 종류도 다양하다. 그 중 교육 행사는 보성군에서 주최한 '차산업 발전을 위한 국제차학술심포지엄'을 포함한 5건, 세계 8개국이 참가한 순수민간 차문화 국제교류행사인 '국제무아차회 한국대회'를 포함한 국제교류행사 2건, 한국차인연합회가 매년 진행하는 '차의 날 기념행사' 등 기념행사 4건, 다례

시연행사는 경북예절다도교육회에서 주관한 '전통과 겨레 집체성년례 시연'등 12건, 해외에까지 우리의 차와 음악을 이용한 퍼포먼스 공연을 하고 있는 창작음악연구회 등의 무대공연 5건, 티월드페스티벌 등의 박람회 행사 4건, 경남 찻사발 전시회 등 전시회 행사 3건, 지역의 단위차회에서 진행하는 들차회 또는 소규모의 차회 21건, 체험 3건, 대규모 차행사로서 차와 관련된 모든 분야의 콘텐츠를 종합적으로 즐길 수 있는 축제 행사 21건으로 나타났다. 축제 21건 중 문화체육관광부가 지정한 문화관광축제인 하동야생차문화축제, 보성다향제, 문경전통찻사발축제, 이천도자기축제 등 4개의 축제가 포함되어 있다.

2) 보성 다향제

1939년 일본에 의해 보성이 차 재배의 적지로 선정되자 1940년 경성화학공업주식회사가 대규모 다원을 조성하였다. 해방 후 1957년 장영섭 회장에 의해 대한다원이 조성되면서 차 산업이 발전을 거듭하여 현재 보성은 '녹차의 수도'라고 불리게 되었다. 보성은 대한민국 녹차 생산량의 40% 가까이를 점하고 있는 주산지이며 차 산업의 발상지이기 때문에 군은 이 축제에 사활을 걸고 있다.

보성다향제는 1975년 군민축제로 시작하여 1985년 다향제로 이름을 바꾼 이래 2014년으로 40회째 이어지고 있는 관광특산 문화예술축제이다.

특히 2008년에는 5월 3일에서 6일까지 4일간 보성차밭 일원에서 "생명이 숨 쉬는 보성녹차, 세계로! 우주로!"라는 슬로건으로 개최되었다. 2008년 보성 녹차밭 일대에서 열린 다향제는 처음으로 실내체육관을 탈피해 녹차밭 현장으로 축제 주무대를 옮겼고, 관주도에서 민간주도로 전환했다. 체험프로그램 확대 및 외국인 관람객 증가, 밤거리 문화 등 예년과 달라졌다는 것이 주위의 평가다. 외지인 방문객만 76만 명에 달하고 이들의 총지출액은 199억 원으로 분석되고 있다. 한 축제 전문가는 "특산품위주와 자연친화형으로 치러진 다향제는 숙박과 교통, 볼거리 연계 등 전남 축제 중 가장 경쟁력이 높다"고 평가했다.

해마다 자주 하는 주요 행사로 국제차문화교류전, 한국차아가씨선발, 국제차요리 페스티벌, 국제명차선정 페스티벌, 다례 시연, 차 체험 및 시연, 다인의 한마당, 일림산 철쭉행사, 군민의 날 행사, 일림산 철쭉기차여행 등이 펼쳐진다.

국제차문화교류전에서는 한·중·일 3국의 전통다례시연이 있고, 국제차요리 페스티벌에서는 3국의 차를 이용한 각종 음식전시와 음식 만들기를 통해 각국의 차음식 문화를 비교, 체험해 볼 수 있다. 차 체험 및 시연에서는 풍다를 기원하는 다신제와 관광객이 직접 차잎을 따볼 수 있는 체험도 할 수 있다.

보성다향제 1975년 군민축제로 시작하여 1985년 다향제로 이름을 바꾼 이래 2014년으로 40회째 이어지고 있는 관광특산 문화예술축제이다.

한편, 2000년부터 회천면 영천리 차밭 일원에서는 12월 연말을 기해 '빛의 축제'가 열린다. 봇재다원 등 유명한 차밭의 차나무에 아름다운 불빛으로 대형 트리를 만들어 관광객을 모으고 있다. 이곳의 빛의 축제를 보고 해수녹차탕에서 피로를 풀고 녹차를 주제로 한 요리를 맛보는 재미는 이곳에서만 느낄 수 있는 행복이다.

보성녹차는 이런 다양한 행사와 함께 홍보에도 열을 올려 2008년 세계 녹차콘테스트 금상, 국제명차품평한국대회 금상을 수상했으며, 우주에 가지고 가기에 좋은 식품으로 선정되는 등 품질을 인정받았다. 2009년에는 국제유기인증기구인 네덜란드의 'CUWG(Control Union World Group)'로부터 유럽EU인증과 미국USDA인증, 일본JAS인증을 획득했다.

3) 하동 야생차문화축제

2008년 제13회 하동야생차문화축제에 전국 다인 3,000여 명 등 국·내외 관광객 35만여 명이 다녀간 것으로 집계됐다. 닷새 동안 화개면 모암, 신흥마을 등 10개 마을에서 관광객 5,000여 명이 체험을 했고 차의 날인 25일에는 3,000여 명의 다인들이 모여 전국 최초로 대한민국 다인대회를 열었다. 특히 이번 축제기간동안 고급차, 발효차, 다기, 다구 판매액과 국내외 관광객이 지출한 숙식비는 13억 원을 넘어서는 등 차와 관련된 직접소득이 22억 원, 간접소득은 약 80억 원이 될 것으로 보여 지역경제에 보탬이 된 것으로 나타났다.

이번 행사장은 전국 축제 어디를 가나 획일적으로 사용하고 있는 일명 몽골부스를 없애고 설치미술 형식을 도입한 세트형 부스를 설치, 축제장의 새로운 모습을 선보여 깔끔하고 색다른 분위기의 축제장을 연출했다. 화개면 모암마을 등 10곳의 체험녹차마을에서는 축제기간 중에 모두 3000여 명의 체험객이 몰려 대성황을 이뤘고 축제 종료 이틀 전에 인터넷 접수를 마감하기도 했다. 개막식은 일체의 공식의전을 없애고 초의선사 퍼포먼스와 김덕수 사물놀이 및 재즈그룹 웅산 협연을 펼쳐 관객으로부터 뜨거운 박수갈채를 받았다. 이번 축제를 위해 모두 750명의 군민자원봉사자가 참여했고 특히 '내가 만든 왕의 녹차' 등 대부분의 체험프로그램은 차 생산농가가 직접 운영해 군민이 참여하는 축제모습을 갖췄다.

제 28회 차의 날인 25일에는 전국 3000명의 다인이 한자리에 모여 다례경연대회, 100인 100색 들차회, 한국 차학회 주관 2008 춘계 차 학술대회를 개최하고 오후 4시에는 대한민국 다인대회 공식행사가 주무대에서 열려 선고다인 헌다례, 전국다인대회 제정 선언문 낭독 및 폐막 축하공연이 열려 축제의 의미를 더하기도 했다. 또한, 이러한 축제의 성공으로 2009년도에 우수축제에서 최우수 문화관광축제로 승격되었다.

축제명: 제19회 하동야생차문화축제 〈The 19th Hadong Tea Festival〉
슬로건: 왕의 녹차! 천년의 향! 세계를 품다!
기 간: 2014. 5. 16 ~ 5. 18(3일간)
주최 및 주관: 하동군, (사)하동야생차문화축제조직위원회
후 원: 외교통상부, 문화체육관광부, 농림수산식품부, 지식경제부, 한국관광공사, 경상남도

하동군수 조유행
(사)하동야생차문화축제 조직위원장 노동호

하동야생차문화축제
2014년으로 19회째를 맞고 있는 이 축제는 차의 시배지로서 하동의 이미지를 홍보하고 관광객들에게 녹차 체험 프로그램을 제공하고 있다.

제16회 하동 야생차 문화 축제는 2011년 5월 4일부터 5월 8일까지 5일간 하동군 화개면과 악양면 일원에서 개최되었다. 첫날인 5월 4일에는 헌다례, 올해의 좋은 차 품평회, 개막식 및 축하 공연이 진행되었고,

5월 5일에는 녹차 왕국! 사생 대회, 녹차 왕국! 어린이 풍류 세상, 녹차 왕국 골든벨, 산사 음악회 등을 실시하였다.

5월 6일에는 녹차 왕국! 사생 대회와 백일장, 대한민국 녹차 요리 콘테스트, 열린 음악회 등이 펼쳐졌다. 5월 7일에는 차 학술 심포지엄, 사랑의 녹차 세족식, 대한민국 다인 한마당 등이 마련되었으며, 마지막 날인 5월 8일에는 대한민국 청소년 차 문화 대전, 외국인 차 예절 경연 대회, 마당극 〈하동 녹차 아가씨〉, 다함께 차茶! 차茶! 차茶!에 이어 폐막식을 끝으로 모든 행사가 마무리되었다.

특히 하동 야생차 문화 축제는 지역에 국한된 문화 축제가 아닌 전 세계적인 축제로 발전하여 하동을 세계적인 녹차 산업의 중심지로 부각시켰다. 우리나라 차의 시배지이며 차 문화의 기원지로서 하동의 이미지를 홍보하고 관광객들에게 녹차와 관련된 정보와 체험 프로그램을 제공하고 있다. 또한 녹차 생산 과정(찻잎 따기, 덖음)을 관광객이 직접 체험할 수 있도록 녹차 체험 마을을 조성하는 등 대중과 소통하려는 노력을 기울이고

있다.

야생 다원에서 생산되는 하동녹차는 차 재배에 유리한 기후 조건과 다른 지역과의 차별화를 통한 세계적 명품화를 추진하고 있다. 하동녹차의 명품화를 위해 하동녹차연구소, 차문화센터, 녹차체험관, 녹차 산업 전담부서(지역특화산업기획단)가 설치되어 있다.

명품화사업의 성과가 나타났다. 일본 시즈오카에서 개최한 2010 세계 녹차콘테스트에서 하동녹차가 금상 3개, 패키지대상 등 국내 수상을 휩쓸어 명차의 고장 하동과 하동녹차의 우수성을 세계에 알렸다.

4) 문경전통찻사발축제

문경전통찻사발축제는 1999년 10월 7일부터 시작되어 경상북도 문경시 문경새재 일원에서 매년 봄에 열리는 도자기축제이다. 수백 년에 걸쳐 전통도예의 맥을 잇고 있는 문경에서 매년 봄에 도자기축제가 열리는 것은 너무나 당연한 일이다.

2011년 13회 문경전통찻사발축제는 문화체육관광부선정 우수축제로 선정되었다. 그해의 주제는 '천년의 숨결 차의 향연'이었다. 문경은 가장 오래된 망뎅이 가마를 가지고 명품 찻사발을 빚어내는 고장으로 다인들은 물론 일반인들에게도 많이 알려지게 되었다.

문경전통찻사발축제
1999년부터 시작된 축제는 2012년과 2013년도 최우수 문화관광축제로 선정되었다. 문경은 망뎅이 가마에서 명품 찻사발을 빚어내는 고장으로 알려져 있다.

2012년과 2013년도 최우수 문화관광축제로 선정되면서 2년 연속 최우수 문화관광축제로 선정되는 영광을 얻었다. 즉 전국을 대표하는 축제임을 평가받은 것이다.

문경전통찻사발축제는 전통 찻사발과 잘 어울리는 한옥과 궁궐이 있는 문경새재오픈세트장을 활용하여 차별화된 축제장을 연출하여 전국 최고의 축제 장소로 평가 받았다. 15개국 28명이 참여한 국제교류전과 21개국 44명이 참여한 국제 찻사발 공모대전 등을 통해 세계적인 축제로 발돋움 하는 계기가 된 것으로 평가됐다

또한 국제 찻사발 공모대전, 국제 도자기 워크숍, 망댕이가마 속 체험 등 새로운 프로그램 개발과 문경전통발물레경진대회 확대, 도자기 빚기, 도자기 꽹물체험, 도자기 흙체험 놀이터 등 색다른 체험프로그램으로 경쟁력을 갖추었다.

참고문헌

김명배, 『다도학』, 학문사, 1984.

_____, 『한국의 다시 감상』, 대광출판사, 1988.

_____, 『茶道學論考』, 大光出版社, 1996.

김병모, 『김수로왕비의 혼인길』, 푸른숲, 1999.

_____, 『김수로왕비 허황옥』, 조선일보사, 2004.

김봉건, 「九山禪門과 우리나라의 茶 文化」, 『차문화학』 제4권 1호, 국제차문화학회, 2008.

김영숙, 『백운옥판차 이야기』, 다지리, 2008.

김희자, 「오주 이규경의 다문화관 연구」, 원광대학교 박사학위논문, 2008.

_____, 「조선시대 백과사전류에 나타난 차에 관한 연구」, 『차문화학』 제2권 2호, 국제차문화학회, 2006.

류건집, 『한국차문화사』 상, 이른아침, 2007.

_____, 『다부』, 이른아침, 2009.

문일평, 『호암전집』, 조광사, 1946.

박동춘, 「응송 박영희의 다도 연구」, 『차문화학』 14, 국제차문화학회, 2009.

박정진, 「박정진의 차맥」, 『세계일보』, 2012.

박정희, 「일제의 한국차 연구사업」, 『차문화학』 제2권 2호, 국제차문화학회, 2006.

_____, 「차 재배농가의 문화관광사업에 대한 제언」, 『차문화학』 제3권 1호, 국제차문화학회, 2007.

_____, 「다례의 분류에 관한 시고」, 『차문화학』 제10집, 국제차문화학회, 2009.

_____, 「通信史 外交儀禮에서 茶의 중요성에 대한 고찰」, 『한국차학회지』 15권 2호, 한국차학회, 2009.

_____, 「17~18세기 통신사에 대한 일본의 의식다례」, 민속원, 2010.

_____, 「조선후기 시회에 나타난 차문화」, 『차문화학』 제14집, 국제차문화학회, 2011.

_____, 「한국 다도학 발전에 기여한 명원 김미희의 업적」, 『차문화산업학』 제16집, 국제차문화학회, 2011.

_____, 「석전 박한영의 차상념」, 『한국차학회지』 18권 3호, 한국차학회, 2012.

서 긍, 민족문화추진회 옮김, 『송나라 사신, 고려를 그리다 - 고려도경』, 서해문집, 2005.

석용운, 『한국차문화강좌』, 초의학술재단, 2004.

손연숙, 『손연숙의 차문화기행』, 이른아침, 2008.

양은용, 「범해 각안의 다선사상 연구」, 『차문화학』 제4권 2호, 국제차문화학회, 2008.

원 행, 「고려시대 선종사찰禪宗寺刹의 차문화茶文化(2)」, 『차의 세계』 2007년 9월호.

尹庚爀, 『茶文化古典』, 홍익재, 1999.

이기백, 『한국사신론』, 일조각, 1999

이기윤, 『한국의 차문화』, 개미, 2000.

이혜자, 「궁중다례의 집례관청과 집례관에 대한 고찰」, 『한국차학회지』 제14권 1호, 한국차학회, 2008.

전종민, 「차문화 축제의 현황과 발전방안」, 『차문화학』 제10집, 국제차문화학회, 2009.

정　민, 「이덕리 저 『東茶記』의 차문화사적 자료 가치」, 『문헌과해석』 2006년 가을호.

_____, 「最古의 차기록 「부풍향차보」」, 『월간 차의 세계』 2008년 4월호.

_____, 『새로 쓰는 조선의 차문화』, 김영사, 2011.

정영선, 『한국 차문화』, 너럭바위, 2003.

정현진, 「高麗 宮廷儀禮의 下賜茶에 관한 硏究」, 원광대학교 석사학위논문, 2009.

정후수, 『조선후기 중인문학연구』, 깊은 샘, 2007.

정혜경·이승엽, 「일제하 綠旗聯盟의 활동」, 『한국근현대사연구』 제10집, 한국근현대사연구회, 1999.

조인숙, 「조선시대 서민의 차생활에 관한 연구」, 원광대학교 석사학위논문, 2005.

_____, 「朝鮮時代 茶 생산에 관한 연구」, 『차문화학』 제4권 1호, 국제차문화학회, 2008.

최범술, 『한국의 다도』, 보련각, 1973.

諸岡存·家入一雄, 『朝鮮の茶と禪』, 東京: 日本の茶道社, 1940.